新視界名家叢書

By Kishore Mahbubani

亞洲的
21世紀

The Asian
21st Century

〔新加坡〕馬凱碩 著

全球化智庫（CCG）譯

叢書策劃	斯諾工作室
責任編輯	王逸菲
書籍設計	a_kun
書籍排版	楊　錄

書　　名	**亞洲的 21 世紀**
著　　者	〔新加坡〕馬凱碩
譯　　者	全球化智庫（CCG）
出　　版	三聯書店（香港）有限公司
	香港北角英皇道 499 號北角工業大廈 20 樓
	Joint Publishing (H.K.) Co., Ltd.
	20/F., North Point Industrial Building,
	499 King's Road, North Point, Hong Kong
香港發行	香港聯合書刊物流有限公司
	香港新界荃灣德士古道 220-248 號 16 樓
印　　刷	美雅印刷製本有限公司
	香港九龍觀塘榮業街 6 號 4 樓 A 室
版　　次	2023 年 11 月香港第一版第一次印刷
規　　格	特 16 開（150mm × 210mm）376 面
國際書號	ISBN 978-962-04-5384-7

© 2023 Joint Publishing (H.K.) Co., Ltd.

Published & Printed in Hong Kong, China.

目　錄

第二部分　亞洲的復興

第三部分　中國的和平崛起

第四部分　全球化、多邊主義與全球合作

附錄　馬凱碩著作簡介

推薦序　尋找亞洲的和平復興之路

　　很高興《亞洲的 21 世紀》繁體版能夠與廣大讀者見面。本書已經出版了英文版和簡體中文版，均在海內外引起了巨大的反響和思辨。為了方便廣大海外華人閱讀此書，香港三聯書店特地策劃了本書繁體版的出版。此時距離本書英文版和簡體中文版出版不過 2 年和 1 年，在波詭雲譎的世界地緣政治變化中，亞洲與中國的復興勢頭依然穩健。

　　世界銀行（WB）2023 年在全球化智庫（CCG）發佈的《全球經濟展望》中預測，2023 年和 2024 年，東亞和太平洋地區的經濟增長率將分別達到 4.3% 和 4.9%，而發達經濟體只有 0.5% 和 1.6%。我在參加 2023 年慕尼黑安全會議時也見到國際貨幣基金組織（IMF）總裁格奧爾基耶娃（Kristalina Georgieva），她也預測，2023 年，亞洲等新興市場經濟體的國內生產總值（GDP）增量將佔據全球增量近 3/4，而美國和歐洲的經濟增長正在急劇放緩。事實上，這一趨勢已經持續多年並將繼續下去。據亞洲開發銀行預測，到 2030 年，亞洲將會貢獻全球近 60% 的經濟增長，在 24 億全球經濟中等收入群體的新成員中，亞太地區將佔90%。現如今，世界四大經濟強國（按購買力平價計算）中的三個國家都在亞洲：中國、印度和日本。該地區的國內生產總值總量超過了美國和歐盟。

種種跡象顯示，在沉寂兩個世紀後，亞洲正向著復興與繁榮邁進。21世紀將見證亞洲重返世界舞台的中心，並為當前全球面臨的風險與挑戰給出自己的解決方案。這是我的好朋友馬凱碩先生多年來秉持的觀點，也是為什麼我要隆重推薦全球化智庫翻譯的他的新書。這本書也是我和苗綠博士在國際知名出版社施普林格·自然集團主編出版的"中國與全球化"系列（China and Globalization Series）英文叢書中的一本重磅之作，在全球英文世界的下載量已超過令人意想不到的335萬次，成為國際關係領域的現象級著作。

馬凱碩認為，當前逆全球化高漲、經濟復甦乏力、氣候變化和貧富差距等全球性問題加劇，而西方主導的全球治理秩序在應對這些挑戰時表現得缺乏共識，效率和行動力不足。現在正是需要全球合作的時候，然而，西方仍然用過時的19世紀地緣政治思維來看待21世紀的地緣政治局勢，不願意與其他人分享權力，並將新興市場國家的崛起視為威脅，蓄意挑起大國競爭。這加劇了未來的不確定性。

如何才能讓權力調整和新秩序以有益於全球人民福祉的形式實現，以確保人類擁有一個和平、繁榮的21世紀？對東西方都有深入了解並在這兩個世界都享有盛譽的馬凱碩先生是回答這個問題的最佳人選之一。他在這本書中分享了自己從豐富的生活經歷與傑出的職業生涯中形成的智慧與遠見。作為一位來自新加坡的外交官和學者，他的觀點與新興市場國家存在著共鳴，這是任何大國都不能忽視的聲音。

＊ ＊ ＊

本書作者馬凱碩是全球公認的亞洲頂尖公共政策學者，被英國《金融時報》、美國《外交政策》及英國《前景》雜誌列為"全球最具影響力的 100 位公共知識分子"之一。作為一位印度裔新加坡人，馬凱碩成長於多元文化交匯的地方，天然具有多邊主義視角。他在新加坡大學接受本科教育，在加拿大攻讀碩士學位並獲得榮譽博士學位，在哈佛大學擔任訪問學者，多樣性的教育背景使他擁有廣闊的視野和廣博的知識。他曾擔任新加坡外交官 33 年，兩度擔任聯合國安理會主席，與華盛頓及北京的資深內部人士保持著長期聯繫，對兩國的政治現實有著深刻把握。同時他作為中立的第三方觀察者，能夠客觀理性地分析大國關係。在外交生涯結束之後，他投身學術界，成為全球知名的亞洲問題研究專家，被譽為"亞洲世紀的繆斯"，其職業成就令其在東西方都有相當大的影響力。馬凱碩很早就提出了"亞洲的復興"，並出版了多部專著。

我認識馬凱碩已有近 20 年，有莘多次與他在公開和私卜的場合討論問題與交換看法。在 2009 年的達沃斯世界經濟論壇議程設置會議上，我們同台參加了關於"全球議程"（Global Agenda）應該關注哪些議題的研討。2017 年，馬凱碩的新書《東盟奇蹟》（*The ASEAN Miracle: A Catalyst for Peace*）在北京大學舉辦首發儀式，他邀請我參加，那時他已經是"亞洲崛起"的主推思想家。2019 年 5 月，我與他在加拿大多倫多舉行的全球矚目的有 3000 名現場觀眾參加投票的"芒克辯論會"中並肩作戰,就"中國是不是國際自由秩序的威脅"與美國對華強硬派 —— 曾任特朗普總統國家安全事務助理的麥克馬斯特(H. R. McMaster)將軍和美國哈德遜研究所中國戰略研究中心主任白邦瑞(Michael Pillsbury)進行了激烈的辯論。這兩位辯手一位是軍方的政府前內閣高官,一位被美國前總統特朗普稱為"中國研究最權威人物"。此次辯論前一年,美國對華發動了貿易戰,加拿大扣留了華為首席財務官孟晚舟,國際環境對中國殊為不利。這是一場在西方主場舉行的辯論,西方的主流觀點是"中國構成了威脅",現場的氛圍對支持中國立場的辯手也很不友好,當晚我和馬凱碩在非我方主場的國際知名辯論場配合默契,有理、有據、有節地駁斥了對方充滿誤導性的敘述,最後經過現場 3000 名觀眾投票表決,按照芒克辯論的規則,我方獲得了辯論的勝利。由於文化以及制度上的差異,西方的媒體機構以及意見領袖對中國的解讀往往單一且充滿誤解。此次辯論是在西方主場、以西方人高度認可的辯論形式,直面西方的質疑並進行建設性的回擊,有利於增進世界對中國的理解,是一場具有重要意義的輿論博弈。

新冠肺炎疫情發生以來,我們通過視頻連綫進行了多次交流。2021 年,全球化智庫受邀將馬凱碩的新著《中國的選擇:中美博弈與戰略抉擇》(*Has China Won? The Chinese Challenge to American Primacy*)這一全球暢銷政論圖書譯成中文,並與中信出版集團一起為該書舉辦了首發儀式和研討會,與他視頻連綫探討中美關係的"世紀之問"。在該書中,馬凱碩提出了發人深省的觀點:面對新冠疫情、全球復甦、氣候變化等全球性挑戰,我們應該問的問題不是中國或美國是否贏了,而是人類是否贏了。這本書受到作者本人、出版方和讀者的一致好評。我們為本書舉辦了一場專場對話 ——"多極世界中的中美關係",這是《CCG 對話全球》視頻節目中的一期。在對話中,馬凱碩再次表示,中美兩國之間並不存在根本的核心利益衝突,兩國最好將資源用於改善本國人民的福祉與合作減輕氣候變化等共同威脅,而不是投入日益加劇的地緣政治競爭,這不僅損害兩國的利益而且損害全世界的利益。此次對話實錄已經收錄於世界知名出版社帕爾格雷夫‧麥克米倫出版的《CCG 對話全球:理解 21 世紀的全球化、全球不平等和權力轉移》(*CCG Global Dialogues: Understanding Globalization, Global Gaps, and Power Shifts in the 21st Century*)一書,以饗讀者。

同年,馬凱碩還為我和苗綠主編的一本全球發行的英文重磅圖書《共識還是衝突?》(*Consensus or Conflict?*)貢獻了一篇探討全球化的文章 ——《全球化已死!全球化萬歲!》(Globalization Is Dead! Long Live Globalization!)。在這本書全球發行後个久,俄烏衝突就發生了,這為建立世界共識帶來更多不確定性。

2022 年,全球化智庫與馬凱碩一起發佈了《亞洲的 21 世紀》英文版並舉辦了研討會。該書是我和苗綠主編的 "中國與全球化" 系列英文叢書中的一本,本系列其他圖書還包括匯聚全球思想領袖、學者、諾獎得主、前政要等作者文章的《共識還是衝突?》,《駐華

大使看中國與世界》（*China and the World in a Changing Context*），
《商界領袖看中國發展新機遇》（*Transition and Opportinuty*），我
的個人文集《中國的選擇與全球化的未來》（*The Ebb and Flow of
Globalization*），以及約瑟夫・奈（Joseph S. Nye, Jr.）教授的著作《軟
實力與中美競合》（*Soft Power and Great-Power Competition*）。所有這
些圖書都可在施普林格・自然集團網站上獲取。

《亞洲的 21 世紀》一書受到國際社會的廣泛關注，自 2021 年 12
月 30 日上綫以來，累計下載量超過 335 萬次。本書出版商施普林
格・自然集團全球總裁稱本書電子書的下載量是學術類出版物平均下
載量的數十倍乃至百倍，該書已經成為現象級著作。在我們於 2022
年 1 月為本書舉辦的以 "21 世紀見證著亞洲的崛起，也為世界各國
的深度合作提供新的契機" 為主題的對話研討上，兩位亞洲問題領域
的著名學者 —— 約翰・霍普金斯大學高級國際關係學院（SAIS）副
院長兼賴肖爾東亞研究中心主任肯特・凱爾德（Kent E. Calder）、倫
敦國王學院中國研究院院長凱瑞・布朗（Kerry Brown）都對本書給予
了高度讚譽，同意本書描述的當前世界正在發生的重大轉變，稱其向
西方世界傳達了重要信息。因本書在海內外引起的廣泛關注，馬凱碩
在新加坡又舉辦了一場發佈會，以饗讀者，新加坡國立大學李光耀公
共政策學院院長柯成興，新加坡外交部無任所大使、新加坡前駐美國
大使陳慶珠出席發佈會。中國駐新加坡大使孫海燕也高度讚揚了這本
書的觀點和作者的影響力。本書英文版產生了巨大的影響力，CCG
很榮幸獲得作者授權將本書翻譯成中文，由中信出版集團在中國大陸

地區出版簡體版。本書簡體版也引起了廣泛的討論，在簡體版新書發佈會上，馬凱碩發表了演講並回答了記者的問題，其演講內容和回答內容在國內外都獲得高度關注，中國外交部部長助理、新聞司司長華春瑩也在 Twitter 上轉發了他的問答內容。

　　儘管已經年過七旬，但馬凱碩依然對國際政治飽含熱情，他密切關注著當前世界局勢的變化，憂心人類的命運。他不僅經常撰寫國際政治評論文章，還發起成立了"亞洲和平計劃"（Asian Peace Programme, APP），為在東亞鑄造和平貢獻智慧。2022 年年中，我到新加坡交流時與他再度相見，馬凱碩教授特意為歡迎我們準備了晚宴，來自全球的政商學各界的傑出代表出席，埃及 ARTOC 投資與發展集團董事長兼董事總經理沙菲克・賈布爾 (Shafik Gabr) 夫婦、國際著名的戰略學家和未來學家彼得・施瓦茨（Peter Schwartz）、新加坡著名政治家楊榮文（George Yeo Yong-Boon）、StarHub 企業業務部總裁鍾玉璇博士 (Chong Yoke Sin) 等人參加了晚宴，可謂星光熠熠，名流雲集。

　　多年來，馬凱碩一直深切關注著人類的命運，並持續不斷地為亞洲的世紀鼓舞與呼籲，找為他的堅持而深深感動和振奮。

＊ ＊ ＊

　　與之前人類歷史不同的是，用"日新月異"來描述 21 世紀的人類發展絕對是寫實手法。前所未有的科技進步令全球經濟和社會實現了跨越式發展，地球已成為一個村莊，中國已成為全球第二大經濟體，東盟和印度也創造了經濟奇跡。此外，東方在應對新冠肺炎疫情上的表現展現出東亞社會自己的優勢，而西方相形見絀。這些新現象逐漸打破了亞洲對西方的順從。與此同時，西方主導的世界秩序在應對氣候變化、大流行病等全球性挑戰方面表現不力，卻又不願分享權力——如國際貨幣基金組織和世界銀行仍然只有歐洲人和美國人才能擔任總裁和行長，這令非西方世界不滿。這些變化必然要求世界秩序做出相應的改變，東西方關係成為 21 世紀的核心關係之一，這其中又以世界第一、第二大經濟體——美國和中國之間的關係為重。

面對劇烈變化的世界局勢，馬凱碩在書中提出了很多啟發性問題：美國面臨一系列國內問題，如貧富差距擴大，民主政治被金錢腐蝕，導致民粹主義和保護主義抬頭，在這種情況下，美國的民主政治還能夠有效運行嗎？高舉"自由主義"大旗卻不能容忍多元社會制度的美國還能繼續保持威望嗎？受困於國內問題的美國將中國當作替罪羊，蓄意挑起大國競爭是對是錯？面對全球性挑戰和世界力量平衡變化，華盛頓應該如何調整戰略？西方主導世界秩序的時代是否即將終結？亞洲具有哪些優勢，將對全球地緣政治產生什麼影響？中國能夠和平崛起嗎？對世界來說，中國的崛起是威脅還是機遇？西方為何擔憂中國的崛起？正在崛起的中國，與力圖繼續保持全球領導地位的美國，兩者之間會發生戰爭嗎？美國正在建立新的反華聯盟，它有可能成功嗎？如果要避免新的冷戰與熱戰，美國應該如何調整對華戰略？世界正從美國主導的單極化向多極化發展，然而，世界秩序能否跟上變化的速度？全球化還能繼續嗎？如何才能讓聯合國及其系統機構適應世界的變化？美國正在利用強權維護其霸主地位，多邊外交還有希望嗎？人類能否真正團結起來共同抗疫和應對氣候變化等全球性挑戰？我們的未來在何方？

這一系列問題背後的主綫是國家興衰交替的邏輯。歷史一再證明：沒有永遠的霸權國家，大國的興衰交替是不可違背的歷史法則。在人類社會早期，各國各地區間缺乏聯繫，國家的興衰只對周邊地區有顯著影響，但在地球村的時代，大國的興衰將影響全球的局勢。面對新興國家的崛起，既有大國往往想要打壓、遏制。但是大國衰落並不僅僅是由外部因素導致的，內部問題才是根本原因。然而，相較於解決積重難返的內部問題，找替罪羊總是更為容易的，而中國顯然就是那隻替罪羊。遺憾的是，找替罪羊並不能解決問題，只會加劇問題的惡化。

2023 年 4 月，在波士頓大學以 "亞洲世紀真的到來了嗎？"（Is the Asian Century Really Coming?）為題的演講中，馬凱碩再度駁斥了唱衰中國的說法，並表示，亞洲的繁榮將給世界帶來多樣化的色彩和多元化的解決方案，強烈呼籲美國不要挑戰中國的核心利益、挑起戰爭，因為這將帶來災難。馬凱碩認為，中國崛起是美國和世界的機會，並表示亞洲各國並不希望在兩國之間選邊站隊，希望美國政府可以重新平衡中美競爭。但我們需要注意的是，這些國家在經濟上依賴中國，在安全上依賴美國，它們希望美國能夠平衡中國在亞太地區的影響力。對中國和世界上其他國家來說，努力創建一個可以讓處於不同發展階段的國家免於殘酷爭鬥的秩序，以使各國能夠合作應對全球性挑戰，會對人類更加有益。為了擁有一個和平、繁榮的 21 世紀，馬凱碩對亞洲國家提出了三個建議：恢復聯合國作為人類議會的功能，提供更多資源來加強主要多邊組織的職能，在東盟模式基礎上加強《區域全面經濟夥伴關係協定》（RCEP）建設。

馬凱碩的第三個建議與我一直倡導建立的"亞洲聯盟"有許多相似因素。在逆全球化浪潮的衝擊下，面對全球多邊合作動力不足的局面，區域一體化發展成為凝聚多邊合作的重要方式，有利於推進全球化的發展。在亞洲崛起的背景下，為緩和亞太地區地緣政治之爭，維護地區和平穩定與繁榮發展，可在"東盟+3"基礎上打造亞盟，並進一步推進亞太區域一體化。我在中信出版集團出版的《21世紀的中國與全球化》一書中提出，東亞國家普遍受到儒家文化的影響，而儒家文化中的"和而不同""天人合一""推己及人"等共識原則有助於在承認和保持該地區國家經濟、文化和歷史政治認同的多樣性的前提下，繼續發展更加緊密的經濟合作關係。

當前，亞太地區存在大量的區域經濟一體化機制，如《全面與進步跨太平洋夥伴關係協定》（CPTPP）、RCEP、東盟"10+N"衍生系列……這在一定程度上顯示出區域經濟存在較強活力，同時各方有較強的意願進行合作，通過打造更加自由的貿易機制來提升經濟一體化程度。但過多的自貿機制造成了"碎片化"區域合作，容易產生"意大利麵條碗"效應。因此，推動各個自貿區之間的標準合併統一，逐步加速這一領域裏的要素流動，實現在統一標準下共同市場的整合，亦即建立一個覆蓋全亞太的自由貿易區（FTAAP），是未來要做的事。根據全球化智庫的研究，可以通過兩種方式實現FTAAP：

一是將 CPTPP 和 RCEP 融合成為 FTAAP，二是圍繞 CPTPP 和 RCEP 形成一個 "傘形協定"。FTAAP 可在關稅減讓、服務業開放、知識產權規則等方面設定介於 CPTPP 和 RCEP 之間的中間標準水平，在亞太區形成一個多層級的自貿體系。

目前中國的經濟體量和市場容量之大，使中國成為各種區域經濟一體化機制中不可或缺的成員。RCEP 已經於 2022 年正式實施，當年中國與東盟進出口規模增長了 15%，東盟連續 3 年保持中國第一大貿易夥伴地位。在 CPTPP 方面，中國已經於 2021 年正式提交加入的書面申請。CPTPP 是一個自由貿易層次較高的自貿區機制，加入這一機制，能倒逼中國實施改革，為經濟發展提供新的驅動力。

在實踐中，亞盟已經進入探索狀態。我們可以在 RCEP、東盟 "10+N" 和 CPTPP 等基礎上推動金融合作，如創建統一的貨幣 "亞元"。中國主導的亞洲基礎設施投資銀行和 "一帶一路" 倡議可以在與東盟、日本、韓國等各方共建能源和交通基礎設施網絡上發揮更多作用，提升亞盟共同市場的整合程度，助力推進亞洲一體化進程。

全球化智庫（CCG）一直致力於通過二軌外交來幫助中外人士增進對彼此文化的了解。我們曾舉辦國內首個 "全球命運共同體" 論壇，並專門設置 "從亞洲價值觀到亞洲共同體" 分論壇；我們積極活躍於國際多邊場合，參加慕尼黑安全會議、巴黎和平論壇等並主辦分論壇，發出中國的聲音；我們發起設立《CCG 名家對話》節目，與安格斯・迪頓（Angus Deaton）、托馬斯・弗里德曼（Thomas L. Friedman）、馬丁・沃爾夫（Martin Wolf）、帕斯卡爾・拉米（Pascal

Lamy）、約翰・桑頓（John L. Thornton）、馬凱碩、托尼・賽奇（Anthony Saich）、尼爾・布什（Neil Bush）、戴維・蘭普頓（David Lampton）、斯蒂芬・羅奇（Stephen S. Roach）、吉姆・奧尼爾（Jim O'Neill）等數十位國際意見領袖和專家學者交流觀點；2021 年全球化智庫又發起了 "國際青年領袖對話項目"（GYLD），旨在構建不同國家和不同領域的國際青年英才對話機制，後獲得習近平主席的回信。[1] 總之，我們做出的努力讓全球化智庫連續多年名列賓夕法尼亞大學全球智庫排行榜百強，並成為首家獲得聯合國特別諮商地位的中國智庫。

* * *

在這本書中，我們看到了馬凱碩對亞洲的未來持樂觀態度，抱有積極的期望。他認為亞洲將成為 21 世紀全球化新的發動機。他提出，21 世紀將見證西方主導世界秩序時代的終結，亞洲重返世界舞台的中心，中國的和平崛起以及全球秩序的重構。馬凱碩站在有利的第三方角度，公正客觀地指出中國的和平崛起是美國和世界的機會，與中國合作有助於解決人類面臨的緊迫的全球性挑戰和美國的國內問題。他認為，隨著新興市場國家的崛起和亞洲的復興，世界秩序需要改變，以反映所有人的利益，而不僅僅反映只佔全球 12% 人口的西方社會的利益。他對中國寄予厚望，認為中國有能力成為重振國際多邊主義秩序的中堅力量。他在書中還指出，美國挑起與中國的大國競

---

1 習近平給 "國際青年領袖對話" 項目外籍青年代表回信 [EB/OL]. 新華網 . http://www.xinhuanet.com/politics/2021-08/11/c_1127750833.htm.XIII

爭是錯誤的，西方不應再用 19 世紀的地緣政治觀點來處理 21 世紀的地緣政治形勢，而是應該承認和接受亞洲的復興。

雖然諸多學者、政治思想家認為亞洲復興的勢頭正旺，但我們絕不能因為這種讚揚而洋洋自得、昏了頭，要清醒地認識到，雖然亞洲佔世界經濟總量的比例一直在增加，但亞洲經濟結構仍然處於世界價值鏈的中低端，附加值不高，經濟質量仍有待提升。亞洲需要避免西方正在犯的錯誤。現如今，貧富差距擴大已經成為全球性問題，如果不能妥善解決，民粹主義、保護主義有可能會在全球氾濫，這不僅會讓亞洲復興成為曇花一現，也將使合作應對全球性挑戰更加困難。

21 世紀已經過去了 1/5，未來幾十年可能是決定人類命運的關鍵時期。在我們為《亞洲的 21 世紀》一書舉辦的專題對話研討中，馬凱碩再次強調："我們都清楚我們面臨著怎樣的氣候變化問題，我們浪費每一年都是非常危險的，我們應該關注人類面臨的共同挑戰，如果大家都同意的話，我很高興將我們的時代稱為人類世紀。我們都是人類，忘記我們的美國身份、歐洲身份或亞洲身份吧。請記住，我們都只是地球上的瀕危物種。"我希望，也相信，這本書能夠警醒世人，使人們深刻認識到我們所處的境遇，喚起我們對人類共同命運的覺悟。

王輝耀博士 全球化智庫理事長

苗綠博士 全球化智庫秘書長

2023 年 9 月於北京

引言

　　我們生活的時代充斥著矛盾。在 21 世紀，我們將看到人類歷史上前所未有的大變化。科技上的巨大飛躍，伴隨著全球許多國家和地區 —— 尤其是亞洲地區 —— 的巨大經濟和社會進步，意味著 21 世紀的結構和特性將與 19 世紀和 20 世紀的迥然相異。

　　差異有多大？主要體現在三個重要方面。首先，我們將見證世界歷史上西方主宰時代的終結。其次，我們將看到許多亞洲國家的復興，尤其是中國和印度這兩個人口大國。第三，由於技術的飛躍和全球貿易等導致國家間的相互依存度日益加深，世界已經迅速 "縮小"，人類不再生活在一個廣袤的星球上，而是生活在一個小小的、緊密相連的地球村裏。事實上，當未來的歷史學家回望 21 世紀時，他們會驚訝地發現：在短短的時光片段裏，人類竟然發生了如此繁多且巨大的變化。

　　從理論上講，人類是地球上最聰明的物種。考驗智力的一項關鍵測試是適應不同環境的能力。根據環境變化進行明智的適應和調整是我們人類得以生存和繁衍數千年的秘訣。當然，在適應和調整之際，有一些人類族群做得比其他族群要好。

在過去兩百年裏，西方族群表現得最好。憑藉在人類組織形式上和科技領域中的卓越表現，西方國家不僅超越了世界上的其他國家，而且征服了世界。

譬如英法這樣的歐洲大國能在世界各地征服領土，這並不稀奇。事實上，據說在 19 世紀時，大英帝國被稱為"日不落帝國"，因為當時英國的殖民地遍佈全世界。真正令人驚訝的是，像葡萄牙這樣的歐洲小國也能夠征服世界各地的領土。19 世紀時，葡萄牙的人口只有區區幾百萬，大約相當於今天新加坡的人口數量，然而這個小國卻能夠征服南美（如巴西）和非洲（如安哥拉和莫桑比克）的領土。更令人瞠目結舌的是，小小的葡萄牙竟然在 16 世紀時征服了印度（1.15億人口）和中國（1.6 億人口）的領土，分別佔領了果阿和澳門。

兩百多年來，西方表現優異。面對迥然不同的 21 世紀，西方理應做出明智的調整以適應新時代。但令我震驚的是，西方未能做出明智的適應性調整，這導致生活在西方的主要人群，尤其是在美國和歐洲的人，對未來深感迷茫與悲觀。

作為西方世界的朋友，我一直試圖向西方知識分子解釋西方社會為何要進行調整和適應。舉例來說，我在 2005 年出版了《走出純真年代》（*Beyond the Age of Innocence*）一書，試圖告訴美國知識分子該國應如何適應一個不同的世界。出版此書讓我學到了一個非常重要的教訓。理論上講，美國是一個開放的社會，到處都是樂於傾聽世界上其他國家觀點的知識分子。但實際上，美國是一個"思想封閉的開放社會"。對於其他國家的聲音，美國的知識分子置若罔聞。導致這種情況的一個很小但很實際的原因是，美國的"社會科學家"認為"區域研究"是"不科學的"，所以一些美國大學取消了"區域研究"課程（例如"東南亞研究"）。好在有些大學仍然開設了這門課程，例如，哈佛大學的"亞洲研究"和耶魯大學的"東南亞研究"課程。

更令人震驚的是，我發現美國知識分子中思想最"封閉"的竟然是"自由派"。這些"自由派"認為，對於人類社會應該如何成長、發展和成功等重大問題，只有非黑即白的簡單答案。"白方"的答案是：只有那些照搬西方自由主義思想的國家才能取得成功。對此，有一個強有力的證據：所有西方知識分子皆對弗朗西斯·福山（Francis Fukuyama）在冷戰接近尾聲時發表的《歷史的終結？》（*The End of History?*）[1] 一文給予了熱烈的回應。該文荒謬地宣稱人類已走到了歷史的"盡頭"，所有人都應該認識到，所有國家（無論它們屬哪種文化和位於哪個地域）發展的唯一途徑就是照搬西方的自由民主模式，尤其是在 1989 年柏林牆倒塌和 1991 年蘇聯解體後。這種看法十分荒謬，然而，主要西方知識分子群體中卻無人反對這一論點。事實上，從西方知識分子身上，我發現的最令人驚訝的事情之一是，他們採用了"戰略性群體思維"模式，而福山的著作促進了這種"群體思維"在西方的傳播。

---

1 本文發表在 1989 年夏季刊的《國家利益》（*The National Interest*）雜誌上。1992 年，弗朗西斯·福山又出版了《歷史的終結與最後的人》（*The End of History and the Last Man*）一書。——譯者註

因此，我在數個場合，包括我的著作《西方沒落了嗎？》（*Has the West Lost it?*）中都寫到，福山的這篇文章對西方思想造成了“腦損傷”。什麼樣的腦損傷呢？自 20 世紀 90 年代初西方思想界對福山提出的世界已走到了“歷史的終結”這一論點深信不疑之後，他們便沒有注意到：人類不僅沒有走到“歷史的終結”，反而正在經歷“歷史的回歸”。什麼是“歷史的回歸”？它指的是世界上兩個人口大國——中國和印度的“回歸”。20 世紀 90 年代，中印兩國在同一時期做出了正確的戰略決策——開放經濟、融入世界。中國開始得稍早一點，1954 年，周恩來總理提出了“四個現代化”戰略。十來年後，時任印度財政部長曼莫漢·辛格（Manmohan Singh）（後出任總理）於 1991 年啟動了印度經濟開放的改革。

西方面臨的諸多問題，可以追溯到其所犯下的兩大戰略錯誤：第一個戰略錯誤是沒有意識到，在 21 世紀，西方已經走到了“西方主宰世界”的終點；第二個戰略錯誤是沒有意識到，世界正在見證亞洲的回歸，尤其是東亞、東南亞和南亞最成功的國家的回歸。本書的前兩部分聚焦於西方所犯下的這兩大錯誤，第一部分闡述為什麼西方統治的時代已經結束，第二部分闡述亞洲為何要改革以及如何進行改革。

在第一部分中，我選了幾篇文章來闡釋為何西方拒絕接受不能再主宰世界的痛苦現實。一個強有力的例證可以用來說明西方國家無法意識到其內生的巨大戰略缺陷。幾十年來，尤其是“二戰”結束後，美國的表現超過了世界上其他國家，因為它能為最貧窮的美國人提供

"平等的機會"去拚搏和獲取成功。簡言之，美國社會為人們創造了一個公平競爭的環境。富人可以取得成功，窮人亦然，這正是 20 世紀 50、60 和 70 年代美國中產階級的收入和生活水平不斷提高的原因。那時的美國可能是地球上最幸福的國家。

現在我們得知，無論是 2016 年唐納德・特朗普（Donald Trump）的當選，還是 2021 年 1 月 6 日美國國會大廈遭遇暴力衝擊，都說明了今日的美國並不幸福。為什麼美國會變得不幸福呢？答案很簡單，因為美國社會不再為富人和窮人提供公平的競爭環境。富人可以取得成功，窮人則不行。如果你對這一說法表示質疑，建議你閱讀本書中的《民主政治還是"金錢政治"：美國的存在主義問題》一文。

這篇文章提供了大量證據，表明美國已成為一個金錢政治的國家。何為金錢政治？簡而言之，金錢政治恰是民主政治的反面。在民主國家，絕大多數人——即 80% 至 90% 的人——的利益受到社會制度的保護，而在金錢政治的國家，社會制度保護的是少數富人階層的利益，即最頂層的 10% 至 20% 的人的利益。幸運的是，我並非唯一一個這樣想的人。許多西方知名人士都做過這類斷言，包括已故的美國聯邦儲備委員會主席保羅・沃爾克（Paul Volker）先生、諾貝爾獎得主約瑟夫・斯蒂格利茨（Joseph Stiglitz）教授和英國《金融時報》經濟評論員馬丁・沃爾夫（Martin Wolf）先生。

事實上，早在 2400 年前，一位更重要的西方哲學家——柏拉圖就曾提出警示，如若一個社會由富人統治、為富人利益服務，那將十分危險。他的原話是："……如果人們根據錢財的多寡而不是能力的強弱來選擇船長，後果將會怎樣呢？他們的航行必定糟糕至極。"然而，儘管這些警告言猶在耳，美國在事實上還是變成了一個由富豪統治的國家，讓富人階層來重建美國的社會制度，使富人更加從中受益，而不是窮人。

理論上，既然美國是世界上最開放的社會，人們享有充分的言論自由，理應有良性的辯論來討論美國是為何以及如何成為金錢政治的國家的。然而，令人震驚的是，這種辯論並沒有出現，也正因如此，本書才有了真正特殊和獨特的意義。本書對一些西方國家的失敗提出了獨家且獨特的見解。

本書還有一些見解是西方知識分子拒絕正視的。例如，西方社會喜歡將自己描繪成人權捍衛者，然而，對於自身做出的侵犯人權、協助或教唆侵犯人權之事，他們卻矢口否認。簡言之，西方社會一直極其偽善。本書中《西方的虛偽》一文明確地指出了"在理論上，西方譴責虛偽，但遺憾的是，在實踐中，西方卻常常沉迷於虛偽"。這篇文章用詳實的案例說明了西方的公然虛偽。

西方拒絕面對的另一個問題是：一個健康的社會所需要的不僅僅是民主選舉，它還需要提高人民的生活水平。這意味著經濟發展的成果必須由全民共享，而不是像金錢政治的國家那樣，只由極少數富人享有。然而，在 1980 年至 2010 年的 30 年間，美國是世界上唯一一個佔人口一半的底層民眾收入下降的發達國家。正如我在《特朗普、馬克龍與自由主義的短板》一文中所述，許多西方人認為，能夠在選舉中自由投票就足以維持社會穩定，他們卻忽視了美國政治哲學家約翰‧羅爾斯（John Rawls）對社會和經濟不平等的批判，即政府應該對社會和經濟不平等進行干預，以使得每個人能夠受益。

西方還拒絕承認一個關鍵的哲學觀念——即使在一個自由的社會中，自由與責任也需要相互協調。事實上，正如我在《美國“國會山淪陷事件”與西方新冠肺炎死亡率之間有何關聯？》一文中所述，2021 年 1 月 6 日美國國會大廈風波與新冠肺炎疫情高死亡率背後的共同關鍵因素是，西方在追求自由時未能適當考慮其他重要的哲學原則，如責任和平等。

在本書的第二部分，我試圖記錄下亞洲“回歸”的證據。事實上，2020 年抗擊新冠肺炎疫情的經驗表明，總體而言，東亞地區的應對要比美國和歐洲好得多。因此，我欣然接受西方著名刊物《經濟學人》的約稿，闡釋東亞地區的應對緣何更加得法。我還認為，東亞地區的良好應對說明了我們正在迎接亞洲世紀的曙光。

自 20 世紀 90 年代初伊始，三十年來，我一直在寫關於亞洲回歸的文章。1992 年，我在著名的西方雜誌《國家利益》（The National Interest）上發表了第一篇討論亞洲回歸的文章，題為《西方與其他國家》。在那篇文章中，我寫道：

> 東亞人成了唯一已經或準備進入發達國家行列的非西方人。隨著東亞地區的重要性與日俱增，西方富裕和第三世界國家貧窮的鮮明對比印象已變得模糊複雜又令人困惑……因為日本和其他東亞國家的成功故事正在第三世界激起發展的連漪，而這是西

方社會從未成功做到的。

本書的許多讀者可能了解，我寫過很多關於中國重新崛起以及為何西方應該接受而非試圖阻止中國崛起的文章。本書中的幾篇文章，例如，《西方應聽從拿破崙的建議讓中國沉睡》和《中國威脅到了什麼？》都討論了西方不願接受中國重新崛起的問題。然而，亞洲的故事不僅僅是關於中國的，它還涉及亞洲其他地區，包括印度和東南亞。這也是為什麼本書既討論了東南亞國家聯盟（ASEAN，簡稱東盟）所表現出的驚人韌性，又討論了印度該如何通過作為世界道德領袖來發揮寶貴的作用。在以下文章，包括《為何"印度之道"可能是世界上道德領導力的最佳選擇》《東盟的潛在韌性》和《亞洲能助拜登一臂之力嗎？》中，我指出東盟和印度皆可以作為中美之間的調解人，同時作為自由貿易和多邊主義的支持者，發揮值得信賴的作用。

亞洲地區在 19 世紀和 20 世紀裏表現不佳，緣何在 21 世紀重新煥發活力？對於這一問題，未來的歷史學家需要努力找尋答案，因為答案十分複雜。然而，亞洲國家近幾十年來之所以能夠脫穎而出，關鍵是他們勇於充分利用全球化所帶來的機遇。對亞洲國家來說，做出這一決定並不容易，因為風險與機遇共存。2017 年 1 月，習近平主席在達沃斯世界經濟論壇上描述了這些風險。習主席發表主旨演講時，我也在現場，對他演講中的如下表述印象特別深刻：

> 當年，中國對經濟全球化也有過疑慮，對加入世界貿易組織也有過忐忑。但是，我們認為，融入世界經濟是歷史大方向，中

國經濟要發展，就要敢於到世界市場的汪洋大海中去游泳，如果永遠不敢到大海中去經風雨、見世面，總有一天會在大海中溺水而亡。所以，中國勇敢邁向了世界市場。在這個過程中，我們嗆過水，遇到過漩渦，遇到過風浪，但我們在游泳中學會了游泳。這是正確的戰略抉擇。

從許多方面來看，全球化是西方的獻禮。全球化要取得成功，必須依靠三大支柱。首先，各國間若要相互交流、互通貿易，就需要有一套共同的規則。1945 年，西方以聯合國為中心，建立了一套基於規則的秩序。世界貿易組織也是聯合國大家庭的一部分，它的前身是關稅及貿易總協定（GATT），在其成立三年後（1950 年），全球貿易額只有 610 億美元，經過幾十年的發展，激增至 2019 年的 19 萬億美元，增幅超過了 300 倍。值得一提的是，中國在 2001 年加入世貿組織後，經濟增長率大幅提高。

其次，為使貿易取得成功，各國必須接受比較優勢理論。這一理論是西方經濟學家大衛・李嘉圖（David Ricardo）提出的，他用以下方式對該理論進行了解釋：

> 在葡萄牙生產葡萄酒，可能只需要八十人勞動一年；生產毛呢，則需要九十人勞動一年。因此，對葡萄牙來說，輸出葡萄酒交換毛呢是有利的。即使葡萄牙進口的商品在本國製造時需要的勞動少於英國，這種交換仍會發生。雖然葡萄牙能夠用九十人的勞動來生產毛呢，但它還是會從一個需要耗費一百人的勞動來生

產的國家進口，因為對葡萄牙來說，與其挪用一部分生產葡萄酒的勞動資本來生產毛呢，還不如用這些資本來生產葡萄酒，如此一來，它便能從英國換取更多的毛呢。[1]

這就是為何二戰後，西方國家成了自由貿易的最大擁護者。1985年 10 月 9 日，新加坡前總理李光耀在美國國會聯席會議上發表講話時，讚揚了西方使世界相信自由貿易的優點。他說：

> 1945 年戰爭結束後，美國與其歐洲盟國一道，在關稅及貿易總協定（GATT，自 1948 年 1 月 1 日起生效）的基礎上建立開放、公平的貿易體系，在布雷頓森林協定下建立了穩定的貨幣兌換體系，即國際貨幣基金組織。這些協議促成了世界範圍內貿易、銀行業和金融業的巨大增長……在 20 世紀 50 年代和 60 年代，除共產主義中國、朝鮮和北越外，西太平洋地區所有國家與美國的貿易皆實現了增長。許多國家都接受了美國的投資，美國成為推動經濟發展的生力軍。

美國曾是比較優勢理論的最大推動者。

第三，除了詮釋自由貿易優點的理論，要將自由貿易付諸實踐，還需要倡導者主動開放邊境及說服其他國家也開放。事實上，20 世紀 50 年代至 80 年代，全球貿易體系逐步開放要歸功於美國和歐盟

1　Ricardo, David. *On the Principles of Political Economy and Taxation.* Cambridge: Cambridge University Press, 2015.

（西方核心的代表）都倡導自由貿易和推動全球貿易談判的圓滿完成，1994 年"烏拉圭回合"談判在馬拉喀什的結束標誌著上一輪談判的圓滿完成。

西方構建的這三大支柱給全球帶來了數十年的繁榮（從而減少了全球貧困），遺憾的是，現在主要西方國家已經背棄了這三大支柱。1985 年李光耀在美國國會聯席會議上發言時，美國國會是全球自由貿易的擁護者。但如今，美國國會已然成為自由貿易協議的主要反對者。

同樣危險的是，美國國會還反對基於規則的秩序，尤其是聯合國。我在 1984 年至 1989 年、1998 年至 2004 年擔任新加坡駐聯合國大使，對這一切深有體會。在這兩屆任期內，美國帶頭試圖削減聯合國及其附屬機構的預算。2020 年新冠肺炎疫情的肆虐使得世界衛生組織（WHO）備受關注。特朗普政府對世衛組織展開了猛烈攻擊，指責其應對疫情不力，並以此為由退出該組織。然而，特朗普政府對世衛組織的批評顯然有失公允，事實上，這幾十年來，正是美國削弱了世衛組織。任何質疑這一事實的人都應該讀一讀凱莉‧李（Kelley Lee）教授撰寫的關於世衛組織的優秀著作 [1]。她在書中記錄了以美國為首的西方國家如何將對世衛組織的義務性分攤會費從 1970 至 1971 年的 62% 降到了 2017 年的 18%。

數十年來，西方政府一直在削弱和邊緣化聯合國組織，在"開

---

1 Kelley Lee, *The World Health Organization (WHO)*, London: Routledge, 2014.

放"的西方社會，這一嚴峻的事實本該是顯而易見的，每位見多識廣的西方知識分子，尤其是那些著眼於全球問題的人，都應該意識到西方國家正在大規模地削弱多邊機構，包括像世衛組織這樣至關重要的全球性多邊機構。

然而，可悲的是，西方沒有人意識到這一點，即使我早在 2013 年就出版了一部關於這一嚴峻現實的著作。這本書名為《大融合：亞洲，西方與一個世界的邏輯》（*The Great Convergence: Asia, the West, and the Logic of One World*），獲得了已故聯合國秘書長科菲·安南（Kofi Annan）的推薦，他評價道："隨著國際社會間的關係日益密切，緊張局勢也愈演愈烈，馬凱碩提醒我們，在為了全人類的利益而共同努力時，人類可發揮出最強大的力量，這本書非常令人信服。"

在"為了全人類的利益而共同努力"的必要性這一點上，科菲·安南非常有先見之明。這實際上也是新冠肺炎疫情試圖向人類傳達的重要訊息。幸運的是，一些西方知識分子承認，新冠肺炎的肆虐告訴我們，作為一個整體，人類應該相互合作。尤瓦爾·諾亞·赫拉利（Yuval Noah Harari）是當代西方最具影響力的知識分子之一，2021 年 2 月 27 日，他在英國《金融時報》上發表了一篇精彩的文章，詳細地描述了人類應該從新冠肺炎疫情中吸取的教訓。最顯著的教訓是，人類應當團結協作、守望相助，以阻止未來疫情的暴發。正如他所言，"我們應建立一個強有力的全球性系統來監測和防控疫情。人類與病原體之間的戰爭由來已久，每個人都是一道防綫。如果這道防綫的任何地方被突破，人類都會陷入危難。對於最發達國家中最富有的人來說，保護最不發達國家中最貧窮的人是符合他們自身利益的。如果一種新型病毒從蝙蝠傳到了人的身上，即使此人生活在偏遠叢林的貧困村莊，這種病毒也可能幾天之內就傳染到華爾街。"

接下來，他又提出了另一個清楚明白的觀點：我們可以與世衛組織合作。正如他所說："全球抗疫體系的架構已經成形，就是世界衛生組織和其他幾個機構，但支持這一體系的預算卻極少，並且該體系幾乎沒有任何政治影響力。我們需要為這個體系賦予一些政治影響力和更多資金，這樣它就不必完全仰仗於信奉利己的政客們的心血來潮。"

尤瓦爾·諾亞·赫拉利的觀察結果著實令人震驚。他指出了一個事實——世衛組織的預算"極少"。然而，他卻沒有說是誰導致了這一結果。顯而易見，答案是西方政府。他是因為不知道所以才沒有挑明嗎？如果像他這樣見多識廣、極具影響力的人都不知道，以美國為首的西方政府幾十年來一直在試圖系統性地削弱聯合國及其附屬多邊機構，這實在令人難以置信。這表明，聲稱自由、開放和客觀的西方媒體間或會掩蓋一些不利於西方政府的重大事實。因此，為了確保我們能夠實現尤瓦爾·諾亞·赫拉利提出的加強世衛組織能力的目標，西方政府必須要坦誠並公開承認他們一直在試圖系統性地剝奪聯合國附屬機構的資源。

西方為何要極力減少義務性分攤會費，而增加自願捐款呢？答案很簡單，因為西方國家是最大的"自願"捐助群體。他們希望利用"自願"捐款來控制世衛組織（以及其他類似的聯合國組織，如國際原子能機構）的議程。我有證據證明西方政府在努力使國際原子能機構得不到急需的資金。2007 年 8 月，墨西哥前總統埃內斯托·塞迪略先生（Ernesto Zedillo）和國際原子能機構總幹事穆罕默德·巴拉迪先生（Mohamed ElBaradei）邀請我加入一個知名人士委員會，審查國際原子能機構的未來計劃，並就如何加強該機構的職能提出建議。許多知名人士都是該委員會的成員，包括傑出的美國前參議員薩姆·努恩（Sam Nunn，1972—1997 年在任）、奧地利聯邦前總理沃爾夫岡·許塞爾（Wolfgang Schüssel，2000—2007 年在任）、澳大利亞前外交部長加雷斯·埃文斯（Gareth Evans，1988—1996 年在任）和中國前外交部長錢其琛（1988—1998 年在任）。

我原以為說服西方向國際原子能機構提供更多資源是一件易事，因為西方國家懼怕核擴散。國際原子能機構是聯合國防止核擴散的主要機構，只有它才具有對世界各地的核設施進行侵入性檢查的合法性及資源。為了有效地進行核檢查，國際原子能機構必須招募能力極強並且能為這項事業奮鬥終身的核檢查員。由於國際原子能機構只能依靠長期性的、義務性分攤的會費來僱用終身核檢查員，所以西方國家政府應該分攤更多會費、減少自願捐款，這才合乎邏輯。但事實卻恰恰相反，國際原子能機構的報告稱，其 "經常預算的增長有限"，而且 2019 年的經常預算甚至還出現了 "實際減少"。由此可見，西方不明智的政策削弱了國際原子能機構，這與世界衛生組織所經歷的如出一轍。

當西方極力這樣做時，他們忘了問自己一個簡單的問題。西方人口只佔世界人口的 12%，其他國家和地區的人口佔世界人口的 88%。那麼，西方利用自己的金融影響力來控制一個全球性組織（如世界衛生組織等）的議程是否合乎道德？畢竟，全球性組織應該代表全人類的利益而非少數西方國家的利益。

西方未能對這一重大道德問題做出回答，表明其在世界舞台上的行為存在著巨大的矛盾。在國內，所有西方國家都推崇民主治理，堅稱本國所有政府機構都必須代表最廣大人民的意願和利益。但在國際上，所有西方國家卻都推崇"獨裁"治理，堅稱所有全球性治理機構都必須反映少數群體——即 12% 生活在西方的人口，而非 88% 生活在西方以外的人口——的意願和利益。

可悲的是，削弱或破壞全球多邊機構，尤其是聯合國大家庭中的多邊機構，實際上違背了西方自身的利益。唯一有勇氣表達這種看法的西方領導人是美國前總統比爾·克林頓。2003 年，他在耶魯大學發表的一次演講中說，美國"應該努力創造我們願意遵守的規則、夥伴關係和行為習慣，這樣當我們不再是軍事、政治、經濟上的超級大國時，我們仍願意生活在這個世界上"[1]。西方世界應該聽從比爾·克林頓的建議。

本書名為《亞洲的 21 世紀》，為了確保我們擁有一個和平繁榮的亞洲世紀，我以對包括中國在內的亞洲國家提出三個具體建議來結束本篇序言。所有這三個具體建議都基於一個觀點——現如今，我

1　Kishore Mahbubani, *The Great Convergence: Asia, the West, and the Logic of One World*, New York: Public Affairs, 2013: 8.

們生活在一個小小的、相互依存的地球村裏，全人類應該團結起來，加強全球性多邊機構的建設，以應對類似新冠疫情和全球變暖這樣的全球性挑戰。亞洲是全球人口最多的區域，佔全人類的 60%，因此亞洲人理應帶頭倡導這三個能夠加強多邊主義的建議。

第一，恢復聯合國大會作為全球議會的首要作用。聯合國大會是唯一能夠合法地代表全人類的機構。因此，如果我們真想知道人類對某一問題的看法，就應該將問題提交聯合國大會討論。1978 年 12 月越南入侵柬埔寨、1979 年 12 月蘇聯入侵阿富汗後，東盟國家和中國就是這麼做的。中國和東盟要求越南和蘇聯撤出軍隊、停止侵略。由於絕大多數國家支持東盟國家和中國提出的決議，最後兩國同意撤軍。

聯合國大會反對各國干涉別國內政。香港暴力示威事件發生後，香港特別行政區政府採取了一系列措施來恢復治安和秩序，西方對這些措施橫加指責，許多西方政府聲稱，"國際社會"對香港特首林鄭月娥採取的行動持批評態度。然而，如果西方政府在聯合國大會上提出決議來批評香港特區政府所採取的行動，他們根本得不到絕大多數國家的支持。因此，亞洲國家可以通過聯合國大會這個平台來展示亞洲視點比西方視點擁有更多支持。亞洲各國應齊心協力來加強聯合國大會的職能。

第二，提供更多資源，加強主要多邊組織的職能，如世界衛生組織和國際原子能機構（如前文所述）。在有些情況下，我們可能不需要增加開支。以世衛組織為例，義務性分攤會費從 1970 年 1 月的

62% 減少到 2017 年的 18%，這是錯誤的。在不增加開支的情況下，我們應恢復原有籌資模式，將義務性分攤會費重新提高到 62%。這將有利於世衛組織制定可靠的長期計劃和僱用更多的長期工作人員和專家來應對未來的疫情，從而加強世衛組織的能力建設。

這裏需要強調重要的一點，加強聯合國系統內的機構職能所需的資金可謂"微不足道"。然而，許多西方國家政府卻一直試圖減少對聯合國的資助。1998 年至 2004 年，我擔任新加坡駐聯合國大使期間，美國駐聯合國大使理查德·霍爾布魯克（Richard Holbrooke）極力活動，將美國對聯合國的資助從 25% 減少到了 22%，他成功了。那麼他每年為美國節省了多少錢呢？6960 萬美元。6960 萬美元意味著什麼？這點錢只佔美國 2020 年度國防預算的 0.01%。然而，美國在國防預算上的巨額開支無法挽救死於新冠疫情的超過一百萬名美國人的生命。事實上，死於新冠肺炎的美國人比"二戰"以來死於戰爭的美國人的總數都要多。然而，美國樂於每年在國防預算上支出7000 多億美元，卻不願支付 7000 萬美元的聯合國會費。

幸運的是，亞洲佔全球國民生產總值的比例一直在穩步上升。因此，在支付本國理應支付的會費份額的同時，亞洲國家可以帶頭呼籲向聯合國系統提供更多的財務支持，這是亞洲國家加強全球多邊主義可以參考的第二個具體建議。

亞洲國家可以採取的第三個建議是與世界分享區域多邊合作的最佳模式之一。在我同孫合記（Jeffry Sng）合著的《東盟奇跡》一書中，談及東盟在某種程度上已經實踐了這一模式，這本書有幸被北京大學出版社翻譯成中文出版。我們可以在東盟成功的基礎上再接再厲，加強《區域全面經濟夥伴關係協定》建設。《區域全面經濟夥伴關係協定》是由東盟十國發起的，還涵蓋了中國、日本、韓國以及澳大利亞和新西蘭。不幸的是，印度參加了長達十幾年的談判，但在最後一刻決定不加入。

有兩種方式可以加強《區域全面經濟夥伴關係協定》。首先，要大力遊說印度加入該協定。這是有可能實現的，因為東亞經濟充滿活力，印度加入後將受益於這種融合。其次，應加快推進該協定的具體實施，大幅增加 15 個成員國之間的貿易額，以確保《區域全面經濟夥伴關係協定》能夠成為迄今為止世界上最大的自由貿易協定。目前，《北美自由貿易協定》（NAFTA）三國之間的貿易總額剛剛超過 2.3 萬億美元，歐盟 27 國之間的貿易總額為 2.3 萬億美元。相比之下，《區域全面經濟夥伴關係協定》15 個成員國之間的貿易總額則達到了 2.5 萬億美元。

《區域全面經濟夥伴關係協定》的目標之一應是確保 15 個成員國之間的貿易總額大於《北美自由貿易協定》和歐盟的貿易總額之和。如果能做到這一點，《區域全面經濟夥伴關係協定》將發出明確而有力的信號，驗證本書序言開篇所強調的兩點：首先，西方統治世界的時代正在走向終結。第二，亞洲將在 21 世紀重歸世界舞台中央。毋庸置疑，我們很快就將全速駛入亞洲的 21 世紀。

第一部分

西方主導世界時代的終結

21 世紀將見證西方主導世界時代的終結。而西方拒絕接受這一現實，這是一個嚴重的戰略性錯誤。當西方不再是世界第一，就需要學會採取戰略性行動。

西方的虛偽 [1]

西方偉大的思想家流傳下來的哲學智慧是西方文明對世界寶貴的饋贈之一。鑒於酷刑仍未根除、關塔那摩監獄仍未關閉，西方理應重溫他們的承諾：用理性來理解和改善這個世界。

　　我一生中最大的樂趣之一就是學習西方哲學，吸收從蘇格拉底到維特根斯坦等西方偉大思想家的智慧。幾千年來，這些偉大的思想家對邏輯推理的奉獻著實令人鼓舞。因此，對我而言，西方的力量始終與致力於運用理性來理解並改善這個世界密切相連。

　　西方邏輯總是無可辯駁。簡單的邏輯即可產生無可辯駁的陳述。因此，如果前提是"所有的狗皆是動物"，那麼，因為"菲多是狗"，所以"菲多是動物"這一說法就無可辯駁。類似的嚴謹也同樣適用於道德推理。因此，如果一個叫 X 的人說"人類不應該折磨同類"，那麼要想使結論無可辯駁，他就必須得說"我不應該折磨人"。這種邏

1　IAI, Dec 16, 2020.

輯是絕對嚴謹的，沒有例外。因此無論是誰，支持言論一卻反對言論二都將被指虛偽，而且這一指控是合乎推理的。

理論上，西方譴責虛偽；實踐中，西方卻常常沉迷於虛偽

在理論上，西方譴責虛偽，遺憾的是，在實踐中，西方卻常常沉迷於虛偽。一些當代重大案例可以證實這一點。幾十年前，美國國會通過立法，指示美國國務院發佈世界上所有國家（美國除外）的年度人權報告。之後，美國國務院就煞費苦心地記錄發生在其他國家的酷刑案例[1]。例如，在關於斯里蘭卡和突尼斯的人權報告中，美國國務院譴責這兩個國家將"近乎淹溺"和"將頭浸入水中"作為酷刑。按照道德推理的邏輯，美國這麼做也是在宣稱本國沒有實行酷刑。

2001 年，"9·11"事件發生後，美國發起了一場全球行動，來打擊製造"9·11"襲擊的伊斯蘭極端恐怖主義分子。根據國際法，這一行動是正當的，聯合國安理會的決議[2]也賦予了這一行動合法性。然而，美國在抓捕了一些恐怖分子嫌疑人之後，將他們帶到關塔那摩監獄並對其實施了酷刑。這一做法明顯標誌著美國道德立場的轉換，從"禁止使用酷刑"轉變成了"可以使用酷刑"。儘管美國從來沒有在口頭上說過，但從道德推理的邏輯出發，美國以更為有力的實

---

1 根據 1961 年《對外援助法》，這些年度國家報告自 1977 年起一直在發佈。

2 UN Security Council, Security Council resolution 1373 (2001) [on threats to international peace and security caused by terrorist acts], 28 September 2001, S/RES/1373 (2001), available at: https://www.refworld.org/docid/3c4e94552a.html.

際行動證明了這一點。

現代道德哲學最偉大的著作之一是英國哲學家 R. M. 黑爾（R. M. Hare）的《道德語言》（*The Language of Morals*）一書（註：順便一提，在"二戰"中，日本攻下新加坡後，他成了日本的戰俘，曾在衛生紙上寫作過本書的一部分內容）。本書開頭部分的言辭鏗鏘有力："如果我們要問一個人他的道德原則是什麼，那麼，最能確定正確答案的方式就是研究他的所作所為。"[1]

"可以使用酷刑嗎？"

簡而言之，西方的道德推理是不容置疑的，並且不允許有任何例外，因此，當美國開始折磨人類時，它就是向世界宣告"可以使用酷刑"這一理念。既然這是美國的道德立場，那麼美國國務院就應該停止發佈"譴責"其他國家使用酷刑的年度報告才對，這才合乎邏輯，因為這麼做顯然是虛偽的。但令人驚訝的是，美國國務院並未停止發佈報告。更令人驚訝的是，美國擁有世界上體量最大、實力最強的"道德產業"：從《紐約時報》與《華盛頓郵報》的社論到世界上最偉大的智庫與大學的報告，在道德評判的產出上，任何國家都無法與美國匹敵。對於美國國務院發佈人權報告這一公然的虛偽行為，這個龐大的"道德產業"系統本應該暴跳如雷，但事實上，沒有人嚴厲譴責這一行為。美國國務院的年度報告繼續在《紐約時報》上發表、報道

1　Richard Mervyn Hare. *The language of morals*. No. 77. Oxford Paperbacks, 1991: 1.

和被引用。如果蘇格拉底本人還活著，那麼他將做出一個在邏輯上無可辯駁的陳述：《紐約時報》助長了這些報告的虛偽之風。

除美國外，歐洲是世界第二大"道德產業"基地。在收到有關俄羅斯和伊朗等國實施"酷刑"的報告時，大多數歐洲國家政府會毫不猶豫地進行譴責。根據"禁止使用酷刑"這一說法產生的道德推理邏輯，當美國實施酷刑時，歐洲各國政府本應該立即予以譴責。但令人瞠目的是，到目前為止，還沒有哪一個歐洲國家政府這樣做過。這些國家的"道德產業"也沒有要求其政府解釋沒能夠在邏輯上保持一致並譴責美國的原因。可見，歐洲國家也是虛偽至極。

更為重要的是，所有道德哲學家都強調，遵守道德原則最有力的證明是在境況艱難、需要犧牲的時候仍然堅守不移。舉例來說，當歐洲各國政府譴責諸如津巴布韋的穆加貝（Robert Gabriel Mugabe）或者委內瑞拉的烏戈·查韋斯（Hugo Chavez）的獨裁統治時，他們可以放心大膽地譴責，因為不需要為正確的道德立場付出任何政治和經濟代價。由於不需要付出代價，也就無從證明他們遵守了道德原則，同時凸顯出他們不對美國實施酷刑進行譴責之舉。當譴責的代價很高時（可能會遭到美國的報復），歐洲政府沒有譴責美國，這正如R. M. 黑爾所言，歐洲政府用自身行為表現出了真正的道德立場。當歐洲放棄譴責美國時，他們實際上是在告訴人們歐洲真實的道德立場是"可以使用酷刑"。

2021 年是"9·11"事件的二十周年紀念，也是主要西方國家道德扭曲的二十周年。美國在遇襲後雷霆震怒，現如今，襲擊已經過去了很久，所有西方國家政府（包括美國與歐盟）都應深刻反思他們對自己最珍視的道德原則的破壞。有一點很明確，酷刑是最令人髮指的行為。實際上，在"9·11"事件發生前，所有西方國家之間已經達成了牢固的共識，即在任何情況下都不應實施酷刑。

告別虛偽

如果所有西方政府都能夠身體力行地遵守"禁止實施酷刑"這一強烈的道德聲明，那麼這個世界將變得更加美好。關塔那摩監獄應該被關閉。所有通過提供"非常規引渡"與美國共謀實施酷刑的歐洲政府，應該公開自己的所做所為，與酷刑劃清界限，這樣西方歷史上這痛苦的一頁才能夠翻篇。

說到底，西方最偉大的思想家們留下了無盡的哲學智慧，這是西方文明最偉大的力量之一。由於輕易地向酷刑低頭，西方的地位和威望都受到了損害。遵循西方偉大的哲學家們所留傳下來的偉大原則，將有助於彌補這種傷害。西方的這個污點可以而且應該被抹除。

特朗普、馬克龍與自由主義的短板 [1]

我們這個時代的一大悖論是：億萬富翁特朗普獲得了美國工人階級的支持，而出身中產階級的馬克龍卻飽受法國底層民眾的指責。造成這一矛盾現象的一個原因是現代社會過分強調個人自由，為此付出的代價是不平等現象加劇和人們物質生活水平的下降。

　　唐納德・特朗普的當選是美國社會的災難，而埃馬紐埃爾・馬克龍的當選則是法國社會的勝利，對於這一說法，西方自由派都表示贊同。但事實上，把上述論斷調轉過來說不定才是正確的，哪怕這聽起來並不符合主流認知。首先要搞明白人們為何會在巴黎參與街頭暴力抗議，而不是在華盛頓特區。我親身經歷過巴黎的抗議活動，香榭麗舍大街上瀰漫的催淚瓦斯的氣味讓我想起了 1964 年在新加坡經歷的種族騷亂。為什麼會發生 "黃背心" 抗議？因為對許多人來說，他們不相信馬克龍會關心和理解他們的困境，至少最初時是這樣想。

1　*Project Syndicate,* Jan 22, 2019.

法國總統正試圖實施明智的宏觀經濟改革。增加柴油稅的提議能夠減少法國的預算赤字和減少二氧化碳排放。他本來希望通過改善財政狀況來增強人們對法國經濟的信心，增加投資，最終使處於社會底層的 50% 的人口受益。但要讓民眾願意為了長期的利益而忍受短期的痛苦，領導人必須先獲得民眾的信任，而馬克龍似乎已經失去了大多數底層人口對他的信任。

相比之下，特朗普則贏得了美國底層民眾的信任與信心，至少贏得了其中白人群體的信任與信心。乍一看，這既奇怪又自相矛盾，因為從社會地位上講，與底層的 50% 民眾相差甚遠的是億萬富翁特朗普，而非出身中產階級的馬克龍。

然而，當美國總統攻擊自由和保守的美國建制派時，他被視為是在替囊中羞澀之人向精英階層發泄憤怒，因為精英們忽視了這個人群的困境。因此，對於佔人口 50% 的底層民眾而言，特朗普的當選可能是一種情感上的宣泄，這或許可以解釋為何華盛頓或美國其他主要城市都沒有出現街頭抗議。

有很多事情值得這些美國人發火，最受關注的問題是貧富差距。新加坡國立大學柯成興教授研究發現，美國是唯一一個底層民眾的平均收入增長停滯，甚至明顯下降的主要發達國家。更令人震驚的是，1980 年佔人口總數 1% 的頂層人口的平均收入是佔人口總數一半的底層民眾收入的 41 倍，2010 年則漲到了 138 倍。美國的貧富差距急劇擴大，佔人口總數一半的底層民眾的經濟利益被忽略了，這一問題的原因很複雜。

哈佛大學哲學家約翰·羅爾斯在 1971 年出版的《正義論》(*A Theory of Justice*)一書可以給我們提供部分答案。該書闡述了正義的兩個原則:第一項原則強調每個人都平等享有"最廣泛的自由的權利";第二項原則認為,社會和經濟的不平等應加以調整,以便"每個人都能從中受益"。

　　不可否認的是,在理論和實踐上,西方自由主義者都更加強調第一項原則,他們將個人自由放在了首位,對不平等基本不關心。他們認為,只要能進行選舉,而且人們都能夠自由平等地投票,就足以確保社會穩定。因此,貧窮是個人能力不足導致的,而非社會條件造成的。

　　然而,當中國在 2001 年加入世界貿易組織後,發達經濟體內部不可避免地出現了"創造性破壞",導致數百萬人失業。這些經濟體的精英們——無論是美國、法國還是其他國家的精英——都有義務幫助那些失業的人,但他們毫不關心。

　　傳統的宏觀經濟理論仍然適用。特朗普在經濟情況良好時擴大預算赤字的政策將在後期付出代價;法國人若能耐心等待,馬克龍的經濟政策終歸會有回報,而且馬克龍可能還會支持改革來解決不平等問題,但顯然他失去了佔人口一半的底層民眾的信任,特朗普卻恰恰相反。

　　如果自由派想要擊敗特朗普,只有一條路可走:重新贏得特朗普票倉選民的信任。這就要求自由派調整社會結構,以使佔人口一半的底層民眾比佔人口 1% 的富豪從經濟增長中獲得更大利益。

理論上，要做到這點輕而易舉。然而，在實踐中，主要既得利益者將會試圖阻撓改革。擺在自由派面前的選擇很明確：他們可以通過譴責特朗普來自我麻痹，也可以通過攻擊促成他當選的精英群體來達成目標。如果自由派能夠做到後者，特朗普的當選將被未來的歷史學家視為警鐘，而馬克龍的當選只是製造了一種一切都很好的假象。

　　未來的歷史學家可能會得出如下結論：最終，比起馬克龍的當選對法國而言，特朗普的當選對美國社會更為有利。

民主政治還是“金錢政治”？美國的存在主義問題 [1]

美國人為自己的民主政體感到自豪。但現實是，美國的政治制度已經逐漸變成金錢政治，這個國家現在“由極少數人擁有，被極少數人統治，為極少數人服務”。

　　美利堅合眾國的民主制度仍在正常運轉，還是在實際運行中已經被金錢政治所取代？為何說這個問題很重要？因為美國未來將走向黑暗還是光明，將取決於它是民主政體還是金錢政治。事實上，這個問題很可能就是美國必須解決的最具有存在主義性質的問題。

　　讓我們從頭開始探尋答案。民主政體與金錢政治的實際區別是什麼呢？在民主政體下，大眾可以決定他們的未來，並且同樣重要的是，工人階級、中產階級和富裕的精英階層在經濟、社會和政治體系層面擁有公平的競爭環境。此處，“公平的競爭環境”這一條件至關

1　*Horizons*, Autumn, 2020.

重要。許多美國人認為，他們的經濟和政治制度創造了一個公平的競爭環境，使窮人和弱勢群體也能夠躋身社會頂層，這也是美國人不仇恨億萬富翁的原因。大多數美國人相信他們有均等的機會成為億萬富翁。因此，我們需要解決的第一個大問題就是：窮人和富人是否享有公平的競爭環境？

老實說，答案是否定的。今天，美國的工人階級乃至中產階級，無法享有同富豪階層一樣的公平競爭環境，他們必須加倍努力才有可能取得成功。相比之下，富裕的精英階層在競爭中更容易勝出，因為環境對他們更有利。2019 年 6 月，愛德華・盧斯（Edward Luce）在《金融時報》上撰文指出，一項統計數據證明了這一點："研究表明，來自低收入家庭的八年級（14 歲）孩子的數學成績在前 15%，來自高收入家庭的孩子數學成績排在後 15%，但前者拿到的畢業文憑很可能不如後者。這與精英管理體制背道而馳。"

有充分的證據可以證明美國的競爭環境不再公平。《紐約時報》前專欄作家阿南德・吉里德哈拉達斯（Anand Giridharadas）在 2018 年出版的著作《贏家通吃》（*Winners Take All*）中極為詳盡地記述了美國中產階級的夢想是如何幻滅的。如他所言：

> 一個成功的社會是一架進步的機器。它吸取創新的原材料，產出廣泛的人類進步。然而美國這架機器卻壞掉了。近幾十年來，進步的成果幾乎全被幸運者攫取了。舉例來說，自 1980 年以來，處於社會底層的那一半美國人的平均稅前收入幾乎沒有增

長，但處於金字塔尖 10% 的美國人的平均稅前收入翻了一番，處於塔尖 1% 的美國人的平均稅前收入增加了不止三倍，而處於塔尖 0.001% 的美國人的平均稅前收入增長了七倍多。這些熟悉的數字意味著，35 年來，這個世界上發生的翻天覆地的變化對於 1.17 億美國人的平均收入沒有產生任何影響。

吉里德哈拉達斯稱，美國人民開始"感到"這個制度是不公平的：

> 因此，無論屬左派還是右派，數以百萬計的美國人都有一個共同感受：有人在操縱制度針對他們。……人們逐漸形成跨越意識形態的共識：現行體制已經崩潰，必須進行變革。

吉里德哈拉達斯是對的，要想創造一個公平的競爭環境，就必須變革社會體制。但社會體制是不會改變的。原因是什麼呢？變革的障礙是什麼？而且，若存在障礙，為何世界上最自由的媒體——美國媒體沒有揭露這些障礙呢？這就是問題的複雜之處。要了解變革的障礙，我們還必須探索政治上引發爭議的領域。

變革的主要障礙

變革的主要障礙是一個神話，歷史上的一個例子將有助於我們理解這個障礙。幾個世紀以來，歐洲農奴接受了封建制度，在封建領主的統治下，他們是二等公民（如果不是奴隸的話）。為何佔人口大多數的農奴沒有推翻佔人口少數的封建領主的統治呢？這是因為統治者創造出了一個神話，使被統治者相信這一體制是公正的，領主的善良溫和又對這個神話進行了強化。這種現象可以用一個術語來描述——虛假意識，這個哲學概念在政治上頗有爭議。密歇根大學迪爾伯恩分校名譽校長、哲學教授丹尼爾‧利特爾（Daniel Little）認為，"虛假意識"是一個源自馬克思主義社會階級理論的概念。附屬階級（工人、農民、農奴）會產生虛假意識，是因為他們對自己與周圍的社會關係的心理表徵模糊了這些關係所體現出的從屬、剝削和支配的事實。馬克思認為，在階級社會中出現的社會機制造成了下層階級系統性的意識扭曲、錯誤和盲點。如果這些意識塑造機制不存在的話，那麼佔人口大多數的下層階級會很快推翻他們的統治體系。

然而，即使當代美國人能夠接受封建時代存在"虛假意識"這一觀點，他們也會質疑這種意識是否會出現在現代美國社會，因為在現代美國社會中，世界上最自由、最獨立的媒體，最好的大學，資金最充裕的智庫以及開放和批判性調查的精神將揭露任何籠罩著美國社會的大"神話"。許多美國人都會堅信，在美國社會的開放環境中，除了事實，任何神話都無法生存。

說句公道話，許多美國作家都描述過美國社會中金錢政治展現出來的許多方面。除前文引用過的吉里德哈拉達斯，諾貝爾獎得主約瑟夫‧斯蒂格利茨和羅伯特‧賴希（Robert Reich）等傑出的美國作者也揭露出美國社會日益加劇的不平等。2011 年 5 月，斯蒂格利茨在《名利場》（Vanity Fair）上發表了一篇題為《由極少數人擁有、被極少數人統治、為極少數人服務》[1] 的精彩文章。他在文中指出，粉飾太平是徒勞的。現如今，最上層 1% 的美國人每年攫取全國收入的近四分之一。就擁有的財富而言，最上層 1% 的人控制著全國 40% 的財富。25 年前，這兩個數字分別是 12% 和 33%。這些年來富人佔有的財富份額大幅增長。

然而，這些文章大多強調美國社會中日益嚴重的"不平等"現象。如果只是"不平等"問題，那麼幸運的是，這一問題還能夠解決。由於美國擁有世界上最健全的民主制度，領導人由廣大選民選出來又為廣大選民謀福利，所以任何"不平等"問題最終都能夠解決。簡言之，如果美國出現了問題，是有解決辦法的，那就是通過民主。

這就將我們引向了本文的核心論點。簡而言之，解決方案已然成了問題的一部分。雖然所有的民主程序都在運轉，美國人依舊每兩到四年（取決於選舉的職位）通過投票選出領導人（理論上是會照顧他們利益的人），但所有這些程序帶來的結果卻是，由選民選出的領導人關心的是 1% 的人的利益，而非剩下 99% 的人的利益。

為何會出現這種情形？表面上仍是一個民主國家的美國，怎麼會變成了一個由富豪統治、只關心 1% 的人的利益的國家？[2]

一位偉大的美國人曾預言過美國的民主制度會被最富有的人綁架，他便是美國近代最偉大的政治哲學家約翰·羅爾斯。他曾警告

1　原文標題是 "Of the 1%, by the 1%, for the 1%"。

2　此處的 1% 是隱喻，實指從不公平的競爭環境中獲益的極少數精英群體。—— 譯者註

說，"如果那些擁有更多私人收入的人可以利用自身的優勢來掌控公共辯論的進程"，那麼將會產生以下腐敗結果：

> 最終，這些不平等將使那些處於金字塔尖的人能夠對立法施加更大的影響。他們可能會適時獲得在社會問題上更大的決定權，至少在那些會使情況更加有利於他們的問題上是如此，並且這些人通常對這些問題保持意見一致。

過去幾十年間發生的事情恰好證實了這一點：富人在"有利於他們獲得更好的社會環境的問題上獲得了更多決定權……"。財富和政治權力已然從美國人口的大多數人手中轉移到了享有特權的極少數人手中。

權力轉移到極少數人手中產生的實際效果是：政治制度只關切極少數人的需求和利益。幸運的是，已經有確鑿的、經過同行評議的學術研究證實了這一政治現實：普林斯頓大學的兩位教授考證了普通美國公民是如何失去政治權力和影響力的。馬丁·吉倫斯（Martin Gilens）和本傑明·佩奇（Benjamin Page）研究了 1779 個案例，比較了普通美國人和群眾性利益集團的觀點與經濟精英的觀點對政策的影響。他們發現：

> 代表商業利益的經濟精英和團體對美國政府的政策有實質性的、獨立的影響，而普通公民和群眾性利益集團的影響力很小或沒有。……當暫時排除經濟精英的偏好和利益團體的立場時，

普通美國人的偏好對公共政策產生的影響看起來極其微小、幾近於零，在統計學上不顯著。……此外，經濟精英的偏好（以其代表'富裕'公民的偏好來衡量）比普通公民的偏好更能夠影響政策變化。……我們的研究結果表明，美國這個國家並不是由多數人統治的——至少在實際政策的制定上不是這樣。

他們得出了以下令人警醒的結論：

美國人確實享有民主治理的許多核心特徵，如定期選舉、言論和結社自由，以及廣泛的（儘管仍有爭議）選舉權。但我們認為，如果政策的制定由強大的商業組織和少數美國富人主導，那麼美國所謂的民主正在受到嚴重的威脅。

過去，美國廣大的中產階級在決定社會的基本發展方向上有著很大的話語權。但如今，他們失去了這種話語權。美國國會的決定不是由選民而是由資助者說了算。因此，美國的政治體制在功能上變得越來越不民主。在一個民主社會中，所有公民都有平等的話語權，而美國正相反，它越來越像一個由富豪統治的國家，少數富人擁有超過其人口比例的權力。

其他學術研究也證實了這些結論。2018年，哥倫比亞大學國際與公共事務學院的學者亞歷山大·赫特爾—費爾南德斯（Alexander Hertel-Fernandez）、西達·斯考切波（Theda Skocpol）和詹森·斯科拉（Jason Sclar）開展的一項研究進一步表明：自2005年左右開始，新成立的保守和進步捐款人財團——尤其是查爾斯·科赫和大衛·科赫兄弟創立的科赫研討會和民主聯盟，通過不斷籌集和輸送資金，用於選舉和各種政治組織的合作，從而擴大了富有捐贈者的影響力。科赫研討會允許捐贈被用於圍繞"繁榮美國人協會"構建一個虛擬的第三政黨。繁榮美國人協會是一個包羅萬象的政治網絡，不僅可以在選舉中支持共和黨，也能左右其候選人和公職人員在超自由市場政策方向上的偏好。富有的捐贈財團已經成功建立起組織基礎結構……當富豪集體將新的議程強加給尋求吸引資金來源的政治組織時，他們這些資助者就是在重塑美國政治的慣例、目標和權力中心，這遠遠超出了特殊撥款預算產生的影響。

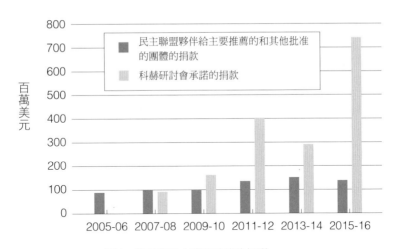

圖 1　科赫和民主聯盟夥伴的捐贈

數據來源：2014 年從民主聯盟主席拉馬切處獲得的數據，還參考了民主聯盟的信函數據；科赫研討會的數據來自媒體報道。

圖1表明，富有的捐贈人每年在捐贈財團中籌集數億美元用於支持其政治利益。因此，作者得出結論："我們對科赫財團和民主聯盟財團的分析表明，大量金錢通過某種機制而不是個人或企業捐贈滲透進選舉和遊說活動。要了解富人是如何重塑美國政治的，我們不僅得考察他們的選舉和遊說支出，還要看他們對涉及各種領域、各種職能的政治組織的聯合投資。只有這樣，我們才能夠說明研究人員們所發現的政府響應能力明顯不平等的原因。"

　　那麼，是什麼引發了美國政治權力從廣大民眾向少數精英群體的大規模轉移呢？這一問題將被政治學家和歷史學家熱議幾十年。很明顯，美國最高法院的一項開創性裁決產生了巨大的影響。在公民聯合會訴聯邦選舉委員會案（2010年）這一里程碑式的案件和其他判例中，許多關於限制使用金錢影響政治進程的法律被推翻。

　　公共誠信中心（Center for Public Integrity）的一份報告稱："2010年1月公佈的對公民聯合會的裁決，推翻了企業和工會不得獨立出資資助競選活動的禁令。這給企業和工會開了綠燈，允許它們不限量地將錢砸到廣告和其他政治工具上，呼籲選民支持或反對某個候選人。"最高法院的這一裁決和其他類似判例的影響甚大，實際上，它們正在改變美國的政治體系。馬丁·沃爾夫斷言："最高法院在2010年對公民聯合會的不當裁決說明，公司就是掌權人，金錢就是話語權。事實證明，這是美國邁向金錢政治的一大步。"

　　馬丁·沃爾夫是現今世界上最具影響力的專欄作家之一，他還表示自己非常親美。沃爾夫在2018年的一篇專欄文章中寫道："美國不僅僅是一個大國，它體現了民主、自由與法治，這使得（我父親）非常親美，我則繼承了父親的這種態度。"美國是一個開放的社會。因此，當馬丁·沃爾夫和約瑟夫·斯蒂格利茨這類人物開始發聲，稱美國已成為一個"金錢政治的國家"時，出現一場盛大的公開辯論這才合乎邏輯，以辯證這一說法是否屬實。

然而，事實恰恰相反。馬丁·沃爾夫的言論被湮沒了。在美國，使用"金錢政治"一詞的心理阻力很大。像《紐約時報》和《華盛頓郵報》這樣的主流報紙，理查德·科恩（Richard Cohen）和保羅·克魯格曼（Paul Krugman）這樣的重要專欄作家都不採用這個說法，而且，像西蒙·沙瑪（Simon Schama）這樣著名的歷史學家也未曾提到金錢政治。當然，沒有一個美國政治家會使用這個詞。

那麼，名稱究竟蘊含著什麼呢？莎士比亞曾說過一句名言："縱使以其他名字命名玫瑰，它也會芳香依舊。"但有時，我會對此表示懷疑，因為，若"玫瑰"的名字被改成"臭鼬花"，當我們接近這種植物時，可能就會變得小心翼翼。因此，名字的選擇會造成很大的不同。正如哲學家路德維希·維特根斯坦（Ludwig Wittgenstein）所說："我在語言上的極限就意味著我個人世界的極限。"

在美國，一個可悲的現實是，從實際運作上來看，美國的政治制度無疑已經從民主政體（民有、民治、民享的政府）轉變為金權政體（被極少數人所有、由極少數人統治、為極少數人服務的政府）。然而，儘管這一政治現實是無法否認的，但同時也是不能被捅破的。

公正的不平等與不公正的不平等

拒絕承認美國的政治體系是"金錢政治"所帶來的真正危險是什麼呢？這將帶來一系列危險！首先，它延續了美國社會擁有"公平的競爭環境"的神話——人人都有機會取得成功。因此，如果一個人失敗了，那是因為他的個人缺陷，而非社會環境不好。其次，通過拒絕將美國稱為一個金錢政治的國家，"公正的不平等"和"不公正的不平等"之間的根本區別浮現在了表面。

"公正的不平等"一詞聽起來似乎是個矛盾的說法。然而，約翰·羅爾斯強調了"公正的不平等"與"不公正的不平等"之間的差異。他認為不平等並非問題所在，根本問題在於：不平等的加劇讓底層民眾的生活改善還是惡化。他清楚而明確地指出："當且僅當富裕人群的目標成為提高弱勢群體目標的一部分時，不平等才是公正的。"

說明"公正的平等"與"不公正的平等"之間區別的最佳辦法是通過具體例子來比較。美國和中國的不平等程度大致相當。據最新估計，美國的基尼係數為 0.41，中國的為 0.39，二者之間差別不大。然而，在美國和中國，最底層 50% 民眾的生存狀況卻大相徑庭。正如我在新加坡國立大學的同事柯成興教授所考證的，在 1980 年至 2010 年的 30 年間，美國是唯一一個佔人口總數 50% 的底層民眾的平均收入下降的主要發達國家。相比之下，中國最底層的 50% 人口的生活水平近幾十年來得到了極大的提高。事實上，中國在過去 40 年裏取得的經濟社會進步可謂在過去 4000 年歷史中絕無僅有。

此處談論的不僅僅是經濟上的失敗與成功。這些經濟上的成敗對民眾的心理及社會福利狀況也產生了深遠的影響。普林斯頓大學的兩位經濟學家安妮・凱斯（Anne Case）和安格斯・迪頓（Angus Deaton）的記述表明，在美國，這種收入增長停滯給民眾帶來了許多痛苦。美國的白人工人階級曾懷抱著過上更好生活的美國夢。如今，正如凱斯所言，現實和夢想之間橫亙著"絕望之海"。她和迪頓得出結論："最終，我們的研究表明受過高中教育的白人工人階級在 20 世紀 70 年代初的全盛時期過後就陷入了衰落，社會病也伴隨著這種衰落而產生。"認真研究凱斯和迪頓的記錄，就會發現糟糕的經濟前景是如何"隨著時間推移，又伴隨著家庭功能失調、社會隔絕、毒品成癮、肥胖和其他社會病而加劇的"。

　　在中國，情況幾乎恰恰相反。斯坦福大學的美籍華裔心理學研究員范瓊在 2019 年訪問中國後表示："中國正在以一種深刻的方式發生著內生性變化，而且變得很快，如果不親眼看看，這種變化真是讓人難以理解。中國的文化、自我觀念和士氣正在迅速地轉變——大多朝著好的方向轉變，這與美國的停滯不前形成了鮮明的對比。"

　　對於前述中美兩國不同的社會狀況，一個有力的反駁是：美國人民仍然過得更好，因為他們享有自由；中國人民卻沒有自由。不可否認的是，美國人民確實享有政治自由。然而，一個來自美國社會底層的公民也更有可能失去人身自由、鋃鐺入獄，這也是不爭的事實。在美國，被監禁的可能性（如果一個人屬於 10% 的最底層人口，尤其是黑人）至少比在中國高五倍。美國有 0.655% 的人（約 212 萬人）

進了監獄，而中國只有 0.118% 的人（約 165 萬人）進了監獄。2019 年的一項研究試圖搞清楚美國哪個種族的人的家庭成員在監獄服刑的比例最高。結果顯示，所有美國人的平均值是 45%，其中白人為 42%、西班牙裔為 48%、黑人為 63%。

金錢政治帶來了危險，任何質疑此點的美國人都應該停下來反思一下這些數字。讓我們重複一下這個數字：45% 的美國人有家人在監獄裏服刑。入獄比例如此之高，並非是因為美國人具有易於犯罪的心理特徵，而是因為佔總人口 50% 的底層民眾的社會經濟狀況不斷地惡化。

如果美國的政治體系正面臨著一場明顯的危機，那麼為何美國社會沒能夠就哪裏出了問題達成共識呢？想必世界上最好的報紙與大學，以及最有名的學生與教授，應該能夠就美國社會面臨的真正問題達成明確的共識吧？

2020 年發生的事情可以幫助我們理解為何美國社會沒有達成共識。自由派的精英們將注意力集中在唐納德・特朗普的連任上。他們認為，唐納德・特朗普的再次當選將是一場災難。他們還相信，如果喬・拜登獲勝，美國的許多問題都將迎刃而解。我也希望拜登會獲勝。然而，即使他獲勝，導致美國金錢政治不斷發展的系統性問題依舊不會消失，金錢的力量仍將主導著政治體系。

如果有人對此持懷疑態度，那麼，托馬斯・皮凱蒂（Thomas Piketty）、伊曼紐爾・賽斯（Emmanuel Saez）和加布里埃爾・祖克曼（Gabriel Zucman）於 2018 年在《經濟學季刊》（*Quarterly Journal of*

Economics）上發表的一份重要研究報告非常清楚地證實了這一點：首先，我們的數據顯示，佔人口總數一半的底層民眾的收入增長與其他階層之間存在著巨大差異。自 1980 年以來，底層 50% 民眾的平均稅前收入停滯在每個成年人 16000 美元左右（使用國民收入物價折算指數，換算成 2014 年的美元定值）；而在 2014 年，全國的平均國民收入相比 1980 年增長了 60%，達到每個成年人 64500 美元。這使得底層 50% 民眾的收入佔全體國民收入的比例從 1980 年的約 20% 銳減至 2014 年的 12%；同期，金字塔最頂端 1% 的人的平均稅前收入從 42 萬美元上升到了 130 萬美元左右，其收入佔全體國民收入的比例從 20 世紀 80 年代初的 12% 上升到了 2014 年的 20%。兩個群體的收入份額比例發生了互換，國民收入的 8 個百分點從底層民眾手中轉移到了金字塔最頂端 1% 的人手中。現在，金字塔尖 1% 的人的收入份額幾乎是底層民眾所佔份額的兩倍，而底層民眾人口數是塔尖 1% 群體的 50 倍。1980 年，最頂層 1% 的成年人的稅前平均收入是底層民眾的 27 倍，現在則是 81 倍。

可以從兩個角度來分析這種差距。出現這一差距可能是因為最頂層 1% 的美國人越來越聰明，而底層 50% 的美國人越來越不聰明；或者，可能是因為美國已成為一個由富豪統治的國家，人們不再擁有公平的競爭環境。所有的證據皆指向後一條結論。許多美國人感覺到現行體制已不再對他們有利。

不斷惡化的社會經濟狀況意味著人們將遭受痛苦，2020 年 9 月發佈的最新社會進步指數說明了這一點。令人驚訝的是，在全球 163

個被評估的國家中，美國、巴西和匈牙利是僅有的三個人民生活狀況惡化的國家。該指數收集了幾個衡量幸福的指標，包括營養、安全、自由、環境、健康、教育等，以衡量一個國家居民的生活質量。美國的世界排名從第 19 位降到了第 28 位。參照上述結果，《紐約時報》專欄作家尼古拉斯・克里斯托夫（Nicholas Kristof）證實了"日益加劇的痛苦與絕望"與生活質量不斷惡化之間的關係。克里斯托夫描述了當年與他同乘一輛校車上學的孩子中現如今約四分之一是如何死於毒品、酒精和自殺的，這相當令人震驚。他的個人經歷佐證了凱斯和迪頓所描述的白人工人階級已經陷入"絕望之海"。

金錢暴政

顯而易見的是，美國社會的根本支柱出現了問題。許多美國人也開始意識到現行體制並不是為他們服務的。芝加哥大學經濟學家馬文・佐尼斯（Marvin Zonis）在一篇文章中寫道"美國的政治體制正面臨合法性危機"。美國人民對其主要制度體系的信心一直在下降，對美國總統制的信心從 1975 年的 52% 下降到了 2018 年的 37%，對美國國會制度的信心更是從 1973 年的 42% 銳減至 2018 年的 11%。佐尼斯對信心下降給出的解釋是可信的，他說道："民眾對我們的制度體系越來越缺乏信任和信心，核心因素是他們認識到美國的民主制度背離了制度創立者的初心和憲法的規定，金錢已經成為美國政治生活中的關鍵。"

他用的關鍵詞是"金錢"。如果金錢能夠左右政治選舉的結果，那就意味著一個國家已然變成了"由富豪統治的國家"。佐尼斯考證，美國總統選舉年的花費已經從 2010 年的 30 億美元增加到了 2016 年的 65 億美元，他提醒道："那些提供了數十億美元的資助者期待著自己的投資能夠有所回報——他們通常也都能夠得到回報。國會在槍支立法、食糖補貼、對以色列政策、藥物定價及無數其他問題上的行動，都由競選資金提供者來推動，而不是反映普通選民乃至國會議員的政治意願。"

請認真重讀上一段話。這段話清楚地表明，美國國會的決議是由"大額競選資金的捐助者"來決定的，而非反映"普通選民的政治意願"，這一觀察結果佐證了吉倫斯和佩奇先前的結論。簡言之，美國實際上已經成為一個由富豪統治的國家，這一點毫無疑問。然而，同樣需要注意的是，佐尼斯在他的文章中從未用過"金錢政治"一詞。

否認事實

有一句古老的格言：我們必須直言不諱。同樣，人們必須說出金錢政治的真相，而拒絕這樣做則引發了美國社會所面臨的關鍵問題。美國實際上已經成為一個金錢政治的國家，若美國拒絕接受這一事實，那它又如何能夠應對這一挑戰呢？若患者拒絕接受治療，那麼沒有腫瘤醫生能夠治癒癌症病人，同樣，若美國仍舊否認金錢政治的存在，那它將始終無法解決這一問題。

這一切意味著兩種可能的結果。第一種結果是一場反對華盛頓建制派的革命。工人階級在 2016 年選舉特朗普為總統時可能就是這麼想的，儘管他們的初衷與特朗普後來的施政相矛盾。他們希望選舉出一位非建制派、又能夠動搖建制派統治的總統。希拉里·克林頓在2016年競選時稱特朗普的支持者是“一籃子人渣”，這說明她與華盛頓建制派都不明白廣大美國民眾試圖傳達的訴求。不幸的是，特朗普當選了，工人階級將選票投給了一個富豪。在任期內，特朗普做著符合富豪利益的事，他再次為富人減了稅，但佔人口半數的底層民眾的境遇並未得到改善。

第二種可能的結果是啟蒙的到來。在某個時刻，美國金字塔尖1%的富人必須意識到，如果他們只想保護自己在美國的大部分財富，而不是努力改善佔人口半數的窮人的狀況，他們最終只會破壞美國的社會制度——正是這種制度使他們成為富豪。

幸運的是，許多美國富人已經開始意識到了這點。瑞·達利歐（Ray Dalio）就是其中一位。他經營著世界上最大、最成功的對沖基金，通過嚴格的實證研究獲得了成功。現在，達利歐將這一研究方法用於理解美國的貧困和不平等。他在自己的領英頁面上詳細地說明了大多數美國人的生活水平急劇下降，並指出，“處於底層的60%的人口中，大多數是窮人”，他還引用了美國聯邦儲備委員會最近的一項研究，“如果遇到急需用錢的情景，40%的美國人連400美元都籌措不到”。更糟糕的是，達利歐指出，“他們在貧困裏越陷越深……能用10年時間從底層的1/5躍入中等或更高階層的人越來越少……從1990年的23%下降到了2011年的14%”。

反映美國社會狀況惡化的數據無可辯駁。人們不再相信在美國通過努力工作就能夠獲得回報。對大多數人來說，回報已然枯竭。"善有善報" 這一陳詞濫調顯得可憎且飽受質疑。

向前邁進的艱難五步

20 世紀 50 年代和 60 年代，隨著美國經濟的增長，廣大民眾的收入及生活水平也得到了提升，然而，即使包括達利歐在內的金字塔尖 1% 的美國人希望社會回到這樣的狀態，他們又該怎麼做呢？有沒有一個神奇的按鈕可以按下去？有沒有一個簡單的高招可以解決金錢政治的問題？可悲的是，針對這一問題並無簡單的解決辦法，而所有的解決辦法都會帶來陣痛。本文最後將提出一些具體的解決辦法。第一步是推翻最高法院對公民聯合會的裁決。正如馬丁·沃爾夫所說，這一裁決是美國滑向金錢政治的開端。

第二步是效仿歐盟民主國家，嚴格限制用於選舉的金錢數額。幸運的是，美國人民也希望能夠限制金錢的影響。皮尤研究所在 2018 年的一項調查發現："絕大多數（77%）的人支持限制個人和組織在競選和提案上的開支。近三分之二（65%）的美國人表示，希望新法律可以有效地減少金錢對政治的影響。"

第三步是從根本上改變美國的意識形態。美國的意識形態應該恢復到開國元勳所創建的基礎上來。美國的開國元勳都是啟蒙運動時期偉大的歐洲哲學家（包括約翰·洛克和孟德斯鳩）的信徒，他們強調自由和平等，正如前文中提到的羅爾斯一樣。然而，從羅納德·里根開始，美國近代的政治家卻只強調了自由，忽視了同樣重要的平等。

第四步是承認僅憑市場的力量，不能為所有美國人創造一個公平的競爭環境。政府必須進行干預，以糾正一些重大的社會和經濟不平等問題。因此，美國人應該公開宣稱，里根總統所謂"政府不是解決問題的辦法，政府才是問題所在"的說法是完全錯誤的。相反，美國人應汲取諾貝爾獎得主阿馬蒂亞·森（Amartya Sen）的智慧，他曾說，社會要進步，需要自由市場"看不見的手"與政府"看得見的手"共同發揮作用。然而，近幾十年來，尤其是自里根—撒切爾革命以來，美國人從未使用過"看得見的手"。

第五，美國政府應宣佈，美國社會的主要目標是從社會進步指數排行榜的第 28 位上升到第 1 位。因此，美國應將數萬億美元用於改善民眾的生活條件這一衡量社會進步指數的重要指標，而非試圖成為頭號軍事強國（並在不必要的戰爭上浪費數萬億美元）。

歸根結底，解決方案是存在的，而且是可行的。但只有當美國人承認問題存在，這些解決方案才能夠奏效。而問題本身，簡言之，即金錢政治。

美國能擺脫金錢政治嗎？[1]

解決問題的第一步是承認問題的存在。如果美國想要擺脫金錢政治，必須先反思金錢對美國政治無處不在的影響力。

　　縱觀人類歷史，智者們都曾警告過金錢政治的危險。在柏拉圖的《理想國》（*Republic*）中，他借蘇格拉底之語警告道，以財富為標準來挑選船長是危險的。西奧多・羅斯福（Theodore Roosevelt）也曾警告道："在所有形式的暴政中，最不引人注意、最粗野的暴政便是純粹的財富暴政，即金錢政治的暴政。"然而，正如諾貝爾獎獲得者約瑟夫・斯蒂格利茨所言，儘管這些警告言猶在耳，但出於實用目的，美國仍然從一個民主國家轉變成了一個由富豪統治的國家，美國政府也偏離了民有、民治、民享的初衷，變成了"由極少數人擁有、被極少數人統治、為極少數人服務"的政府。

　　大量的證據可以證實這一點。富人攫取了大部分的新增財富。

1　*The Diplomat*, Sept 28, 2020.

《紐約時報》前專欄作家阿南德・吉里德哈拉達斯觀察到，從 1980 年以來的收入增長看，"美國佔人口一半的底層民眾的平均稅前收入幾乎沒有變化，但佔人口 1% 的富人的收入卻增加了三倍多，佔人口 0.001% 的富人的收入竟增加了七倍多。"富人們卻並不滿足於攫取更多的財富，他們還想掌權。兩位來自普林斯頓大學的政治學家，吉倫斯和佩奇，詳細地講述了美國的選舉是如何維護富人而非普通選民的利益的。他們得出了一個可悲的結論："我們的研究結果表明，在美國，國家並不是由大多數人統治——至少不是在實際決定政策結果的因果意義上。"

那 1% 的人是如何在美國攫取更大的政治和經濟控制權的呢？答案很複雜。這要追溯到羅納德・里根總統的言論，他曾說："政府不是解決問題的辦法，政府才是問題所在。"在大多數國家，尤其是在歐洲，政府在平衡市場力量和確保所有公民擁有公平的競爭環境方面發揮著關鍵作用。政府力量的削弱導致美國也被剝奪了機會平等。正如愛德華・盧斯所言，"研究表明，來自低收入家庭的八年級（14 歲）孩子的數學成績在前 15%，來自高收入家庭的孩子數學成績排在後 15%，但前者拿到的畢業文憑很可能不如後者。這與精英管理體制背道而馳"。

2010 年 1 月，最高法院對公民聯合會訴訟案件的裁決極大地加強了金錢對美國政治選舉的影響。這給那些富人開了綠燈，允許他們在廣告及其他政治工具上肆意揮金，以確保與自身利益攸關的候選人當選。馬丁・沃爾夫評價道："最高法院在 2010 年對公民聯合會的不當裁決說明，公司就是掌權人，金錢就是話語權。事實證明，這是美國邁向金錢政治的一大步。"

2400 年前，雅典的蘇格拉底曾警告道，那些選擇富人掌握統治權的城市的前程將很糟糕。這正是在美國發生的事。最新的社會進步指數從多個方面衡量了各國人民的幸福感，結果表明美國是唯一一個人們的幸福感在許多領域皆有所降低的主要發達國家。美國的排名從 2011 年的第 19 位滑落到了 2020 年的第 28 位。尼古拉斯·克里斯托夫認為幸福感的下降與"死於絕望"有關，他傷感地評價道，當年與他同乘一輛校車的孩子現如今約四分之一死於毒品、酒精和自殺。普林斯頓大學的兩位經濟學家安妮·凱斯和安格斯·迪頓的研究也表明，美國工人階級正生活在"絕望之海"裏。

如今，美國社會所面臨的問題是，能否逃脫金錢政治的魔爪。對於這些令人痛苦的問題，唯一殘酷而真誠的答案是否定的。為什麼呢？因為要想解決一個問題，首先必須得承認問題存在。目前，儘管美國擁有世界上最自由、最獨立的媒體，但沒有一家主流報紙承認美國是由富豪統治的國家，美國那些世界一流的大學也沒有揭穿這一真相。美國人信奉直言不諱。然而，要是哪個主流政治家敢叫破這一事實，就無異於政治自殺。沒有醫生能夠治癒一個不願意服用苦口良藥的病人。

為了擺脫金錢政治，美國必須給自己開一劑苦藥。最高法院對公民聯合會的裁決必須得推翻。與歐洲民主國家一樣，美國必須得嚴格限制選舉中金錢的使用。里根—撒切爾知識革命所造成的後果也必須扭轉過來，各界需要達成堅實的共識："政府是解決民眾問題的方法，而非問題所在。"要想使政府成為解決之道，就必須提高高級政府官員的薪酬和威望。哈佛與耶魯的頂尖畢業生應立志成為政府的一員，而非進入高盛集團或大通銀行。但可悲的是，這些都不會實現，美國仍將是一個由富豪統治的國家。

美國"國會山淪陷事件"與西方新冠肺炎死亡率之間有何關聯？[1]

哲學概念有助於我們理解關鍵歷史時刻。發生在美國的"攻佔國會山"事件和西方的新冠肺炎疫情死亡率彰顯出東西方社會對"權利"和"責任"平衡的不同認知。

　　我們之所以會面臨許多社會和政治問題，根本原因是未能理解關鍵哲學概念的真正含義。

　　寫下這些話時我頗為得意。五十年前，即 1971 年，我從新加坡大學畢業獲得了哲學文學學士學位，當時我的一些朋友和家人私下裏認為我浪費了四年青春學習了一堆無用的知識。

　　然而，正如最近的事態發展所表明的那樣，未能理解關鍵的哲學概念會給人類帶來極大的苦難以及社會和政治動盪。

　　歷史學家將在未來數十年（乃至數百年）內對近來發生的兩起令

1　*The Straits Times*, Feb 2, 2021.

人驚訝的負面事件進行研究。第一件是世界上最先進的國家，尤其是美國和一些歐盟成員國，在降低新冠肺炎死亡率方面顯而易見的失敗。

第二件是 1 月 6 日美國 "國會山淪陷事件"。這兩件事的發生都是孤立地理解關鍵哲學概念的結果。

先進的西方國家與東亞地區在新冠肺炎死亡率上存在著巨大的差異，對此未來的歷史學家定會大為震驚。差距真不是一般的大。

社會差距

什麼原因導致了新冠肺炎死亡率的巨大差距？答案很複雜。然而，一個根本原因是西方社會堅持強調 "權利" 的重要性，而亞洲社會則同時強調 "權利與責任" 的重要性。

許多西方國家新冠肺炎死亡率高的原因之一是：市民只堅持不戴口罩的 "權利"，卻從未意識到他們也肩負著戴口罩挽救同胞生命的 "責任"。幸運的是，在大多數亞洲國家，人們更願意承擔這種責任。這就是基本的哲學假設對於社會福祉如此重要的原因。

通過親身經歷，我了解到，許多西方國家都不願意對 "權利" 和 "責任" 予以同等重視。1998 年，聯合國舉行了一次特別會議，紀念《世界人權宣言》(*Universal Declaration of Human Rights*) 通過 50 周年。

《世界人權宣言》十分動人和鼓舞人心。作為人類，我們應當尊崇並珍視這一宣言。該宣言於 1948 年經聯合國大會通過，自那以後，全世界的人權標準都得到了極大的改善，舉例來說，心理學家史蒂芬・平克（Steven Pinker）在其著作《當下的啟蒙》(*Enlightenment Now*)第 15 章中對此有詳細的記載。

強調責任

幾個世紀以來，西方和亞洲的哲學家不光重視"權利"，也都強調了"責任"的同等重要性。經濟學家兼哲學家弗里德里希・哈耶克（Friedrich Hayek）在《自由秩序原理》[1]（*The Constitution Of Liberty*）一書中指出，"自由與責任是密不可分的"。

哲學家兼大屠殺幸存者維克多・弗蘭克爾（Victor Frankl）說："然而，自由並非全部。自由只是人生的一部分，是真理的一半。自由只是事物的消極方面，責任才是事物的積極方面。實際上，如果沒有責任，自由就可能會淪為肆意妄為。因此，我才會建議在西海岸樹立一座'責任女神像'，以呼應東海岸的'自由女神像'。"

幸運的是，以傳奇人物德國前總理赫爾穆特・施密特（Helmut Schmidt）為首的許多重要政治家決定起草一份《世界人類責任宣言》，它與《世界人權宣言》並行不悖。施密特先生的確起草了這樣一份宣言，並得到了其他幾位政治家的認可，包括馬爾科姆・弗雷澤（Malcolm Fraser）、李光耀、皮埃爾・特魯多（Pierre Trudeau）以及米哈伊爾・戈爾巴喬夫（Mikhail Gorbachev）等人。

施密特先生的宣言起草於 1997 年。發起《世界人類責任宣言》

1　另譯　《自由憲章》。——譯者註

的絕佳機會是在聯合國慶祝《世界人權宣言》簽署 50 周年之際。由於西方篤信言論自由和公開辯論，我以為西方政府和非政府組織將支持對施密特的倡議展開自由公開的討論。事實恰恰相反，他們強烈地壓制所有針對該文件的討論。這一切，都是我親眼所見。

對責任討論的壓制已經過去了二十年，現在是時候讓西方擺脫其只強調權利卻不重視責任的普遍意識形態了。這樣的轉變可以挽救生命。實際上，許多因新冠肺炎喪生的人本可以活下來。

第二件令人震驚之事是 2021 年 1 月美國國會大廈發生的襲擊。那天，引發白人至上主義者憤怒的根本原因是什麼？一個明確的答案是：美國白人工人階級已經被絕望所籠罩 —— 諾貝爾經濟學獎得主安格斯·迪頓和他的妻子、經濟學家安妮·凱斯在二人的著作《絕望的死亡與資本主義的未來》（*Deaths Of Despair And The Future Of Capitalism*）中明確地記錄了這一點。

這種絕望情緒也是由於對一些關鍵哲學概念缺乏理解所導致的。例如，在美國，大多數政治家和專家只強調 "自由" 的重要性，而哲學家們一直採用的說法則是 "自由與平等"。

美國哲學家約翰·羅爾斯提供了最好的證明。在其經典著作《正義論》中，他強調，正義的兩個原則是相輔相成的。第一個原則強調個人自由；而第二個原則強調，由 "最廣泛的基本自由" 引發的任何不平等必須有助於營造一個 "每個人都受益" 的社會。

嚴格的平等主義要求對全體社會成員進行平等的物質分配，不同於此的是，羅爾斯博士所提出的原則允許出現不平等現象，只要它有助於改善底層 10% 民眾的生活。

這正是美國社會自 20 世紀 50 年代到 70 年代的寫照。然而，從 20 世紀 80 年代開始，佔人口 10% 的底層民眾（實際上是 50%）的收入和生活水平停滯不前甚至下降。這導致了 "深切的絕望"，這種絕望是忽視關鍵哲學認知的後果。這種 "深切的絕望" 轉而為唐納德·特朗普先生贏得了 7400 萬張選票，而當他輸了選舉時，又挑起了對美國國會大廈的暴力襲擊。

簡而言之，當我們看到一個國家陷入困境時，我們不應只關注事件本身，而是應該深入研究並嘗試發現其根本的結構性原因。

這樣一來，我們通常就會發現，之所以會出現這些結構性原因，就是因為對關鍵哲學概念之間直接和必要的關聯缺乏了解，例如權利與責任、自由與平等。

特朗普在中國問題上是對還是錯？拜登的回答將塑造未來 [1]

在特朗普應該與中國對抗這一問題上，華盛頓達成了共識，哪怕他們現在承認特朗普的對華政策是失敗的。在特朗普治下四年，中美關係不斷下行，拜登政府需要認真反思華盛頓與中國打交道的方法。

在制定對華政策時，拜登政府需要考慮的最重要的問題其實很簡單：唐納德・特朗普在中國問題上是對還是錯？眼下，華盛頓存在著一個壓倒性的共識：即使特朗普在其他方面都做錯了，他在中國問題上也是對的。事實上，特朗普唯一獲得兩黨支持的政策就是他的對華政策，就連南希・佩洛西（Nancy Pelosi）和查克・舒默（Chuck Schumer）等資深民主黨人士都對他的對華政策表示讚揚。因此，拜登政府很可能延續特朗普對華政策中的許多要素，如果此事成真，那美國將走向災難。

1　*Global Asia*, Mar 2021.

本文的目標很簡單：建議拜登政府停下來，首先對中美關係進行客觀冷靜的分析，然後制定出一個連貫的、可信的、全面的對華長期戰略。因為目前，美國缺乏真正的對華戰略。亨利‧基辛格親自向我證實了這一點。缺乏冷靜的分析和客觀的戰略預判實際上意味著美國的對華政策從一種錯覺轉向了另一種錯覺：從奧巴馬／克林頓時代認為美國的對華接觸將使中國變為自由民主國家，到特朗普／蓬佩奧政府認為美國對華施壓將導致中國共產黨垮台。從一個極端走向另一個極端，而非選擇現實主義的中間路綫，這終將導致美國的對華政策走向失敗。

然而，從某種意義上說，特朗普政府確實是"正確的"。自 2008年全球金融危機爆發後，中國的外交政策變得非常自信，甚至有些傲慢，而當時西方看起來則很軟弱。因此對中國的怨恨，包括美國商界的主要選民對中國的怨恨，一直在美國累積著。因此，當特朗普政府猛烈地抨擊中國時，就為這些人提供了一個良好的宣泄渠道。中國也能夠注意到，當特朗普政府掀起猛烈的反華浪潮時，美國的主要意見領袖中沒有人為中國說話。

承認殘酷的現實

但宣泄完畢之後，美國的政策制定者必須重回理性。特朗普的對華政策到底使美國得到了什麼呢？他的政策提升了美國在世界上的地位嗎？還是大大地削弱了中國，導致絕大多數國家逐漸地孤立中國？答案顯然都是否定的。事實上，特朗普政府的對華政策既沒有對中國造成實質性傷害，也沒能夠阻止中國與世界其他地區形成日益密切的貿易和經濟聯繫，反倒損害了美國自身的利益。因此，本文的論點非常簡單：如果拜登政府延續特朗普政府的對華政策，只會導致美國的衰弱、中國的強大，以及世界上更多國家與中國而非美國形成更多實質性聯繫。

特朗普對華政策失敗的原因很簡單，因為這些政策並非基於對中國這個對手的現實評估。要想評估中國，拜登政府可以採取一個簡便易行的辦法。有 60 億人生活在美國和中國之外，如果美國能夠明智地表現出“對人類意見的得體的尊重”，它會從其他國家對中國的看法中借鑒到什麼呢？

首先，沒有人會同意特朗普政府認為“中共會覆滅”的觀點。相反，他們會認同哈佛大學肯尼迪學院做出的深思熟慮的評估，即 14 億中國人對中共的支持率從 2003 年的 86.1% 上升到了 2016 年的 93.1%。其次，更重要的是，沒有人會認為中國在輸出共產主義理念、破壞民主。許多美國人肆意叫囂著中共是美國民主的威脅。那麼，為什麼世界上最大的兩個民主國家，印度和印尼，甚至歐洲的民主國家，都沒有把中共看作對自身的威脅呢？地緣政治預判中最大的錯誤就是讓意識形態戰勝了對現實的分析。第三，世界上大多數嚴肅的領導人都認為習近平是一位富有能力、稱職、具有建設性的領導人。在中國國內，習近平或許在很大程度上已成為絕對核心，然而，他也能夠代表國家在國際上做出某些妥協（比如在《中歐投資協定》談判上與歐洲人妥協，在邊界協議上與印度妥協）。對習近平的妖魔化，尤其是在盎格魯－撒克遜國家的媒體上對其進行妖魔化，向來都有百害而無一利，因為這將導致美國低估他。不可否認的是，美國領導人面對的是一位深思熟慮的戰略領導者，他正在進行著仔細的長期謀劃。相比之下，特朗普政府種種嘩眾取寵的舉動，不僅沒有傷害到中國，反而使美國成了受害者。值得注意的是，儘管特朗普在美國國內因抨擊中國而受到讚揚，卻沒有一個大國支持他的對華政策，因為他們可以預見這些政策將會失敗。

如果上述分析是正確的（事實證明確實是正確的），那麼拜登政府需要採取的第一個重要舉措就是承認特朗普的對華政策已經失敗。鑒於華盛頓強烈的反華政治環境，公開承認失敗也許並不明智。然而，在內部，拜登政府必須就這一事實在深思熟慮後達成共識。有了這一共識，拜登政府接下來應該重新制定對華政策，具體來看，新政策可以分五步走。

第一步是按下中美地緣政治競爭的"暫停鍵"。為何要這麼做？原因有二。如果拜登政府能夠這麼做，全世界都會為之歡呼，因為大多數國家都希望首先集中精力來應對眼前的挑戰，比如新冠肺炎疫情。此外，這一"暫停"將為拜登政府贏得時間來扭轉特朗普制定的一些尚未開始生效的政策，例如對中國加徵的關稅和出口限制。這些措施顯然是為了削弱中國經濟。但真的削弱了嗎？數據表明並沒有。美國決策者應該反思下面這一組關鍵統計數據：2009年，中國零售商品的市場規模為1.8萬億美元，而美國為4萬億美元，美國是中國的兩倍多。但到了2019年（特朗普發起貿易戰三年後），中國的市場規模為 6 萬億美元，增長了兩倍多，而美國的市場規模僅增至 5.5 萬億美元，增長不到 1.5 倍。關於這場貿易戰，法里德·扎卡利亞（Fareed Zakaria）觀察道："拜登陣營認為特朗普與中國的貿易戰完全是一場災難，讓美國人失去了金錢和就業機會。拜登在 2020 年 8 月接受採訪時被問及是否會保留特朗普制定的關稅措施，他的回答是'不會'，並對特朗普的對華政策進行了全盤批評。但目前特朗普的政策沒有一項被推翻，一切都還'有待觀察'。"拜登說貿易戰是一場災難是正確的。因此，理性的回應是阻止這場災難。

第二步，在"暫停"中美地緣政治競爭期間，拜登政府需要對特朗普的措施做一個現實的評估，以弄清楚他的哪些行動可能在無意中使習近平和中國變得更加強大。2021 年早些時候，一位美國前官員發表了一篇匿名文章《更長的電報》（"Longer Telegram"），文章聲稱，在中國精英階層中批評習主席的人越來越多。文章認為："中國的政治現實是，中共內部對習近平的領導能力和他的遠大抱負存在明顯分歧。中共高層對習近平的政策方向深感不安。他們擔心自己的生命安全及家人未來的生計。"如果事實真是如此，那美國的戰略就應該是加深中國國內的這些分歧。但相反，由於美國缺乏對中國的戰略，特朗普政府選擇了發動並不可靠的貿易戰，更有甚者，讓加拿大當局代表美國政府逮捕了孟晚舟 —— 中國電信巨頭華為公司創始人之女兼該公司首席財務官，但這一系列行動反而有效地鞏固了習主席在中國的地位。孟晚舟的被捕強化了中國人民對政權的擁護，因為它勾起了中國人對曾經遭受的"百年屈辱"的回憶，當時西方法律在中國領土上橫行。許多中國領導人一定在想：如果我的女兒也被美國拘留了會怎麼樣？

對於是否應該釋放孟晚舟，許多美國人可能會猶豫不決。美國人相信法治。任何違反美國國內法律的人都應該受到懲罰。這一點我同意。但孟女士在美國領土上並沒有犯罪。事實上，她並沒有違反任何美國國內法律。她是因美國法律對伊朗的"治外法權"而被捕的，而美國通常會對這種域外法治做出豁免。拜登政府應該暗示加拿大政府釋放孟晚舟[1]。這樣做才符合美國的國家利益。這就是地緣政治的精明之處。

拜登政府必須採取的第三步也是最困難的一步，是對其戰略對手的真正優勢和劣勢有一個現實的認知。誠然，在任何戰略競爭中，這都是最重要的一步，正如孫子所謂"知己知彼，百戰不殆"，這裏的"知彼"就是指"知中國"。

在試圖了解中國時，拜登政府應該牢記美國最偉大的戰略思想家之一喬治·凱南提出的一個關鍵點。他說，任何地緣政治競爭的結果都將取決於"美國能在多大程度上給世界人民營造出一種整體印象：這個國家了解自身訴求，它正成功地處理內部問題並承擔起作為世界強國的責任，它具備能夠在時代的主要思想潮流中穩住自身的精神活力"。[2]

1　2021 年 9 月 25 日，孟晚舟乘坐中國政府包機返回祖國。——編者註
2　George Kennan (X), "The Sources of Soviet Conduct," Foreign Affairs, July 1947.

如果凱南今天還活著，他首先要問的就是：美國和中國，哪個社會擁有更充沛的“精神活力”？但事實上，即使他今天還活著，也不可能提出這個問題，因為美國人根本無法想像共產黨統治下的中國會比世界上最偉大的民主國家美國更有“精神活力”。

總的來說，迄今為止，美國無疑仍然是一個更為成功的社會，在許多領域依然領先於中國。這就是為什麼我在近期出版的《中國的選擇》一書中首先給習近平寫了一份虛構的備忘錄，強調中國永遠不應該低估美國。然而，美國也同樣不可以低估中國。那些認為通過對華接觸，美國能夠使中國發生轉變的人難辭其咎。事實上，年輕的美利堅合眾國僅有 250 年歷史，卻認為自己能夠單槍匹馬地改變擁有4000 年歷史文明、人口是其四倍的中國，這一點一定會讓未來的歷史學家異常困惑。但奇怪的是，大多數美國人甚至都沒有意識到這種想法有點傲慢自大。

這種傲慢的姿態妨礙了美國人去理解中國的其他方面。比如，鮮有美國人意識到，對中國人，尤其是對底層 50% 的人來說，過去 40年是中國在 4000 年歷史中最好的 40 年。斯坦福大學的心理學家范瓊曾說：“中國的文化、自我觀念和士氣正在迅速地轉變 —— 大多朝著好的方向轉變，這與美國的停滯不前形成了鮮明的對比。”究竟是美國社會還是中國社會更強大、更具韌性？這個問題錯綜複雜，並非短短一篇文章所能夠闡釋清楚，於是我寫了一本書來充分地討論這一問題。儘管中國已經存在了 4000 多年，但可悲的是大多數美國人仍舊不了解中國。大多數美國人認為 14 億中國人是不幸福的。因此，他們根本無法想像中國人民能夠在中國規範和價值觀的海洋中快樂地遨游，因為這些規範和價值觀塑造了秩序良好的社會道德和心理健康。以歷史標準來衡量，中國廣大人民的生活從來都沒有這麼好過。

長期戰略

在對中國的優勢和劣勢有了現實的認知之後，第四步是制定一個全面的長期戰略來管控與中國的競爭。這並不容易。過去的一些做法是不可行的。例如，想要遏制中國是不可能的，因為許多國家與中國的貿易規模要比與美國的大得多。美國也不要幻想著向中國炫耀軍事優勢，尤其是在靠近中國海岸綫的地方。因為五角大樓的所有軍事演習都表明，美國的航空母艦和戰艦難以抵擋中國高超音速導彈的攻擊。幸運的是，相互保證毀滅原則[1] 阻止了中美之間爆發全面戰爭。

拜登政府在制定新的對華政策時，明智地選擇了與盟友和朋友接觸，因為包括日本、印度、英國和澳大利亞在內的許多盟國和朋友都和美國一樣，對中國的崛起感到擔憂。他們確實很擔心中國的崛起，然而，沒有哪個國家會與美國一道遏制中國。這不僅僅是出於經濟原因。中國周圍的所有國家都在問一個在美國戰略圈子裏不能提及的問題：十年或二十年後，誰將成為第一大經濟體，美國還是中國？最現實的分析人士預計，美國將在十年或二十年內倒退為第二大經濟體。當然，當美國經濟從世界第一變為世界第二時，包括美國在內的整個

---

1 Mutual Assured Destruction（MAD），簡稱 M.A.D. 機制，亦稱 "共同毀滅原則"，意即一方首先使用核武器將導致雙方都被毀滅。—— 譯者註

世界的戰略預判都會發生變化。任何嚴肅的美國戰略規劃者都必須考慮到這種可能性。但在美國，只有少數人敢於公開討論這一問題。對美國任何一位政治家來說，談論這個幾乎無法避免的結果——美國可能會成為世界第二——都是政治上的禁忌。這也是拜登政府在全力推進特朗普的政策前需要進行大規模戰略重估的另一重要原因。

拜登政府需要採取的第五步也是最後一步看似很簡單：停止侮辱中國（就像副總統彭斯和國務卿蓬佩奧過去所做的那樣）。鑒於美國傾向於批判其他國家，要做到這一點可能很困難。然而，有兩點原因決定了拜登政府不應該繼續侮辱中國：第一，即使是在今天，美國也是唯一侮辱中國的國家，其他國家政府不會這麼做，在這種背景下，美國會成為被孤立的那一個；第二，對中國的公開侮辱給西方國家造成了一種無形的壓力，這種壓力可能會使中美關係嚴重複雜化，導致對"黃禍"的恐懼。這種恐懼時不時地躥出來，助長了美國對亞裔的暴行。

歸根結底，人類中的大多數希望看到美國和中國這世界上的兩大強國能夠理性地認識彼此和開展對話。侮辱無濟於事。優秀的外交家最了不起之處在於，即使他/她對你說"下地獄去吧"，你也會覺得你將會很享受這段旅程。外交已經有幾千年的歷史了。這是拜登政府可以用來與中國建立新關係的絕佳武器：在競爭與合作之間保持適當的平衡。

為何説特朗普政府幫了中國 [1]

特朗普政府對新冠肺炎疫情的應對失策與 "弗洛伊德之死" 引發的抗議 [2]，加深了美國社會的分裂。相比之下，人們認為中國表現得更加出色。

毫無疑問，自 1971 年基辛格推動中美關係正常化以來，特朗普政府是中國不得不面對的最令人惱火的美國政府。特朗普政府發起了一場貿易戰，對中國進行技術出口限制，對華為公司進行了大力打壓，對中國經濟造成了一定損害。這其中最蠻橫無恥的舉動是千方百計地引渡孟晚舟，將西方法律強加於中國公民身上，讓中國人民鮮明地聯想到百年屈辱史，當時西方法律在中國大地上橫行。

然而，如果中國領導人能夠一如既往地從長遠和戰略角度考慮問題，他們就能判斷出特朗普政府或許幫助了中國。面對不斷崛起的中

---

1 *The National Interest,* Jun 8, 2020.

2 2020 年 5 月 25 日，美國警察暴力執法致黑人喬治·弗洛伊德（George Floyd）死亡， 在美國明尼蘇達州引發抗議示威活動。

國，特朗普政府顯然缺乏周密、全面和長期的應對戰略，也沒有聽取基辛格或喬治‧凱南等重要戰略思想家的明智建議。例如，凱南曾勸告，美蘇長期競賽的結果將取決於"美國能在多大程度上讓世界各國人民了解"這個國家"能成功地處理內部問題"，也"具備精神活力"。特朗普政府並未樹立起這種形象。新冠肺炎疫情和弗洛伊德事件抹黑了美國的形象。相形之下，特朗普政府的所作所為提升了中國的形象，現在中國被認為是世界上更有能力的國家。

說句公道話，美國的內部問題在唐納德‧特朗普當選總統前就已經存在了。30 年來，美國是唯一一個底層 50% 民眾的收入持續下降的主要發達國家，這導致了白人工人階層被絕望所籠罩。約翰‧羅爾斯看到這一切定會大吃一驚。事實上，正如英國《金融時報》副主編馬丁‧沃爾夫所說，美國已經成為由財閥統治的國家，而中國則創造出了一種精英管理體制。精英政治將完勝財閥政治。

同樣重要的是，凱南強調，美國必須努力結交朋友與盟友。但特朗普政府卻嚴重破壞了與朋友和盟友的關係。歐洲人私下裏對此感到震驚。在世界最需要世衛組織，尤其是需要世衛組織幫助貧窮的非洲國家時，美國卻退出了，這是極端不負責任的。沒有一個美國盟友追隨美國的腳步退出世衛組織。特朗普政府還威脅要對加拿大、墨西哥、德國、法國等盟友徵收關稅。美國的這些做法並不見得一定會推動其他國家急於轉向中國，事實上歐洲人已經對與中國密切合作有了新的保留意見。但毫無疑問，世界各國對美國的尊重在減少，這為中國贏得了更多的地緣政治空間。美國前國務卿馬德琳‧奧爾布賴特

（Madeleine Albright）曾經說過：“美國是一個不可或缺的國家。我們站得很高，比其他國家看得更遠。”但如今，特朗普政府可能會使美國成為一個可有可無的國家，這將給中國送上一份地緣政治禮物。

特朗普政府還無視了喬治·凱南提出的另一條明智建議：不要侮辱你的對手。沒有哪一屆美國政府像特朗普政府那樣侮辱中國。特朗普曾表示：“眾所周知，中國存在不當行為。幾十年來，他們對美國進行了前所未有的剝削。”

理論上講，這樣的侮辱可能會損害中國政府在本國人民心目中的地位，但結果卻恰恰相反。最新的《愛德曼信任度調查報告》（*Edelman Trust Barometer*）顯示，中國民眾對政府信任度全球最高，達到 90%。這並不奇怪。因為對絕大多數中國人來說，過去 40 年的社會經濟發展是 4000 年以來最好的。凱南談到了一國內部的“精神活力”，當今的中國充滿了精神活力。斯坦福大學心理學家范瓊曾觀察道：“中國的文化、自我觀念和士氣正在迅速地轉變——大多朝著好的方向轉變，這與美國的停滯不前形成了鮮明的對比。”中國人民也清醒地認識到，中國在應對新冠肺炎疫情危機方面比美國做得更好。在這種背景下，美國對中國的不斷侮辱只會激起強烈的民族主義反應，進一步提升中國政府的地位。這裏需要補充一個雖小但關鍵的點：世界上沒有其他哪個政府在侮辱中國。因此，美國的做法是孤立無援的。美國再次忽視了凱南的寶貴建議：“只有謙遜的美德能夠幫助美國建立起與其他國家截然不同的素質。”

如果凱南還活著，他會首先建議美國同胞們不要那般咄咄逼人，而是先制定出一個周詳、全面的長期戰略，再與中國展開一場重大的地緣政治競賽。制定這樣的戰略應該聽取諸如孫子這種偉大思想家的建議，首先全面地評估雙方的相對優勢與劣勢。

毫無疑問，美國在許多方面仍然強大，仍是有史以來人類所創造出的最成功的社會。沒有其他國家成功地將人類送上月球。沒有哪個國家能夠在短時間內創造出谷歌、臉書、蘋果和亞馬遜這樣的企業。更引人矚目的是，谷歌和微軟這兩家最大的企業都由出生於國外的人士經營，但沒有一家大型中國公司是由外國人經營的。中國可以從14億人口中開發人才，美國則可以從78億人口中開發人才——包括中國的人才。任何中國領導人低估了美國都將是一個巨大的錯誤，但幸運或者不幸的是，這不太可能發生。

相比之下，在評估中國的相對優勢與劣勢時，特朗普政府低估了中國。在這一點上，認為民主國家將永遠戰勝共產黨體制的至高無上的意識形態信念在美國造成了一種特殊的意識形態盲點。實際上，從功能上來看，CCP 並不代表中國共產黨，而是"中國文明黨"。中國共產黨的主要目標不是在全球復興共產主義，而是復興世界上最古老的文明，並使之再次成為世界上最受尊重的文明之一。正是這一目標激勵了中國人民，這也是中國社會異常活躍和充滿活力的原因。同樣重要的是，中華文明歷來就是最具韌性的文明。正如王賡武教授所說，它是四千年來唯一一個經歷了四次磨難但每次又都重新站了起來的文明。毫無疑問，中華文明現在正在經歷又一次偉大的復興。

鑒於此，任何認為美國永遠不會輸的戰略思想都是不理智的。誠然，一百多年來，美國從未輸掉過一場重要的競賽，但它也從未遇到過像中國這樣強大的競爭對手。同樣重要的是，如果中國共產黨的首要目標是提升人民福祉（從而實現中華文明的偉大復興），那它與任何新一屆美國政府的首要目標都沒有根本上的矛盾，因為新政府的首要目標也是再次提升美國人民的福祉。因此，當特朗普政府下台，美國再次試圖制定一個更加長期、深遠的對華戰略時，應將一個目前難以想像的選擇納入考慮範圍：一個強大的中華文明與一個強大的美國能夠在 21 世紀和平共處。世界將為這一成果感到欣慰甚至歡呼。美國人民也會生活得更美好。

為什麼美國總統很重要 [1]

美國領導人的性格影響著世界的時代潮流。拜登將會讓美國精神中的禮貌和慷慨回歸。

第一位引起我注意的美國總統是約翰·F. 肯尼迪。當時我還是一個孩子，住在新加坡。吸引我注意的並非他激動人心的演講，而是他遇刺的消息。他的遇刺是全世界的損失。歷史善待了他。

他的繼任者是林登·貝恩斯·約翰遜（Lyndon Baines Johnson），這讓小時候的我一頭霧水。如此其貌不揚之人怎能接替如此魅力四射的肯尼迪呢？約翰遜確實很粗野。據說，他會在如廁時召集大家開會。

儘管如此，歷史依舊善待了約翰遜總統。他大刀闊斧的民權立法舉措改變了美國歷史的進程。這也是為什麼羅伯特·卡洛（Robert Caro）在撰寫關於美國近代總統的四卷本傳記時，對約翰遜著墨最

---

1 *The Straits Times*, Nov 10, 2020.

多，有關他的部分至今仍未完成。

歷史對約翰遜的繼任者理查德・尼克松就沒有那麼友善了。水門事件葬送了他的政治生涯，自由媒體界也沒有原諒他。但毫無疑問，他改變了人類歷史的進程，沒有尼克松先生，就沒有亨利・基辛格的訪華。

李光耀先生稱尼克松先生是他見過的最偉大的美國總統，他說："如果沒有水門事件，我認為理查德・尼克松不會那麼倒霉。他對世界的看法很現實。他是一個偉大的分析家、現實主義者，同時也是一個能把事情做好的戰術家。"

尼克松先生下台後，李光耀先生失去了一位來自白宮的真正的朋友，對於一個小國領導人而言，相當於失去了一筆重要的財富。

這在某種程度上解釋了李光耀先生為何蔑視吉米・卡特（Jimmy Carter），他認為吉米・卡特很幼稚。在湯姆・普雷特（Tom Plate）的《亞洲巨人：李光耀對話錄》（*Giants Of Asia: Conversations With Lee Kuan Yew*）一書中，李先生稱卡特先生為最差勁的總統，他評價說："作為一名領導人，你的任務是鼓舞民眾，而非與之分享你心煩意亂的想法，你讓你的民眾意志消沉。"

幸運的是，卡特先生的繼任者是連任了兩屆的羅納德・里根，另一個欣賞李光耀的人。他們在白宮會面時我也在現場。同樣，作為一名新加坡駐華盛頓與紐約的外交官，在里根總統執政期間，我也經歷了自由媒體對他的抨擊。然而，歷史對里根先生非常友善，尤其是他在任期間，取得了與蘇聯對抗的偉大勝利。

里根先生的繼任者是李光耀先生另一位偉大的朋友與欣賞者——喬治‧H.W. 布什（George H. W. Bush）。20 世紀 90 年代末，我在俄羅斯聖彼得堡的一個小房間裏聽到老布什表示，他所敬仰的頭號領導人就是李光耀先生，我把這個消息匯報給了李先生。不幸的是，老布什只當了一屆總統，他的卸任對李光耀來說又是一個巨大的打擊。

　　這些故事都說明了一個簡單的道理，即美國總統選舉對全球有著重大的影響，包括新加坡在內。

拜登為美國帶來了什麼

　　事實上，考慮到美國所擁有的壓倒一切的力量，尤其是在媒體和傳播方面，美國總統的性格與個性影響著全球的時代精神。

　　繼巴拉克‧奧巴馬（Barack Obama）之後，唐納德‧特朗普的自戀與自私固執的個性讓全球都備感沮喪。那麼，拜登的當選會給世界帶來什麼呢？好時光還會重返嗎？答案是有可能重返，也有可能重返不了。作為一個真正正派之人，拜登先生將帶領民眾找回美國精神中的文雅與慷慨。然而，拜登也知道，他接手的是一個嚴重分裂的國家，儘管特朗普在競選中落敗，但仍有大量選民投票支持他。所以拜登的首要任務是"治癒美國"，而非創造一個更美好的世界。

　　儘管如此，拜登至少有三個機會可以把握，來保持他的積極形象。

　　首先，他能夠為白宮帶回一些"無聊"。美國和全世界都被特朗普的推特及其咄咄逼人的姿態弄得精疲力盡。拜登政府的冷靜和沉默寡言將在某種程度上有助於使世界恢復到常態。拜登先生知道，他不能單憑一己之力做成此事。幸運的是，他組建了一支由美國真正的重量級人物組成的強大的過渡團隊。他們與拜登一樣，也對國內的分裂感到擔憂，認為修復美國社會的創傷、重建幸福的美國是當前的首要任務。

第二個機會是地緣政治。拜登先生無法扭轉中美在地緣政治上的競爭趨勢，原因我在《中國的選擇》一書中已有說明。如果人們認為拜登在對華政策上軟弱，將會不吝指責他。然而，即使無法扭轉這一大趨勢，拜登依舊可以暫緩兩國之間的競爭。美國人相信常識。當下而言，對美國人來說最大的常識是應對新冠肺炎疫情和經濟放緩的迫切挑戰，以及全球變暖的挑戰。如果能夠與中國進行一定程度上的合作，所有這些問題都會得到更好的解決。正如溫斯頓・丘吉爾（Winston Churchill）曾與對手約瑟夫・斯大林（Joseph Stalin）聯手擊敗阿道夫・希特勒（Adolf Hitler）一樣，拜登也能夠與競爭對手——中國聯手以戰勝新冠肺炎疫情。尼克松先生和李光耀先生都會贊成這樣一種針對共同敵人的馬基雅維利戰術。

第三個機會在於阻止美國滑向金錢政治的深淵。特朗普在 2016 年能夠當選的一個關鍵原因是白人工人階級被絕望的情緒所籠罩著。作為主要發達經濟體，美國是唯一一個佔人口總數一半的底層民眾的平均收入下降了的國家。這些白人工人階級的痛苦必須予以關注，收入再分配勢在必行。

里根先生實施了減稅，而拜登先生必須實施加稅。而且，如果美國的富豪足夠明智，他們會支持拜登的做法。

　　簡言之，對於特朗普總統任期內對美國造成的諸多創傷，拜登先生可以塗抹一些溫和舒緩的藥膏。正派是拜登最大的財富。樸素的正派會給美國帶來很大的治癒力量。特朗普稱拜登為“瞌睡喬”可能有些殘忍。然而，一個“瞌睡喬”和一個冷靜的美國總統可能對美國和世界都有好處。

拜登將給世界帶來哪些變化 [1]

拜登面臨著複雜繁多的決策選擇。如果拜登行事精明，中美關係仍然可以有助於維護一個更穩定的世界環境。全球應如何應對中美關係變局？拜登又應該向世界學習什麼？

報業辛迪加：您曾警告說，"國際秩序已嚴重落後於全球權力動態的轉變"。那麼，您認為美國新一屆政府——拜登政府上台後，會改善這種局面嗎？

馬凱碩：很遺憾，答案是否定的。懶於思考與政治慣性助長了華盛頓的信念，認為多邊機構被弱化了會更加符合美國的國家利益。這種邏輯在單極世界裏可能有一些價值，但絕不適合我們今天所生活的多極世界。比爾·克林頓在 2003 年曾說，美國應當致力於創造一個當自己 "不再是軍事、政治和經濟超級大國" 時，仍然希望生活在其中的世界。

1　*Project Syndicate,* Nov 24, 2020.

美國限制多邊機構的傾向可以追溯到幾十年前，乃至羅納德・里根總統執政期間。例如，長期以來，美國都在盡量減少對聯合國的義務貢獻，甚至拒絕支付會費，哪怕節省下來的錢在美國的整體預算中只是九牛一毛。

如果拜登政府真的致力於多邊主義——更重要的是，致力於美國成為一個良好的全球公民——那就應該立即支付所有拖欠的會費。此舉將發出一個強有力的信號，為各國重新思考 20 世紀的多邊秩序開闢思路，使多邊主義機制適合（亞洲主導的）21 世紀的發展目標。

報業辛迪加：2019 年 1 月，您曾提到唐納德・特朗普總統得到了美國底層 50% 民眾中大部分人的信任。因此，特朗普的反對者面臨著一個選擇，要麼"譴責特朗普以獲得心理安慰"，要麼"採取實際行動以攻擊使他當選的精英集團"。拜登堅持走第一條路綫。拜登不是特朗普，這是他的施政基礎，因此他入主白宮後美國政治上的兩極分化仍將持續。在建立公眾信任和有公信力的機構方面，拜登政府是否應該從東亞汲取經驗？

馬凱碩：首先，拜登政府應該從東亞汲取相對收入分配上的經驗。日本的最新數據（2012 年）顯示，該國總收入的 12.3% 歸屬於收入最高的 1% 的人，而 19.6% 歸屬於收入最低的 50% 的人。韓國最新的類似數據（2015 年）分別為 14% 和 19.3%。

在美國，這一比例是反過來的：前 1% 的富人的收入佔總收入的 18.7%，而底層 50% 民眾的收入僅佔 13.5%（截至 2019 年）。這種不平衡的原因很簡單，就是美國已經成為一個由富豪統治的國家，超級富豪們把控了政治體系，以壯大自身的利益。正如政治學家馬丁・吉倫斯和本傑明・佩奇在 2014 年寫道："代表商業利益的經濟精英和團體對美國政府的政策有著實質性的獨立影響，普通公民和群眾性利益團體的獨立影響則很小甚至幾乎沒有。"

這顯著加深了白人工人階級的絕望和沮喪，助長了人們對所謂的"反建制派"特朗普的支持。然而，從僱用業內人士領導監管機構，到為最富有的美國人減稅，特朗普的行動非但沒有打破經濟精英對政府的控制，反而強化了金錢政治。

如果拜登想如同東亞國家那般建立起公眾信任和有公信力的機構，他就必須毫不含糊地抵制金錢政治。這意味著，他首先要引入嚴格的規定，限制金錢對政治的影響，這是最為重要的一點。在這一點上，澳大利亞模式也值得學習。

報業辛迪加：也許美國兩黨達成的唯一共識是，中國的崛起對美國利益構成了威脅。2018 年，您曾譴責過這一過於簡單和危險的觀點。拜登行事時也許不會像特朗普那般衝動粗魯，但您認為這會讓中國的處境更好一些嗎？或者您認為拜登會採取一種更精明的方式來"遏制"中國？比如藉助曾被美國疏遠的盟友的支持？

馬凱碩：在中國問題上，拜登束手無策。鑒於美國兩黨之間達成的壓倒性共識，對中國態度軟弱無異於政治自殺。拜登很清楚這一點：他在競選中稱中國領導人為"暴徒"，目的是打消人們對他是否願意採取強硬路綫的疑慮。

然而，正如美國前國務卿亨利・基辛格曾向我指出的那樣，美國沒有任何真正的對華戰略。如果拜登足夠精明，他將制定一個既能促進美國的核心利益（比如保護美國的在華企業），又能在應對共同挑戰（比如新冠肺炎疫情危機）上與中國合作的方案。溫斯頓・丘吉爾能夠聯合約瑟夫・斯大林共同對付阿道夫・希特勒，美國當然也能設法與中國合作，以戰勝這場疫情。

　　與此同時，拜登應該認識到，對美國而言，中國仍代表著巨大的經濟機遇。特朗普不計後果的貿易戰使美國農民遭受了嚴重打擊。如果拜登能夠逐步減少對中國的貿易制裁，為美國農民提供更多進入中國市場的機會，他們的境況會好得多。除經濟利益外，這還將有助於削弱特朗普的根基，改善民主黨在未來幾年的選舉前景。

　　報業辛迪加：就中國而言，中方政策制定者在多大程度上把握住了美國公眾和精英輿論轉變的力度，並重新考慮了自身"冷靜與理性的對美政策"？在拜登政府的領導下，中方的對美政策可能會有何調整，又應做出哪些調整？

　　馬凱碩：中國有一個很大的戰略優勢：它總是將目光放得很長遠。基辛格在其 2011 年出版的《論中國》一書中指出，中國人玩圍棋，而不是國際象棋。而且，正如他所說："圍棋的精髓在於打持久戰。"因此，當美國蹣跚著從一屆政府過渡到另一屆政府時，中國則一直在波瀾不驚地執行長期策略，逐漸地、不斷地加強自己的地位。

　　深化國際關係 —— 包括與遙遠國家的關係 —— 是中國戰略的核心。以巴西為例，2000 年時，巴西與中國進行價值 10 億美元的商品貿易需要 6 個月時間；而如今只需要 3 天。此外，金磚國家（巴西、俄羅斯、印度、中國和南非）成立的新開發銀行由巴西人掌舵。種種聯繫穩固了中巴雙邊關係，即使巴西右翼民粹主義總統雅伊爾‧博索納羅（Jair Bolsonaro）效仿特朗普抨擊中國，這種關係也沒有弱化。

去年 6 月，中印在喜馬拉雅山邊界發生的衝突導致 20 名印度士兵喪生，事後，反華情緒如海嘯般席捲了印度。此外，一些東盟國家仍然對中國在南海的領土主張感到困擾。

中國領導人敏銳地意識到，若拜登真的恢復了美國作為可靠盟友的聲譽，那麼，一個強大的盟國集團可能會與美國一同對抗中國。有鑒於此，中國領導人應努力與拜登政府建立建設性的互惠關係，始終保持“冷靜與理性”。

報業辛迪加：在《中國的選擇 —— 中美博弈與戰略抉擇》一書中，您提到說，在擔任新加坡外交官一職期間，您從新加坡三位傑出的地緣政治大師（李光耀、吳慶瑞、信那談比‧拉惹勒南）那裏學到了重要的一課：提出正確的問題是制定任何長期戰略的第一步。那麼，當美國戰略家試圖制定“新的分析框架，以抓住對華競爭的本質”時，他們首先必須考慮哪些問題？

馬凱碩：在《中國的選擇》一書中，我列舉了十個拜登政府應予以考慮的主要問題。另一個大問題是：在未來十年或二十年裏，如果中國的經濟發展超過了美國，將會發生什麼？

對於華盛頓特區的許多人來說，這種情況是不可思議的。但事實上這是完全有可能的。而且，即使成為世界第二大經濟強國，美國也依舊有可能是世界上最具影響力的國家。冷戰期間，負責制定美國對蘇聯政策的總戰略家喬治·凱南在 1947 年就指出了原因，即美國給"全世界人民"營造出了這樣一種印象：美國國內取得了成功，整個國家充滿"精神活力"。

如果凱南還活著，他會發自內心地反對美國戰略家的觀點，這些戰略家認為美國的全球主導地位比人民的利益更重要。他也會強烈反對不斷增長的國防支出。畢竟，凱南無疑會認識到，中美地緣政治較量的結果並不是由武力決定的，而是由兩國相對的"精神活力"決定的，這就是拜登政府應將美國的戰略重點從保持其全球主導地位轉向改善人民福祉的原因。

報業辛迪加：5 月時，您提到說香港已成為中美地緣政治棋局中的一顆"棋子"。在這場地緣政治較量中，中國政府為維護國家主權而採取的果斷行動是否為其贏得了優勢？這讓香港人的處境如何？

馬凱碩：所有"大國"都將自身利益置於較小的自治領土的利益之上。美國共和黨人阻止波多黎各成為美國的一個州，是因為他們擔心該區的選票將主要流向民主黨。同樣，中國政府不會允許香港存在不穩定因素，因為這樣會動搖中國的穩定大局，從而削弱中國對美國的戰略態勢。這就是《中華人民共和國香港特別行政區維護國家安全法》被通過的原因。

人們普遍認為，中央政府對香港增強控制會使其遭受巨大損失，但同樣有可能因為更加穩定而使香港人民更加富裕，尤其如果特區政府能最終克服既得利益集團的阻力並擴大公共住房計劃的話。這將大大有助於緩解香港民眾的憤怒情緒。

報業辛迪加：對於可能捲入中美競爭的其他地區和國家的領導人，您有何建議？

馬凱碩：不要重蹈澳大利亞的覆轍。在包括中國在內的亞洲文化中，保住面子很重要。澳大利亞公開呼籲對中國應對新冠肺炎危機的行動進行國際調查，這讓中國有失顏面。當各國都盯著這場僵局時，中國無法視而不見，否則它將面臨與更多國家發生更多對抗的風險。因此，這一倡議只會使澳大利亞陷入一場緩慢而痛苦的經濟消耗戰。

幸運的是，大多數國家已明確表示不想在中美競爭中選邊站隊。美國和中國也都不該強迫各國站隊。

報業辛迪加：在《中國的選擇》一書中，您曾提到過您與亞洲各地的諸多文化聯繫。但對這些聯繫的描述體現出了您對尋找這些聯繫的興趣，例如通過您名字中的阿拉伯—波斯根源來尋找這種聯繫。如果有的話，在您擔任駐聯合國大使的十年任期內，這種傾向是如何影響您的？以及我們該如何界定民族國家這一概念？

馬凱碩：我在許多國家都感受到了文化上的牽絆，這對我的外交官和作家生涯而言是一個巨大的優勢。在摩洛哥，我聽到了我最喜歡的歌手穆罕默德・拉菲（Mohammad Rafi）在一個偏僻村莊裏的表演。在韓國，我聽到了一個故事，講的是印度公主在公元一世紀來到朝鮮半島的事。

這種文化上的牽絆讓我極其樂觀。我相信，隨著時間的流逝，我們將著眼於各國面臨的共同挑戰，如全球變暖與新冠肺炎疫情，並認識到人類是一個命運共同體。各民族國家就像全球巨輪上的一個個船艙。如果船沉了，即使船艙再豪華也毫無意義。

東方與西方：信任與否？[1]

亞洲能夠重返世界歷史舞台的中心，部分可以歸因於吸收了西方文明的智慧和思想。但要遏制東西方日益加劇的不信任，西方現在必須向中國的亞洲鄰國學習如何應對中國的崛起，這是至關重要的。

當前，人類正處在歷史上最重要的十字路口之一。西方主導世界的短暫時代即將終結，這一趨勢勢不可擋，東方和西方需要找到一種新的平衡。擺在眼前的是兩條截然不同的路：走向統一或走向分歧。

理論上，東西方之間應該會走向分歧，對許多亞洲國家和文明來說，西方統治的烙印仍在。在鼎盛時期，西方踐踏了伊斯蘭世界，不費吹灰之力地殖民了印度、羞辱了中國。一旦被壓迫的社會恢復了文明力量與活力，隨之而來的就是向西方復仇的願望。正如塞繆爾·亨廷頓（Samuel Huntington）曾經做出的著名預言：世界將會經歷一場文明的衝突。

1　*Edelman Trust Barometer,* Jan 19, 2020.

但事實恰恰相反。由於西方認知的廣泛流行，尤其是西方思維帶來的影響，東西方年輕人的夢想與抱負產生了根本性的趨同。正如拉里·薩默斯（Larry Summers）和我在 2016 年合寫的文章《文明的融合》（*The Fusion of Civilizations*）中所說："世界上大多數人現在都懷抱著與西方中產階級相同的願望：他們希望自己的孩子能接受良好的教育，找一份好工作，在一個穩定、平和的環境裏過著幸福又充實的生活。西方不應感到沮喪，而應慶祝它成功地將自己世界觀的主旨注入其他偉大的文明。"

幾年後，尤瓦爾·諾亞·赫拉利也得出了同樣的結論，他從現代人身上觀察到，幾乎所有人都處於相同的地緣政治、經濟、法律和科學體系之中。正如他所言："如今，當伊朗和美國之間劍拔弩張時，兩者都會談到民族國家、資本主義經濟、國際權利和核物理。"伊朗外長穆罕默德·賈威德·扎里夫（Mohammad Javad Zarif）就是一個極其鮮活的例子，可以證明伊朗和美國或許存在心理上的趨同。扎里夫對西方歷史和文化的深刻了解與理解超過了西方許多著名人士。

西方思維的傳播以及全球在法治等規範上的趨同，造就了中國、印度尼西亞、印度和阿聯酋等國家對政府和經濟的高度信任，這種信任程度遠高於在美國、英國、德國和法國等許多西方國家。

在世界上競爭最激烈的"人類實驗室"裏，東西方思想的融合創造出神奇的效果。當年輕的企業家蜂擁到矽谷尋找下一家初創企業時，當年輕的新生進入最優秀的常春藤聯盟大學時，他們的意識中沒有東方和西方的差別。相反，他們都胸懷抱負，跨文化合作毫無障礙，力求取得卓越成就。同樣，當中國的大學校長們努力創建世界一流大學時，他們也深知必須效仿美國和歐洲大學的最佳做法。簡言之，多股力量都正在推動世界 75 億人口走向更深的融合，所有這些自然會促成東西方的互信。

然而，推動人類走向分歧的力量同樣強大，其中一個已經形成了破壞性的力量：中美之間的地緣政治較量，將是一場經濟與政治、軍事與文化領域的多層面競爭。美國國務院前政策規劃辦公室主任基倫·斯金納（Kiron Skinner）敏銳地觀察到，這將是美國與"非白人大國"之間的第一次鬥爭。她指出了會導致中美之間不信任的一個關鍵因素。

科技推動了人類對自然界的認知，建立起跨文化交流的橋樑，但缺乏互信也讓科技致使人類世界產生分裂。如果一家德國或法國（乃至日本或印度）的電信公司成為 5G 技術開發的領頭羊，美國會默然接受。然而，當中國的華為公司成為技術領先者，美國遲疑了，決定採取打壓措施。托馬斯·弗里德曼（Thomas Friedman）早就指出："無論理由多麼正當，這一舉動都無異於中國排擠了蘋果和微軟。這是一場發生在中國科技領域的地震……許多中國科技公司現今都在考慮：我們再也不會讓自己陷入關鍵部件完全依賴美國的境地，是時候加倍努力地自己製造了。"

對華為公司的打壓只是冰山一角。美國將重拳出擊，使自己與中國的技術"脫鈎"，希望藉此能阻礙中國的發展。確實存在這種可能性，但以此為賭注實為不智之舉。亞洲著名歷史學家王賡武教授敏銳地觀察到，中華文明是唯一一個歷經四次衰落，但每次又重新崛起的主要文明。現在，中華文明剛剛開始恢復活力，中國的重新崛起勢不可當。

在不費一槍一炮就擊敗了強大的蘇聯後，美國的戰略規劃者理所當然地認為美國會在中美地緣政治競爭中再次獲勝。這種可能性當然有，但 2020 年的世界與冷戰伊始時的 1950 年已截然不同了。在世界各地，強大和自信的國家和地區正在興起。居住在美國和中國之外的 60 億人不會輕易地受到脅迫去站隊，他們將會做出自己的選擇。

如何應對中國的崛起，美國和西方完全可以從中國的亞洲鄰國學到一些寶貴的經驗。與西方一樣，許多亞洲鄰國也對中國的崛起懷有擔憂。然而，作為與中國毗鄰了數千年的國家，它們深知阻止中國崛起將勞而無獲。相反，每個鄰國，包括印度、日本、韓國和越南等大國及中等國家，都會做出務實的調整：必要時反擊中國，互利時相互合作。

21 世紀正穩步向多元文明的世界演進，西方完全可以多多少少學會一些靈活的亞洲思維方式。西方不是必須以非黑即白的眼光來看待世界，在信任與否之間二選一，而是可以學會與成功的非西方社會共存 —— 它們與西方既有相似又有不同。這些國家和地區在某些方面與西方相通，但同時又保留著自己獨特的文明形象。這對西方社會來說，也許是在信任領域的最大考驗：他們能 "信任" 那些永遠不可能完全西方化的國家和地區嗎？

偉大的戰爭需要戰略紀律，這正是華盛頓在這場危機中所需要的 [1]

要應對新冠肺炎疫情這場風暴，美國必須學習丘吉爾和基辛格的智慧和紀律，站在歷史正確的一邊，才能渡過這場危機。

　　1942 年 8 月，在"二戰"的黑暗時刻，英國首相丘吉爾飛抵莫斯科與蘇聯最高領導人約瑟夫·斯大林共進晚餐。兩人之間的意識形態差距遠遠大於今天中美之間的差距。然而，為何丘吉爾仍能夠毫不猶豫地與斯大林合作呢？

　　一句古老的戰略格言認為，在任何一場偉大的戰爭中，人們都應將精力集中在主戰場上，而不要被次要問題分散注意力。偉大的普魯士軍事理論家卡爾·馮·克勞塞維茨（Carl von Clausewitz）寫道："戰略家的才能是確定決定性的關鍵點並專注於此，從次要陣綫撤軍，忽略次要目標。" 美國國務卿邁克·蓬佩奧以班級第一的成績畢業於西

1　*The Hill,* Apr 10, 2020.

點軍校，他應該非常了解這句戰略格言。

今天，若是由丘吉爾來領導美國抗擊大流行病，他會建議將重點放在新冠肺炎疫情這一主戰場上，而不要被與中國的地緣政治較量分散注意力。事實上，正如當年選擇與斯大林共進晚餐一樣，丘吉爾今天會建議美國與中國合作。但遺憾的是，美國很少有人推崇這種丘吉爾式的智慧。

特朗普總統的舉動一貫地出人意料，也只有他才能夠在 2020 年 3 月 27 日與習近平主席通電話的同時，指導著美國政府一直釋放自相矛盾的信號。特朗普政府針對華為公司的打壓並未放鬆，而且正在考慮採取更多措施，限制向這家中國科技巨頭供應芯片。3 月 27 日，特朗普總統還簽署了一項行政令，責成華盛頓提高對中國台灣的全球支持，這對北京來說不啻於一記響亮的耳光。如果丘吉爾今天還活著，他會反對這些自相矛盾的做法。他會提醒：“集中精力在主戰場上。”

美國的新冠肺炎病例正在激增。事實上，美國現在的病例數比世界上其他任何國家都要多。更危險的是，根據疾病控制和預防中心（CDC）的預測，死亡人數可能高達 20 萬至 170 萬。美國迫切地需要口罩、呼吸機、防護服、手套和其他個人防護設備（PPE），以供應醫護人員和其他僱員使用。

3 月 29 日，一架自上海起飛的飛機降落在紐約肯尼迪機場，機上載有 1200 萬副手套、13 萬個 N95 口罩、170 萬個醫用外科口罩、5 萬件防護服、13 萬瓶洗手液和 3.6 萬個溫度計。然而，這只是九牛一毛，美國現在需要更多的醫療物資。就連法國也訂購了 10 億個口罩，其中絕大多數購自中國。

與其依賴國內的商業渠道，美國政府更應該與中國政府合作。為了促進政府間的有效合作，需要採取一些簡便的步驟。首先是停止侮辱中國。例如，特朗普政府試圖說服七國集團（G7）成員國將新冠病毒稱為"武漢病毒"，這是不明智的。我們應該從這次大規模的全球疫情中吸取的主要教訓是，就像駛離日本的"鑽石公主"號這艘命運多舛的郵輪上的乘客一樣，地球上 75 億居民的命運，尤其是健康命運，交織在一起，所以，我們必須戮力同心地戰勝這場危機。當一艘船沉沒時，爭論是誰造成的泄漏是於事無補的，當務之急是找出應對之法。若特朗普政府能夠明確地表示不再把中國當成替罪羊，這將安撫包括美國在內的世界各國和市場。

丘吉爾還會建議美國採取另一個簡單的步驟：特朗普總統應該宣佈，他將立即撤銷對中國實施的所有關稅和非關稅措施，前提是中國也將這樣做。這也許不會立即帶來貿易或經濟的重大增長。然而，這將向市場發出一個強有力的信號：當新冠肺炎疫情逐漸消退時，經濟增長和國際貿易都將更快地重回正軌。

今天，發表這樣一份聲明對特朗普總統而言毫無損失。他還可以進一步撤銷對歐盟、日本、加拿大和墨西哥等盟國加徵關稅的所有威脅。市場將注意到這些緩和措施。我們都想回到幾個月前的世界。通過發出世界將重回正軌的信號，我們將對新冠肺炎疫情消退後（疫情一定會消退）的未來樹立起信心。

當一切恢復正常時，中美很可能會重新開始地緣政治角逐。然而，在美國再次開啟競爭之前，它可能會希望聽取本國戰略思想家，比如亨利・基辛格和喬治・凱南的建議。正如我在《中國的選擇》一書中所說，沒有一項全面、長期的戰略就貿然與中國展開地緣政治競爭是極其不明智的。

　　如果美國現在能像丘吉爾建議的那樣，按下中美地緣政治角逐的"暫停"按鈕，這將會為美國戰略思想家們贏得時間，讓他們能夠對這場競爭進行全方位的考量後再做出決定。它還可以讓美國人有機會了解其他國家在這個問題上的立場。美蘇冷戰期間，全歐洲都滿腔熱情地支持美國。但今天，歐洲的選擇還不明朗：在亟需的醫療物資從中國運抵後，一些意大利人在羅馬的公共喇叭上奏響了中國國歌，塞爾維亞總統哭著親吻中國國旗；在西班牙，人們在推特上發文"感謝中國"來感謝中國為他們送去醫療物資及醫護人員；法國外長感謝中國為他們提供亟需的醫療用品，包括口罩、防護服和手套。

　　這並不意味著美國將在這場地緣政治角逐中一敗塗地。這只是意味著，美國必須汲取丘吉爾、基辛格和凱南等偉大戰略思想家的智慧，對下一步關鍵行動要三思而行。

第二部分

亞洲的復興

自公元元年至 1820 年，亞洲國家一直
是世界上最大的經濟體。然而，1820
年之後，西方崛起，中國和印度這些偉
大的亞洲文明淪落到被統治、被踐踏的
境地。21 世紀將會見證亞洲重返世界
舞台的中心。

亞洲世紀的曙光 [1]

近期的大流行病突顯出了東亞社會的優勢與西方社會的劣勢。西方在應對疫情上表現不力，這將加速權力向東方轉移，昭示著亞洲世紀的黎明即將到來。

　　歷史轉了一個彎。西方統治的時代正在走向終結。在新冠肺炎疫情暴發前，亞洲在世界事務和全球經濟中已經開始恢復過去的榮光，這一趨勢將在危機後的新世界秩序中得到鞏固。對西方國家的順從，在 19 世紀和 20 世紀是常態，但現在對東亞國家日益增長的尊重和欽佩將取代這種常態。新冠肺炎疫情可能標誌著亞洲世紀的開始。

　　面對疫情，東亞各國政府（尤其是中國、韓國和新加坡）採取了有力的應對措施，而西方國家政府（如意大利、西班牙、法國、英國和美國）則表現得頗為不力，這場危機突顯了東西方在應對疫情時的反差。東亞國家的死亡率要低得多，這一點值得各國學習。東亞各國

1　*The Economist*, April 20, 2020.

的有力應對不僅反映了其良好的醫療能力，也反映了其優秀的治理水平與文化自信。

　　一些西方國家政府不願意依靠科學和基礎流行病學模型來決定應對政策，這令許多亞洲人感到錯愕。在武漢經歷了最初的失誤（顯然是災難性的）之後，中國堅定地採取科學措施，制定了強有力的公共政策來全力應對這一場危機。在中國科學家完成了對病毒基因組的測序後，中國政府於 2020 年 1 月 12 日公佈了基因數據，這是相當負責任的行為。

　　如果在半個世紀以前暴發一場類似的全球疫情，西方國家會處理得很好，東亞的發展中國家則將會遭受磨難。但如今，東亞的治理水平為全球確立了標準。中國的鄧小平和新加坡的李光耀等領導人扭轉了各自國家的局勢，在社會中播下了知識、國際主義和秩序的種子。這些種子已經發展成對科技的尊重、實用主義文化、向世界學習最佳實踐的意願，以及追趕西方的願望，同時還伴隨著對教育、醫療保健和環境等關鍵公共產品的大量投資。

　　因此，在後疫情時代，其他國家將會視東亞地區為榜樣，不僅要向東亞國家學習如何應對流行病，還要學習如何提高社會治理水平。

　　1981 年，羅納德・里根在就職演說中宣稱 "政府不是解決問題的辦法，政府才是問題所在"，自此以後，美國的公共服務機構逐漸失去了權威性，並因此導致士氣低落。所以說，唐納德・特朗普總統並非始作俑者，他只是導致事態惡化了而已。亞特蘭大的疾病控制和預防中心（CDC）是全球最受尊敬的機構之一，即便如此，在新冠肺炎疫情暴發後，特朗普仍然提議削減該疾控中心的預算。全世界為之嘩然。

相比之下，東亞社會則相信諾貝爾經濟學獎得主阿馬蒂亞·森的睿智見解：一個社會要想取得成功，就需要自由市場這隻"看不見的手"和良好的治理能力這隻"看得見的手"共同發揮作用。可以說，中國的精英政府目前在世界上最具代表性。後疫情時代，我們將看到中國為了公眾利益而加速發展，中國對強勁的市場手段和良好的治理能力的平衡將強烈地吸引其他國家效仿。

中國的封建社會綿延了數千年，在這樣的社會形態中，絕大多數底層民眾毫無機會展現自身的智慧。鑒於在 19 世紀中期至 20 世紀中期的"屈辱世紀"中所遭受的苦難，中國深知一個軟弱的政府會給國家帶來何種危險。中國人在心理上比其他任何勢力都更害怕混亂，所以中國人民渴望國家強大。對新冠肺炎疫情的有力應對增強了中國民眾對領導人的信任。

中國的共產主義制度顯然與韓國、日本、中國台灣和新加坡的社會制度有著巨大的差異，但同時，它們也有一個共同點，即對由最優秀和最聰明的人組成的強有力的政府機構充滿了信任。對精英管理制度的重視也深深地植根於儒家文化。加入中國共產黨的門檻很高：只有優秀的畢業生才能夠加入。同樣重要的是，文化自信的提高推動了治理水平的提升，而治理水平的提升反過來又增強了文化自信，二者相輔相成。這些逐漸打破了亞洲對西方的順從，而在過去，這種順從被視作理所當然。

總之，東亞的能力和自信將重塑世界秩序，並且這一趨勢已經開始了。20 年前，沒有一個中國人在任何聯合國組織裏擔任主要負責人。但如今，糧農組織（FAQ）、國際電信聯盟（ITU）、聯合國工業發展組織（UNIDO）和國際民用航空組織（ICAO）四個聯合國組織的秘書長一職皆由中國人擔任。如果國際貨幣基金組織（IMF）和世界銀行（WB）仍然固守著西方的勢力，堅持只有歐洲人和美國人才能擔任總裁或行長，它們就會逐漸喪失信譽，除非這兩個組織允許亞洲人（以及非洲人和拉丁美洲人）來管理。不能適應變化會給所有個體都帶來傷害，國際組織也不例外。

　　以規則為基礎的全球秩序是二戰後西方國家對世界的饋贈。當中國成為世所公認的經濟強國時，它會徹底推翻這一秩序嗎？好消息是，作為目前這一秩序的最大受益者（因為中國已經成為世界上最大的貿易國），中國將會保留這些規則。但中國也將試圖系統性地削弱美國在國際組織中的影響力。在 2020 年初世界知識產權組織總幹事選舉中，中國推薦了一名中國籍的候選人，但卻遭到了美國的強烈反對。最終，一位來自新加坡的候選人獲勝。這預示著中美之間將有更激烈的競爭。

　　就連歐洲人也對美國主導的世界秩序不再抱有幻想。特朗普政府沒有事先通知就發佈了從歐洲到美國的旅行禁令，而在同一個星期，中國政府卻向意大利和西班牙輸送了包括口罩、呼吸機、防護服等醫療設備以及醫生，我相信這些大家都不會忘記。也正因如此，七國集團在 2020 年 3 月召開視頻會議後，頂住了美國的壓力，沒有在公報中使用"武漢病毒"來描述新冠肺炎疫情。

然而,這並不意味著世界各國會樂於接受一套完全由中國主導的世界秩序。正如我在新書《中國的選擇》中所寫,各國不想被迫在中美之間"選邊站"。中國的崛起仍將引起各國 —— 尤其是鄰國 —— 的擔憂,畢竟,不管大象有多溫和,都沒有人會願意和牠擠在一個小房間裏。

大多數人都希望美國能夠繼續發揮作用以平衡中國的影響力。然而,他們希望看到的是一個既有能力又謹慎行事的美國,而不是一個迫使他們在兩種制度之間做出選擇的美國 —— 但事實上,美國似乎只給出"支持我們或反對我們"這一個選擇。

為了維持自身的角色和尊嚴,美國必須施展非凡的外交手腕。然而,美國的外交部門從未像如今這般士氣低落,中國的外交部門卻從未像如今這般信心滿滿。好在美國並沒有一敗塗地。例如,由於美國參與東南亞事務已有多年,因此該地區的一些國家對美國仍懷有善意,對此,美國的外交官們可以善加利用。

隨著中國在全球事務中所佔的分量越來越重,它將不得不承擔起更大的責任。美國已經逐漸脫離聯合國大家庭,中國非但沒有,還迸發出承擔起更多責任的信心。例如,在疫情暴發前,世界衛生組織已經被一些西方成員國所削弱,20 世紀 70 年代起,一些西方成員國就已經開始削減會員國的義務性會費比例,這導致世衛組織的大部分預算依靠自願捐款。如今,世衛組織約 80% 的預算來自自願捐款,由於其只能依靠可預測的收入即義務性會費來開展長期能力建設,中國可以呼籲將義務性會費恢復到早前佔預算 60% 左右的水平，這也能彰顯中國的全球領導力。

　　這也許只是一個開始。危機過後，西方可能步履維艱，中國則更加果敢。我們可以期待中國展示自身的實力。矛盾的是，由中國領導的世界秩序可能會變得更加“民主”，因為中國並不想向世界輸出自己的模式，而是在一個多極化的世界裏與各國實現多元性共存。西方或世界其他國家不必為即將到來的亞洲世紀而感到不安。

東盟的潛在韌性 [1]

在地緣政治形勢日趨緊張的情況下，許多人預測東盟將步履維艱。但東盟在簽訂《區域全面經濟夥伴關係協定》上表現出的領導力，證明了它已經悄然地成功促進了東南亞地區的和平和經濟增長，建立起一個全球性的、多邊的貿易秩序。

如果東盟真像評論家所說的那般脆弱，那麼隨著中美在亞洲地區地緣政治競爭的日益加劇，它本應早已承受不了壓力而分崩離析了。但是，東盟卻穩步度過了艱難且充滿挑戰的一年，並穩妥地取得了許多積極的成果，這將會改善 6.5 億人的生活。

最重要的是，東盟地區沒有發生戰爭或衝突，甚至沒有出現嚴重的政治緊張局勢。東盟既沒有發生類似 2019 年 2 月的印巴空戰，也沒有像沙特阿拉伯那樣遭受重大的軍事打擊 —— 當時，沙特的石油設施遭受了無人機的襲擊，導致全球石油供應減少了 5%。

1　East Asian Forum, Dec 8, 2019.

東盟始終穩定地維護著世界上最巴爾幹化的地區 [1] 之一的和平，但卻沒有人注意到這一點。東盟經濟持續保持穩步增長。幾年前，西方媒體鼓吹印度已經超越中國成為世界上增長最快的主要經濟體。但在 2019 年東盟的增速超過印度時，卻沒有出現此類報道。也沒有多少人意識到東盟已經成為世界上第五大經濟體，其成員國的 GDP（國內生產總值）總額達到 3 萬億美元。

更值得注意的是，低調內斂的東盟領導人近日宣佈《區域全面經濟夥伴關係協定》談判完成，取得了當前一段時期內經濟史上最大的成功，也標誌著全球最大的自由貿易區的誕生。簽署協定的 15 個成員國人口佔世界總人口的 30%，國內生產總值佔世界 GDP 總量的 29%。

新加坡貿易與工業部部長陳振聲評論道："《區域全面經濟夥伴關係協定》不僅是一項經濟協定，它還向世界發出戰略信號，即亞洲的該區域將繼續致力於維護全球多邊貿易秩序。"在最後一刻，印度決定不加入該協定，這本來有可能拖延和破壞達成協議的進程，也像英國脫歐一樣引發關注。但事實正相反，"東盟減 X" 方案的智慧得到全面體現。

東盟一直相信，做到優秀也不錯，無須強求十全十美。如果做不

---

1 原指巴爾幹地區由於沒有一個可以獨當一面的民族、國家或者實體，再加上外國勢力的干預，而使得該地成　局勢緊張的"火藥桶"；後指一個地區沒有　大的力量維護該地的所有權，再加上該地區重要的戰略和經濟地位，於是成　許多對象爭奪的焦點而致使局勢緊張。—— 譯者註

到全員參與，其餘國家就先行一步。印度將會認識到，如果不加入《區域全面經濟夥伴關係協定》，其"東望"與"東進"政策將完全落空。

在中美兩國貿易戰升級，加之可能爆發更大規模的地緣政治競爭的背景下，《區域全面經濟夥伴關係協定》的達成尤為關鍵。鑒於"親中"與"親美"成員國之間的鬥爭，東盟本來可能陷入癱瘓或分裂，但最終，互相包容與實用主義的文化佔了上風。

在 2019 年 5 月 31 日舉行的"香格里拉對話"上，新加坡總理李顯龍代表東盟地區多國發聲，表示東盟不應因地緣政治競爭而陷入分裂。他堅持認為，其他國家提出的區域合作倡議"應加強以東盟為中心的現有合作安排；不應破壞東盟現有的合作協議、樹立敵對集團、加深分裂或迫使各國站隊；應加強各國間的團結，而非製造分裂"。

值得注意的是，出於擔心美國自由開放的印度太平洋戰略可能導致地區分裂，東盟提出了《東盟印太展望》（ASEAN Outlook on the Indo-Pacific）。印度尼西亞總統佐科‧維多多（Joko Widodo）認為，有必要在東盟印太展望框架內與中國合作，並在東盟與中國之間互聯互通，建設基礎設施。

近年來，南海問題一直存在分歧。在此背景下，中國於 2019 年 7 月 31 日披露，東盟和中國已提前完成《南海行為準則》（COC）單一磋商文本草案的第一審讀，此舉意義重大；11 月 3 日，在曼谷舉行的"東盟—中國峰會"上，此舉獲得讚賞。

在中國繼續與東盟保持穩定和持續接觸的同時，美國仍受困於國內事務。美國總統唐納德·特朗普未出席 2019 年 11 月 4 日在曼谷舉行的"東盟─美國峰會",副總統邁克·彭斯(Mike Pence)與國務卿邁克·蓬佩奧也未出席,只有國家安全顧問羅伯特·奧布萊恩(Robert O'Brien)現身了,這導致東盟十國中只有泰國、越南和老撾三國的領導人出席了本次會議。華盛頓感到沮喪,但正如黃氏霞所觀察的那樣,對亞洲來說,美國缺席東盟的會議已屬司空見慣。而美國的每次缺席,都相當於送給中國一份地緣政治禮物。

然而,如果由此認定東盟將無可避免地進入中國的勢力範圍,那將是錯誤的。多年來,東盟積累了有益的地緣政治智慧,它將保持開放,並對意外出現的地緣政治機會善加利用。

近年來,韓國一直處境艱難。它在薩德反導系統問題上與中國關係緊張,在"慰安婦"問題上與日本關係緊張,在基礎資金方面與美國關係緊張。因此,東盟向韓國伸出援手講得通,這也促成了雙方於 2019 年 11 月 26 日在釜山舉行的峰會取得巨大成功。

2019 年並非東盟首次展現出智慧和韌性,這種能力需要數年培養。印度尼西亞的"*musyawarah*"(磋商)與"*mufakat*"(共識)文化已經融入東盟的 DNA,且被證明為一項重要資產。也許,是時候讓其他地區研究一下東盟"奇跡"了。對其他地區來說,效仿東盟的做法也許是富有成效的方式。

亞洲需要對北約說 "不"[1]

自從冷戰結束後，北約就由一股維護穩定的力量變成破壞穩定的力量。太平洋地區已經成功地維持了一定程度的和平，不需要大西洋聯盟那帶有破壞性的軍國主義文化。

幾週前，在北大西洋公約組織（NATO）於布魯塞爾舉行會議期間，發生了一件非常危險的事情。在 2021 年 6 月 14 日會後發表的公報中，北約聲稱中國對 "與同盟安全相關的" 領域構成了 "系統性挑戰"。

這一聲明清晰地傳遞出一個信號：北約企圖將其 "觸角" 從大西洋延伸到太平洋。對此，太平洋周邊的所有國家，尤其是東亞各國，都應保持高度關注。因為如果北約介入太平洋地區，只會給我們帶來麻煩。為什麼這麼說呢？原因有三。

首先，在地緣政治層面，北約的做法並不明智。北約在冷戰時期

1　*The Straits Times*, 25 June, 2021.

表現出色，阻止了蘇聯向歐洲擴張。在冷戰期間，北約謹慎而克制，在加強軍事實力的同時避免了發生直接軍事衝突。

冷戰早在 30 年前就結束了。從理論上講，在"使命完成"後，北約就應該解散才對。但實際上，北約卻在拚命地尋找新的使命。在尋找新使命的過程中，北約破壞了歐洲的穩定。

值得一提的是，俄羅斯與北約的關係曾經很不錯。好到什麼程度呢？1994 年，俄羅斯正式加入"和平夥伴關係"計劃（Partnership for Peace），該計劃旨在建立北約與其他歐洲國家和前蘇聯國家之間的信任，但最終卻失敗了，原因是俄羅斯雖然一再強調反對北約東擴，北約卻一意孤行。其後的 2008 年 4 月，北約得寸進尺，在布加勒斯特峰會上為格魯吉亞和烏克蘭加入北約打開了大門。

美國《紐約時報》評論員托馬斯‧弗里德曼曾指出："未來的歷史學家肯定會注意到，20 世紀 90 年代末美國的外交政策極度缺乏想像力。他們會注意到，1989 年至 1992 年間發生了本世紀影響最深遠的事件之一 —— 蘇聯解體……由於西方持續的努力和俄羅斯民主人士的勇氣，蘇聯和平解體，催生了一個民主的俄羅斯，解放了前蘇聯加盟共和國，並與美國達成了史無前例的軍備控制協議。而美國又是怎麼回應的呢？美國擴大了針對俄羅斯的北約冷戰聯盟，逼近俄羅斯邊境。"[1]

北約的做法引發了不可避免的後果。冷戰結束後，俄羅斯曾試圖

---

1 Thomas L. Friedman, "Foreign Affairs; Now a Word From X",https://www.nytimes.com/1998/05/02/opinion/foreign-affairs-now-a-word-from-x.html.

與北約國家做朋友，但卻被北約的擴張"打了臉"。許多西方媒體將俄羅斯描述為"好戰、富有侵略性的國家"，卻對導致這一結果的北約組織的行為隻字不提。

2014 年，西方支持的示威者將烏克蘭的親俄總統維克多·亞努科維奇（Viktor Yanukovych）趕下台，北約表現出蠶食烏克蘭的意圖。對弗拉基米爾·普京總統而言，這是激起俄羅斯反抗的最後一根稻草。俄羅斯很快奪取了克里米亞——這塊土地被俄羅斯人視為其文明核心的組成部分。

眾所周知，北約向烏克蘭擴張會導致危險。亨利·基辛格博士曾指出，烏克蘭人"生活在一個有著錯綜複雜歷史和多種語言的國家。1939 年，斯大林和希特勒瓜分戰利品時，將烏克蘭西部併入了蘇聯。而克里米亞 60% 的人口是俄羅斯人，直到 1954 年才被併入烏克蘭，當時烏克蘭裔的尼基塔·赫魯曉夫（Nikita Khrushchev）為慶祝俄羅斯與哥薩克協議簽訂 300 周年而將其劃歸烏克蘭。烏克蘭西部的人口主要信奉天主教，東部的人口主要信奉俄羅斯東正教；西部講烏克蘭語，東部主要講俄語。一直以來，如果烏克蘭的任何一派試圖壓服另一派，都會導致內戰或分裂。如果將烏克蘭作為東西對抗的陣地，那今後數十年裏俄羅斯與西方（尤其是俄羅斯與歐洲）都不可能形成國際合作體系"。

可悲的是，2014 年後，烏克蘭變得四分五裂。如果北約在地緣政治上更克制一點，情況本不至於如此糟糕。

後冷戰時期，北約的第二個主要缺陷表現在它的所作所為正應了那句諺語："手裏拿著錘子，看什麼都像釘子。"

　　說來也怪，在冷戰期間，北約很少轟炸外國。但自冷戰結束以來，北約卻向多個國家投放了大量的炸彈。1999 年 3 月至 6 月，北約對前南斯拉夫的轟炸導致了大約 500 名平民死亡。2010 年生效的《國際禁用集束炸彈公約》(The Convention on Cluster Munitions Treaty) 禁止使用集束彈藥，但北約還是在前南斯拉夫投放了幾千枚集束炸彈。

　　2011 年，北約對利比亞發動空襲，投下了 7700 枚炸彈，造成了大約 70 名平民死亡。

　　根據國際法，北約的許多轟炸行動是非法的。我清楚地記得，1999 年北約決定轟炸南斯拉夫軍隊時，我正在渥太華的一位加拿大前外交官的家中吃完飯。這位外交官深感憂慮，因為北約的這次軍事行動既不屬自衛，也沒有得到聯合國安理會的授權。根據國際法，這麼做顯然是非法的。

　　事實上，前南斯拉夫國際刑事法庭特別檢察官卡拉‧德爾龐特 (Carla Del Ponte) 女士曾試圖調查北約是否在前南斯拉夫犯下戰爭罪。儘管大多數北約國家承認國際法的尊嚴，但他們卻在此事上施加了巨大的政治壓力，導致德爾龐特女士無法展開調查。

　　更糟糕的是，北約經常發起軍事行動，卻對干涉導致的災難性後果撒手不管。利比亞就是一個典型例子。穆阿邁爾‧卡扎菲 (Muammar Gaddafi) 被消滅後，北約國家欣喜若狂。然而，當利比亞陷入分裂和內戰的泥潭後，北約卻一走了之。多年前，一位明智的美國前國務卿科林·鮑威爾（Colin Powell）曾對此類軍事干預提出警告，他借用水晶店裏常見的警示語警告道："如有損壞，照價賠償。"而北約卻丟下爛攤子不管。

這就導致了第三個危險：東盟促進東亞發展出了一種非常謹慎和務實的地緣政治文化，而北約的介入可能會破壞這種文化。在冷戰結束後的 30 年裏，北約向許多國家投下了數千枚炸彈。但在同一時期，東亞完全沒有遭受過轟炸。

因此，北約將 "觸角" 從大西洋延伸到太平洋將給我們帶來的最大危險是，北約可能會將導致災難的軍國主義文化輸出到東亞相對和平的環境中。

事實上，如果北約是一個真正明智的、善於思考和學習的組織，它應該向東亞學習 —— 尤其是東盟的維護和平之道 —— 並從中吸取經驗。然而，北約卻在反其道而行之，這將給東亞地區帶來實實在在的危險。

考慮到北約文化有可能擴張並對東亞構成風險，所有東亞國家應該齊聲對北約說 "不"。

東亞的新優勢 [1]

職業道德、社會責任感和對公共機構的信任，這些主要因素構成了東亞的 "優勢"。這種優勢在應對新冠肺炎疫情上表現突出，所以東亞國家對疫情的應對遠遠好於西方國家。

死亡人數不會撒謊。截至 2021 年 5 月，東亞國家與許多西方國家的新冠肺炎死亡人數之間差距巨大：前者在每百萬居民中，死亡總人數為幾個人至幾十人；後者在每百萬居民中，死亡總人數達到一兩千人。例如，日本報道了截至目前每百萬人中有 96.9 人死亡，其次是韓國（37.34 人），新加坡（5.6 人），中國（3.5 人），最顯著的是越南，其死亡人數接近於零（0.4 人）；相比之下，比利時每百萬人中確認死亡 2167.6 人，英國為 1916.2 人，隨後是西班牙（1695.8 人），意大利（2037.4 人）和美國（1778.5 人）。[2]

---

1 *Project Syndicate,* July 22, 2020.

2 Data updated, https://www.who.int/publications/m/item/weekly-epidemiological-update-on-covid-19---25-may-2021.

何種因素造成了這種顯著的差異？原因很複雜，但最重要的因素有三個方面。首先，沒有哪個東亞國家認為"歷史的終結"已經"到來"，更不用說實現了，東亞國家也沒有將其社會模式神化成人類的最佳模式；第二，東亞國家長期以來一直致力於加強政府機構，而不是削弱它們，這一舉措如今帶來了回報；第三，中國崛起的盛況給區域內的鄰國帶來了機遇與挑戰。

過分簡單化問題總是很危險的。然而，有證據表明，歐洲人傾向於相信國家支持的社會保障，東亞人卻認為生活由奮鬥與犧牲所組成。法國總統埃馬紐埃爾·馬克龍正在努力地改革國內的養老金體系並減少退休金，以實現削減預算赤字的迫切需求。結果，法國爆發了"黃背心"抗議活動，騷亂持續數月。相形之下，當韓國在1997至1998年面臨更加嚴重的金融危機時，老太太卻向中央銀行捐贈珠寶，以幫助國家渡過難關。

東亞各國意識到其社會在近幾十年中發展良好。但是，這些國家——包括發達國家日本——仍然恪守著常態化調整以適應瞬息萬變的世界的準則，它們對公共機構的巨額投資已經幫助其做到了這一點。

在這一點上，東亞各國的做法與美國的形成了鮮明的對比。自從羅納德·里根總統於1981年的就職演說中宣稱"政府不是解決問題的辦法，政府才是問題所在"以來，"善治"（良好的治理）在美國就變成了一個自相矛盾的詞。最近幾週，這種觀念模式帶來的後果尤其堪憂——美國聯邦航空局、美國食品藥品管理局與美國疾病控制與預防中心等享譽全球的機構正不斷地被削弱。即使今天，美國深受多重危機的困擾，也沒有哪一位傑出的美國領導人敢於直言不諱："政府即解決方案。"

相形之下，"善治"觀念在東亞國家根深蒂固，反映出亞洲傳統對權威機構的尊重。例如，越南能夠卓有成效地應對新冠肺炎疫情，不僅僅因為越南政府是世界上紀律最嚴明的政府之一，也因為政府在醫療保健領域的明智投資。自 2000 年至 2016 年，人均公共衛生支出平均每年增長 9%，這使得越南能夠在 2002—2003 年的非典（SARS）暴發後建立起國家公共衛生緊急行動中心和監控系統。

鑒於越南的起點低，其發展速度更是令世人矚目。當 30 年前冷戰結束時，越南在遭受了近 45 年持續不斷的內部衝突後終於實現了停戰，它可謂世界上最貧窮的國家之一。然而，通過效仿中國的經濟發展模式，實行對外貿易與投資開放，越南隨後成為世界上增長速度最快的經濟體之一。

2016 年，時任世界銀行行長金墉指出，在過去 25 年裏，越南的年均增長率接近 7%，從而"在一代人的時間內躍居中等收入國家行列"。他又指出，在同一時期，越南取得了"超群絕倫的成就"，將極端貧困率從 50% 減少至 3%。

越南並非憑一己之力取得巨大成功。蘇聯解體後，越南融入東亞現有的許多區域性組織，包括東南亞國家聯盟與亞太經濟合作組織（APEC）。在這些組織中，它從包括中國在內的鄰國那裏快速學習經驗。近期，越南又加入了 11 國貿易協定 ——《全面與進步跨太平洋夥伴關係協定》。

　　鑑於中越兩個鄰國近在 1979 年還在交戰，中國奇跡般的復興自然加劇了越南的不安全感。然而，這種不安全感並未使越南的決策者手足無措，反倒培養出一種戰略紀律性和警覺性，使得該國在暴發新冠疫情期間取得了非凡成績。對日本、韓國等鄰國而言，中國的崛起也起到了相似的激勵作用。

　　新加坡總理李顯龍經常援引英特爾前首席執行官安迪·格羅夫（Andy Grove）的口頭禪 ——"只有偏執狂才能生存"。偏執往往是一種消極情緒，但也會激發出一種強烈的要去戰鬥和求生存的衝動。戰勝重重困難的堅定決心或許能夠解釋，為什麼截至目前，東亞國家對新冠肺炎疫情的應對比大多數西方國家要好得多。而且，如果東亞經濟體也能夠更快地實現復甦，那麼東亞將為目前深陷悲觀的世界帶來一綫希望。

為何“印度之道”可能是世界上道德領導力的最佳選擇 [1]

日益加劇的中美地緣政治競爭給印度提供了絕好的機會，印度可藉此在國際舞台上發出道德領導力的聲音。

在地緣政治中，印度正在佔據優勢地位。這意味著什麼呢？當前世界亟需一個強有力的、獨立的聲音為陷入困境的星球提供道德指引，而唯一現實的選擇就是印度。

其他三位突出的候選人 —— 美國、歐盟與中國 —— 現在都無法採取行動。

即使拜登當選了，美國仍然深陷麻煩。從約翰 · F. 肯尼迪的名言 ——“讓每個國家都知道，無論他們希望我們是好還是壞，我們都將不惜一切代價，頂住一切壓力，直面一切困難，支持一切朋友，反對一切敵人，從而確保自由的存在與成功”，到唐納德 · 特朗普的執

1　*South China Morning Post,* Nov 19, 2020.

政口號 ——"讓美國再次偉大"，美國的道德準則發生了巨大轉變。簡言之，美國從關心世界變成了只關心自己。

歐盟同樣也遭遇了困境，在深陷英國脫歐的技術性細節困局的同時，還要努力地應對新冠肺炎疫情、恐怖主義與移民潮等挑戰。就中國而言，遺憾的是西方不信任這個國家，並且越來越將其視為威脅而非機遇。通過排除法進行選擇之後，印度成為唯一現實可選的選手。

所以，印度外交部部長蘇傑生博士（S Jaishankar）的《印度之道》（*The India Way*）一書非常應時，這本書為理解印度的許多政策背後的思考提供了寶貴的資料。

現任外交部部長撰書者屈指可數。為避免冒犯國家，他們只能寫一些陳詞濫調。幸運的是，蘇傑生避開了這一俗套（儘管他確實採用了不少隱晦的暗示，其中有些可能超出了普通讀者的理解能力）。

例如，他明確地指出，在日益加劇的中美地緣政治競爭中，印度不會屈從於任何一方。

他寫道："印度推動重建'四方安全對話'機制（Quad，簡稱為"四國機制"）的同時，也加入了上海合作組織。由來已久的印—俄—中三邊協議如今與印—美—日協議並存。這些顯然矛盾的事態發展僅僅是我們現在所處世界的寫照。"

然而，儘管蘇傑生的許多地緣政治觀察令人著迷，但他書中最具影響力的一章是關於《摩訶婆羅多》（*Mahabharata*）—— 一本重要的古代梵文著作。

"毫無疑問，《摩訶婆羅多》是印度治國思想最生動的結晶，"

他明確地指出，"作為一部史詩，它不僅在篇幅上，而且在內容的豐富性與複雜性上，都使得其他文明中的同類作品相形見絀。本書著重描寫了責任感及義務的神聖性，以此彰顯人性的脆弱。"

能夠將《摩訶婆羅多》這部史詩的人生教訓提煉為一章，蘇傑生確實很無畏。這部史詩敘述了兩群堂兄弟之間的競爭。蘇傑生成功地刻畫了史詩的複雜性。

蘇傑生既指出了雙方做出的所有欺騙行為，也強調了遵守道德規範的好處。

"在與堂兄弟的戰爭中，一直以來，潘達瓦人做得更好的地方在於其善於塑造和把控敘事，"他寫道，"他們的道德定位是其技高一籌的核心。"

簡言之，道德的力量佔有關鍵優勢。他在結束本章時寫道："成為道德強國是印度模式的一個方面。"

提供道德領導力已成為印度基因中的一部分。實際上，20 世紀兩位最偉大的道德領袖 —— 聖雄甘地（Mahatma Gandhi）和納爾遜·曼德拉（Nelson Mandela），其中一位就來自印度。

曼德拉經常受到甘地的啟發。他曾說過："〔甘地〕的哲學在很大程度上促成了南非的和平轉型，並治癒了可惡的種族隔離造成的破壞性分裂。"

他還說過："甘地一直致力於非暴力運動；我竭盡全力地遵循了他的策略。"

這就是為何納倫德拉·莫迪總理（Narendra Modi）於 2019 年 9

月 25 日（聖雄甘地誕辰）在聯合國大會上的發言恰逢其時，"無論是氣候變化還是恐怖主義，以及公共生活中的腐敗和自私，甘地的理想都為我們如何保護人類提供了指路明燈。我相信，甘地所提倡的道路將指引我們通向一個更加美好的世界"。

在我們這個充滿挑戰的世界中，印度可以走的一條捷徑是，諮詢甘地對棘手的當代問題的看法。

以法國恐怖分子殺人案為例。甘地會毫無保留地譴責這一行為。然而，他也會建議人們學著理解世界上 14 億穆斯林的極度敏感性。

他會認同加拿大總理賈斯汀·特魯多（Justin Trudeau）的說法，特魯多為言論自由辯護，但同時認為，言論自由不應"任意和不必要地傷害"與"我們生活在同一個世界和星球上"的人們。

在世界需要強大的道德聲音時，約翰·肯尼迪和瑪格麗特·撒切爾、弗朗索瓦·密特朗和赫爾穆特·施密特，以及賈瓦哈拉爾·尼赫魯（Jawaharlal Nehru）和李光耀等才能卓著的領導人都會毫不猶豫地大聲疾呼，但他們的時代已經一去不復返。

在書中，蘇傑生寫道："新加坡領導人李光耀曾委婉地稱讚印度的崛起（與中國相比）更加讓人放心。"

之所以說印度的崛起令人"放心"，是因為它並未對其他大國構成威脅。得益於此，印度可以通過向世界提供道德領導，從而對這種信任善加利用，如果甘地仍然健在，他也會用這種道德力量來領導世界。

就道德層面而言，印度可以採取的一項舉措是成為全球多邊主義的擁護者。正如蘇傑生所說，"我們的增長模式和政治觀點本質上傾向於基於規則的行為"。

然而，令人遺憾的是，在特朗普時代，很多行為不再以規則為基礎。拜登時代雖然規則會回歸，但也需要熱情的擁護者。埃馬紐埃爾·馬克龍就是一位這樣的擁護者。然而，今天卻沒有一位西方領導人能夠像印度那樣，在非西方世界（佔世界人口 88%）享有同等程度的信任。

蘇傑生對印度尚未能成為聯合國安理會常任理事國感到遺憾是正當的。事實上，我一貫主張，印度應立即成為聯合國安理會常任理事國。許多人對此也表示贊同。2009 年，馬丁·沃爾夫指出："十年內，一個包含英國卻沒有印度的聯合國安理會將變得可笑至極。"

十年過去了。聯合國安理會看起來確實很可笑。

印度一直在努力地爭取獲得聯合國安理會的永久席位。然而，實現這一目標的最佳方法是達成全球共識，讓各國一致認為世界上最具道德力量的國家理應在聯合國安理會中佔有一席之地。事實上，印度今天甚至可以行使否決權，拒絕執行聯合國安理會一些顯然不公正的決議。

印度的"最佳"方案是將自己塑造成全球領先的道德代言人。這也是克里希納（Krishna）在與阿朱那（Arjuna）[1] 一起駕著戰車進入

---

1 克里希納是印度主神之一，梵文意譯就是 "黑天"；阿朱那是《摩訶婆羅多》中的主角，一個技術高超、有責任感和同情心的典範和追求真知者，在印度神話和神學中是個中心人物。——譯者註

戰場時傳遞的無聲的信息。

正如蘇傑生談到《摩訶婆羅多》時所說的那樣："實施政策所需的勇氣也許來自史詩最著名的部分《薄伽梵歌》（*Bhagavad Gita*）。"印度能夠提供這種勇氣。

印度與亞洲 21 世紀的約定 [1]

亞洲世紀正在臨近。面對地緣政治動盪，印度有三個選擇：成為美國和四國安全對話同盟的親密盟友，或者融入亞洲貿易與和平的生態系統，又或者在新的多邊世界秩序中成為獨立的一極。

地緣政治是一場殘酷的遊戲。狡猾、工於心計的行動會獲得收穫，而情緒化的應對則會受到懲罰。21 世紀是一個權力變動劇烈的時代，這意味著對所有國家而言，地緣政治的靈活性將變得更加重要。在這方面，印度是最幸運的國家之一。考慮到規模和政治影響力，印度比大多數國家的選擇更多。然而，它的選擇必須是明智的。每個選擇雖然都能帶來好處，但也要付出一定的代價。

第一種選擇顯而易見。為了平衡中國日益增長的影響力，尤其是在 2020 年 6 月中印邊境發生慘烈衝突之後，印度可能會滑向美國，成為美國的盟友。許多意見領袖都主張這一好處諸多的選擇。美國雖

1　*India Today,* Jul 18, 2020.

然自身也存在問題，但仍是世界第一經濟和軍事強國。通過與澳大利亞和日本一道加入"四方安全對話"機制，印度發出了一個強烈的信號：它正朝著這個方向邁進。毫無疑問，美國對印度非常慷慨，尤其是在前總統小布什的領導下，美國與印度簽署了民用核能合作協議，從而為全球承認印度為核大國鋪平了道路。

通過與美國結盟，印度將做出一個與中國類似的選擇。冷戰期間，中國與美國和巴基斯坦結盟以對抗蘇聯和印度。中國的精明之處在於，1971 年基辛格訪華時，它"忘記"了與美國的分歧。但事實上中國只是對美國的台灣問題實際立場佯裝未見。作為回報，中國得到了許多好處。中情局在新疆的情報站為抵禦蘇聯威脅提供了一些保護。同樣重要的是，美國慷慨地開放了市場，並將中國納入了以自由規則為基礎的秩序。因此，儘管中國的國民生產總值在 1980 年只有美國購買力平價的十分之一，但到 2014 年卻超過了美國。中國取得的非凡的經濟成就，一定程度上也要感謝美國。

遺憾的是，到了 2020 年，美國再也無法如此慷慨了。因為 30 年來，它成了唯一一個處於底層的 50% 民眾的平均收入下降的主要發達國家，正如普林斯頓大學的兩位經濟學家所觀察到的那樣，這使得美國的白人工人階層深陷"絕望之海"。為了保護美國人的就業，特朗普政府於 2020 年中期取消了 H1B 簽證及海外學生簽證，這損害了許多印度人的利益。同樣重要的是，長期擔任《美國利益》（*The American Interest*）編輯的亞當·加芬克爾（Adam Garfinkle）向許多亞洲國家發出英明的警告，不要指望美國繼續在亞洲扮演重要角色。

他說："現在一切都結束了，太可惜了。是的，美國的時代一去不復返了。"他是對的。歷史告訴我們，對大國而言，當國內問題佔據主導地位時，它們在世界上的勢力就會衰退，就像英國從蘇伊士東部撤退一樣。因此，儘管日本和澳大利亞如今仍是美國的堅定盟友，但它們也可能在秘密籌劃備選方案。

印度的第二個選擇是加入東亞正在默默發展的和平與繁榮的新生態系統。美國在不斷地退出自由貿易協定，東亞卻仍在維護這些協定。在美國退出《跨太平洋夥伴關係協定》（TPP）後，東亞延續了這一協定的生命。這一體系是以東盟為中心的；矛盾的是，東盟既弱小又不具備威脅性，反而贏得了大家的信任。因此，東盟與包括印度在內的所有東亞夥伴都簽署了自由貿易協定。這些自由貿易協定進一步發展為《區域全面經濟夥伴關係協定》，除印度外，東盟所有夥伴都簽署了該協定。印度擔心加入該協定後，從中國的進口會再次激增，這一擔憂是有據可依的，然而，雙邊保障協定可以解決這一擔憂。

東亞生態系統建立在和平、實用主義和實力的文化基礎上，促進了繁榮。新冠肺炎疫情業已證明東亞社會已經變得多麼有實力。截至2021 年 5 月 25 日，東亞國家（韓國 37.34 人、日本 96.9 人、中國 3.5人、新加坡 5.6 人、越南 0.4 人）每百萬人中死於新冠肺炎的人數遠少於西方國家（西班牙 1695.8 人、意大利 2037.4 人、比利時 2167.6

人、英國 1916.2 人和美國 1778.5 人）。[1] 這表明西方與東亞的實力對比正在發生著劇烈的變化。

應對中國的崛起是東亞生態系統中面臨的最大挑戰。由於各國在中國南海、釣魚島（日本稱作尖閣諸島）問題上依然存在分歧，爆發地區軍事衝突的可能性一直存在。然而，令人驚訝的是，該區域 30 多年來一直沒有發生武裝衝突。實用主義文化已經成為行為準則。東亞國家之間達成了明確共識：當務之急是重點發展經濟，實現增長以及消除貧困。這也解釋了緣何東盟這個世界上曾經最貧窮的地區之一，到 2030 年將成為世界上第四大經濟體。實用主義功不可沒。

印度的第三個選擇是在新的多極世界秩序中成為獨立的一極。顯然，正如我在《中國的選擇》一書中提到的，未來幾十年，中美之間的重大地緣政治競爭將震撼世界。這場較量來得太不是時候了，我們這個危機四伏的星球正面臨著諸多挑戰，如全球變暖和新冠肺炎疫情所造成的全球性衰退。如果中美兩國繼續展開較量，未來的歷史學家們很可能會將二者看作兩個類人猿部落在失火的森林裏互相爭鬥——按常理來講，他們應該摒棄拚鬥。

這也是鮮有國家爭相選邊站隊的原因。美國的許多傳統亞洲盟友，包括菲律賓與泰國、日本與韓國，與中國的貿易額均超過了與美國的貿易額。對於美國駐軍猛增的經濟開支，日韓兩國也感到震驚，也開始質疑這些人究竟是盟軍還是僱傭軍。然而，正如加芬克爾所指

1　Data updated, https://www.who.int/publications/m/item/weekly-epidemiological-update-on-covid-19---25-may-2021.

出的，美國必須首先維護好自身的利益。

　　若要挑選一個能夠在地緣政治動盪的世界中發展成單獨一極，並能為世界提供常識與冷靜的領導的大國，印度是不二之選。

　　印度還是多邊主義的擁護者，其與歐盟一道，可以通過不畏強權來提供全球領導力。全世界都渴望能夠出現這樣一位獨立的領導者。有個故事說明了一切。20世紀90年代中期，日本在與孟加拉國爭奪聯合國安理會席位時最終落敗。我在擔任新加坡駐聯合國大使時，曾詢問非洲國家為什麼不投票給日本。他們說："為何要讓美國在聯合國安理會擁有兩票？"

　　對印度而言，這三個選擇都不是容易的選擇，每個選擇都既有利又有弊。因此，明智之舉是仔細探討所有選擇後再做出最終決定。印度的有利條件之一是擁有一個強有力的領導人，而它最大的優勢在於如今它的選擇比其他任何國家都要多。

印度：一個勇敢而富有想像力的超級大國？[1]

如果印度對內可以像印度人在國際上那般成功，印度就有望成為一個全球領先的超級大國。

　　古羅馬人的諺語說，天佑勇者。

　　這句古語對個人和國家都同樣適用。印度即將在地緣政治上佔有極大優勢。它將獲得一個千載難逢的機會，成為世界上最受尊敬的超級大國。唯一的問題是它能否鼓起勇氣、發揮想像力以抓住這個機會。

　　那麼這個機會從何而來呢？眾多原因共同造就了這個機會。第一，我們正在進入一個新的歷史時期。西方人統治世界的時代即將結束。第二，我們正在見證中國和印度作為世界上最大經濟體的自然回歸。這是理所當然的，因為正如安格斯·麥迪森（Angus Maddison）所考證的那樣，中國和印度自公元元年至 1820 年一直是世界上最大

1　*India On Our Minds*, November 2020.

的經濟體。第三，世界已經變小了。正如科菲・安南所說，我們生活在一個地球村裏。在 20 世紀，即美國世紀裏，美國憑藉實力自然地成為這個地球村的領導者。但在唐納德・特朗普之後，美國已輝煌不再。為此，世界正在找尋一盞新的指路明燈，而印度恰是最佳選擇。

然而，要想崛起並成為全球公認的領先超級大國，印度必須綜合發展三種優勢：經濟實力、地緣政治之精明與道德勇氣。這三點對印度來說並不困難。

以經濟實力為例。在理論上，印度應該成為世界上最具競爭力的經濟體，這是有實證證據的。世界上最具競爭力的“人類實驗室”是美國。全球最優秀的人才皆湧向美國的世界一流大學與公司裏參與競爭。猜猜看，在這個競爭最激烈的人類實驗室裏，哪個民族的人均收入最高？是印度民族。事實上，更令人吃驚的是，如果我們將由土生土長的印度人經營的美國公司的市值加起來，包括谷歌、奧多比（Adobe）、微軟、萬事達卡（MasterCard）、百事可樂、美國美光（Micron），這一數字可能高達 2 萬億美元。相比之下，擁有 13 億人口的印度國內生產總值為 2.7 萬億美元。

奇怪的是，儘管海外印度人在競爭中茁壯成長，但作為一個國家，印度仍對經濟競爭持謹慎態度。這在一定程度上可以解釋為何印度不願加入《區域全面經濟夥伴關係協定》等自由貿易協定。這種不情願也可能是出於既得利益集團的反對，因為經濟競爭必然會造成創造性的破壞。但現實的可悲之處在於，若印度試圖保護其現有產業（其中一些產業缺乏全球競爭力），就會阻止充滿活力的新興產業的培育，而這些新興產業有望像印度人經營的美國企業一樣具有全球競爭力。可以肯定的是，如果印度人能經營世界上最具競爭力的企業，他們也同樣能在印度發展出最具競爭力的企業。因此，印度需要在經濟政策上勇敢地邁向未來。如果哪位印度政府官員能夠推動印度實現經濟開放和自由化，十年後印度將獲得經濟連年快速增長的回報，曼莫漢・辛格和蒙特克・辛格・阿盧瓦利亞（Montek Singh Ahluwalia）在 20 世紀 90 年代初採取的大膽的經濟自由化舉措就是先例。哥倫比亞大學的傑弗里・薩克斯（Jeffrey Sachs）是一位著名的減貧專家，他在《貧窮的終結：我們時代的經濟可能》（*The End of Poverty: Economic Possibilities for Our Time*）一書中闡述了這一點。在改革之前，"印度一直受困於低速的、不穩定的增長……到曼莫漢・辛格執政時，他心知肚明是時候結束許可證制度了。於是，從 1991 年年中開始，印度成了全球市場改革浪潮中的一員"。這些改革遭到了很多人的質疑。薩克斯寫道："我主張貿易自由化必然有效 —— 印度的出口必然會增長 —— 遭到了反覆的警告，理由是'印度與其他國家不同'……幾乎令全世界震驚的是，印度成為了新信息技術領域大規模服務業出口的中心。"如同在 20 世紀 90 年代得到回報一樣，印度的勇氣同樣能夠在 21 世紀 20 年代得到回報。

同樣，印度顯然也能夠在地緣政治上獲得優勢。中美之間的較量無疑將是未來幾十年裏最大的地緣政治較量，我在《中國的選擇》一書中對此有詳盡的闡釋。在這場較量中，印度是最幸運的國家。美國和中國都在努力拉攏印度，因為他們知道，印度是唯一一個能夠打破地緣政治平衡的國家。在這種背景下，無需地緣政治天才印度也能夠做出最佳選擇。如果有一位印度的亨利・基辛格或喬治・凱南提供建議，他們會建議：且把中美想像成蹺蹺板兩端保持平衡的兩頭大象。對第三頭大象來說，最好的位置就是站在蹺蹺板中間。無論第三頭大象傾向哪一邊，都將對中美地緣政治平衡產生重大影響。

這是地緣政治常識。然而，同樣實際存在的是，印度國內已經形成了一股強烈的反華氛圍。其中有些反華理由是可以理解的，因為中國支持巴基斯坦對抗印度的利益危及到了印度的安全。然而，這也是地緣政治的高明之處。冷戰期間，美國一度大力支持台灣，中國大陸則堅稱台灣是中國的一部分。中美兩國的立場是不可調和的。毛澤東和周恩來本可以堅持中美之間若要開展合作，尼克松和基辛格必須首先宣佈完全不再干涉台灣問題。然而事實上，出於實際需要，中國暫時擱置了台灣問題，轉而利用美國來增強自身的地緣政治影響力。如果沒有巧妙地利用與美國建交帶來的機會（大市場和中國青年學習科學技術、接受大學教育的機會），中國不可能迅速崛起為經濟強國。很明顯，中國利用其潛在的未來對手 —— 美國 —— 來促進本國的社會和經濟轉型。今天，印度可以利用中國提供的經濟機遇，例如"一帶一路"倡議。現在，加入"一帶一路"倡議對印度而言是一種難以想像的選擇，然而地緣政治的高明之處正意味著一切皆有可能。

最後是道德勇氣。世界上最有道德勇氣的領導人來自印度。聖雄甘地就是這種道德勇氣的代表。他不僅關心印度，他關心的是整個人類。正如納倫德拉・莫迪總理所言："無論是氣候變化還是恐怖主義，無論是公共生活中的腐敗還是自私，每當涉及到保護人類，甘地的思想都是我們的指路明燈。我相信甘地所展示的道路將引導我們走向一個更加美好的世界。"

如果甘地今天還活著，他會怎麼說？他非常崇拜美國。1931年，他說："像美國這樣的強國才能發起真正的和平和裁軍……"因此，特朗普總統的號召"讓美國再次偉大"會讓甘地深感不安。因為他希望的是，美國——世界上最富有和最強大的國家，能讓世界再次偉大。

然而，實際上，美國已經疲於領導世界。美國深受國內問題的困擾。30年來，美國是唯一一個底層50%民眾的平均收入持續下降的主要發達國家。正如普林斯頓大學的兩位經濟學家安妮·凱斯和安格斯·迪頓所言，美國的白人工人階層過去發自內心地相信"美國夢"可以讓他們過上更好的生活。然而今天，他們卻被絕望所籠罩著。有鑒於此，美國將不再是"山巔之城"。中國也不一定能發揮這一作用。中國人相信他們的文明是世界上最好的文明之一。然而，這種文明的主要受益者是中國人。與美國人不同，中國人不認為自己肩負著"普世"使命。

這便為印度提供了一個獨特的機遇。我們正從一個由西方主導的單一文明世界轉向一個亞洲文明正在強勢回歸的多文明世界，世界需要能夠在東西方之間架起橋樑的領導者，印度的獨特地位使其可以架設這座橋樑，因為東西方皆信任印度。

因此，全世界都渴望擁有一個像甘地這樣的道德領袖，他將指出西方捲入許多戰爭行為的愚蠢之處。印度也確實曾為此發聲。例如，印度高官希亞姆·薩仁山（Shyam Saran）就曾生動地描寫過西方愚蠢的干預行為。

多數情況下，西方的干預導致情況變得更糟，暴力行為更具殺傷力，干預的目的本來是保護人們，但卻使他們遭受更嚴酷的磨難。較早的例子如伊拉克，較近的例子如利比亞和敘利亞，類似的情形正在烏克蘭重演。每一場干預行為都缺乏對後果的深思熟慮。

印度前國家安全顧問希夫山卡·梅農（Shivshankar Menon）也曾表示："單邊（有時是秘密的）干預，比如對利比亞或敘利亞的干預，已經導致了意料之外的危險結果……我們顯然需要改進、加強和利用國際社會上已有的多邊協商和行動的程序與機制。"梅農是對的。多邊主義才是解決之道。印度是多邊領域的天然領導者。

1941 年，亨利·盧斯（Henry Luce）規勸美國人通過富有想像力的願景來創造美國世紀：

> 20 世紀的美國國際主義難以用一個狹義的定義來界定。就像所有文明的形成一樣，美國國際主義也將通過生活，工作與努力，嘗試與失誤，進取、冒險與經驗而形成。
>
> 還要通過想像！

盧斯是對的。由於想像力的驅動，美國世紀輝煌又鼓舞人心。如今，印度有機會發揮同樣的想像力，因此印度應抓住時機。

印度能夠比中國更強大嗎？是的，印度可以 [1]

印度會變得比中國更強大嗎？印度可以成為世界第一大經濟體，變得比中國和美國的經濟規模更強大，這並非複雜難為之事。印度只需要模仿和借鑒兩千多年來一直與之保持緊密聯繫的東南亞國家的做法。

引言

印度能否變得比中國更強大？更強大是指什麼呢？簡單來講就是成為更大的經濟體。本次講座的目的就是解釋一下為什麼我認為印度會成長為比中國更大的經濟體（即成為世界上最大的經濟體），以及印度應如何著手實現這一目標。

本場講座將分為三部分。在第一部分，我將解釋我篤信印度能夠成為世界上最大經濟體的原因。在第二部分，我將闡釋印度可以遵循哪些原則來實現這一目標。在第三部分，我將給出一些具體建議，印

---

1 馬凱碩教授在科切里爾・拉曼・納拉亞南（K. R. Narayanan）誕辰 100 周年紀念講座上的發言，2021 年 8 月 5 日。

度可以採納這些建議，進而發展成為比中國更大的經濟體。

第一部分：為何我對印度充滿信心？

我之所以對印度滿懷信心，有兩個原因。第一個原因是歷史證據。據英國歷史學家安格斯·麥迪森考證，從公元元年到 1820 年，中國和印度一直是世界上最大的兩個經濟體。

1820 年以後，印度淪為英國的殖民地。喀拉拉邦鄉紳沙希·塔魯爾（Shashi Tharoor）的記錄顯示，英國人佔領印度時，印度佔全球國民生產總值（名義）的 23%。1947 年，英國結束對印度的殖民統治時，印度佔全球國民生產總值的比例降至 3% 左右。如今，印度的這一比例仍保持在 3% 左右，而印度人口佔世界總人口的 18%。因此，假設普通印度人的智慧和能力達到人類普遍水平，那麼印度佔全球國民生產總值中的比例也應該達到 18%。

這就是我對印度抱有信心的第二個原因，因為普通印度人顯然和其他人類一樣富有聰明才智。我希望這一說法不會引發爭議。但我還是想提出一個頗有爭議的說法：普通印度人可以比其他國家和地區的普通人做得更好。顯然，這一說法天然地飽含爭議。因此，讓我用證據來證明。

美國是世界上人類競爭最激烈的地區。在我為麥肯錫撰寫的一篇文章中，我曾寫道："想要理解印度的潛力和它的表現之間的差距並非難事，人們可以發現印度人在世界上競爭最激烈的地區 —— 美國能夠發揮的潛力。印度人剛到美國時，認為自己的人均收入在那裏排第五或第六位就不錯了，但結果是他們排在第一位。"

如今，在美國的印度人的平均收入為 55298 美元。如果在印度的印度人能夠達到同樣的人均收入水平，那麼印度的國民生產總值將達到 71 萬億美元左右，超過美國的 21 萬億美元和中國的 15 萬億美元，成為世界上最大的經濟體。如果這個數字令人難以想像，那讓我們假設在本國的普通印度人只有在美國的印度人一半聰明，但即使這樣，印度的國民生產總值仍將達到 35 萬億美元，遠高於美國和中國。

我為什麼要強調這些數字呢？我想在講座開篇先強調一個重要事實：印度的經濟潛力和實際表現之間的差距是世界上所有國家中最大的。如今，印度的國民生產總值為 2.6 萬億美元，但印度理應達到現在的 10 到 20 倍以上。

可能會有人立即提出反對意見，他們可能會說，最聰明的印度人都去了美國，所以他們的人均收入超高。假設這是事實，那不妨比較一下在本國的印度人和在其他國家印度人的人均收入。我雖然沒有所有海外印度人群體的數據，但我曾在世界各地旅行，在每個地方都遇到過印度人。在我到過的幾乎每個國家，海外印度人群體都發展得很好。

那麼，為什麼印度人群體能蓬勃發展呢？原因可能很複雜，但我想提一個關鍵因素：印度人是天生富有競爭力的經濟動物，能在競爭中茁壯成長。在這一點上，印度人與中國人非常相似。這就引出了我想在本場講座中強調的第二個重點：正是在改革的主要領導者鄧小平提出了一個簡單的問題之後，中國的經濟命運才發生了轉變，在此之前，中國人到了哪個國家都能取得成功，唯獨在中國卻成功不了，這是為什麼呢？答案顯而易見：除了在本國，中國人在世界各國都可以參與經濟競爭。因此，鄧小平做了一個簡單至極的改變：開放中國經濟，允許 14 億中國人參與競爭。

那麼，結果如何呢？鄧小平於 1980 年開始開放中國經濟。1980年是一個重要的年份。當年，中國的經濟規模（1910 億美元）和印度的經濟規模（1860 億美元）差不多。但如今，中國的經濟規模為 15 萬億美元，而印度的經濟規模為 2.6 萬億美元，中國是印度的五倍多。

那麼，印度為何會落後這麼多呢？原因極其簡單。因為中國實行了改革開放，允許 14 億人口參與競爭。中國人加入全球競爭後變得興旺發達，因此中國的經濟蓬勃發展，突飛猛進。

相比之下，13 億印度人則被剝奪了參與經濟競爭的權利，導致印度經濟失去了蓬勃發展的動力，進而使得印度的經濟發展落後於中國。

還有重要的一點：印度的經濟發展也落後於其他國家和地區。我來自東南亞。在東盟十國中，有九個國家都有印度文化的基因。因此從某種程度上說，我們是印度的文化衛星國。東盟的總人口為 6.5 億，是印度的一半。但 2020 年東盟的國民生產總值約為 3 萬億美元，略高於印度的國民生產總值（2.8 萬億美元）。

另一組統計數字更令人震驚。1971 年，當印度幫助孟加拉國實現獨立時，許多評論家表示，按照亨利·基辛格的說法，孟加拉國將會經濟癱瘓，喪失希望。事實上，我在 1984 年至 1989 年和 1998 年至 2004 年擔任駐聯合國大使時，孟加拉國是最不發達國家（LDCs）之一，而印度從來都不屬於最不發達國家。然而，到了 2020 年，孟加拉國的人均收入（1968 美元）卻超過了印度的人均收入（1900 美元）。

那麼，為什麼東盟國家和孟加拉國的經濟表現超過了印度？原因很簡單，東盟和孟加拉國參與了全球經濟競爭，而印度卻沒有。

這就引出了本場講座的第二個主題：要想成為世界上最大的經濟體，印度應遵循什麼原則？當然，一個籠統的回答是，印度需要讓 13 億人口參與全球經濟競爭，以釋放印度人充滿活力的經濟動物本能。然而，這個籠統的原則需要落實到具體措施。我將試著介紹一些具體措施。

第二部分：印度需要遵循的主要原則

在闡釋印度可以遵循哪些原則來提高競爭力之前，我先聲明一下，想要落實這些原則並非易事，因為需要克服許多政治、經濟、官僚體制、心理和既得利益等方面的障礙。事實上，中國當時也面臨諸多挑戰。在 2017 年達沃斯世界經濟論壇上，我親耳聽到了習近平主席在發表開幕式主旨演講時指出，中國的經濟開放過程佈滿荊棘。習主席在演講中表示：「當年，中國對經濟全球化也有過疑慮，對加入世界貿易組織也有過忐忑。但是，我們認為，融入世界經濟是歷史大方向，中國經濟要發展，就要敢於到世界市場的汪洋大海中去游泳，如果永遠不敢到大海中去經風雨、見世面，總有一天會在大海中溺水而亡。所以，中國勇敢邁向了世界市場。在這個過程中，我們嗆過水，遇到過漩渦，遇到過風浪，但我們在游泳中學會了游泳。這是正確的戰略抉擇。"

因此，印度也不應幻想改革之路會一帆風順。與中國一樣，當印度投身於全球化的海洋時，它也需要努力學會游泳。更加困難的是，印度在嘗試開放經濟，參與全球競爭時，必須遵循兩個相互矛盾的原則。第一個原則是，印度需要徹底改變思維模式，意識到只有開放才能促進經濟發展。第二個原則是，印度應採取謹慎務實的開放政策，而不是"顛覆式"的手段或者"休克療法"。俄羅斯和東歐的經驗表明，顛覆式的改革是行不通的。簡而言之，印度將不得不遵循兩個相互矛盾的原則，而兩者又同等重要。在這裏，我將詳細地闡釋這兩個原則。

思維方式的徹底轉變很重要，因為在印度，人們普遍認為保護窮人的最好辦法就是儘可能地實行封閉經濟。因此，那些主張封閉經濟的人的意圖是崇高的：保護窮人。然而，近年發生的事實表明，經濟開放程度越高，減貧的速度就越快。越南就是最好的明證。越南在建國初期曾照搬蘇聯模式，實行高度集中的計劃經濟體制。然而，冷戰一結束，越南就和其他東亞國家一道開放了經濟，取得了顯著的減貧成果。時任世界銀行行長金墉在 2016 年指出，過去 25 年中，越南實現了年均 7% 的 GDP 增長率，使該國"在一代人的時間裏躍升為中等收入國家"。金墉還指出，越南在這 25 年裏取得了"特別顯著的成就”，將極端貧困人口從佔總人口的 50% 減少到了 3%。

讓我用一個簡單的比喻來解釋一下為什麼開放印度經濟能夠幫助窮人脫困。我之所以強調印度人在海外的卓越表現，主要是想表明我們應該換一種方式看待印度人。我們應把他們看作 13 億隻蓄勢待發的經濟猛虎。那麼，怎樣才能讓老虎表現出色呢？是把它們關在活動空間狹小、競爭對手有限的籠子裏？還是將它們放歸山林，讓它們肆意奔跑，展示強悍兇猛的本色？

我想藉助這個比喻來說明一個基本的觀點：幾代印度決策者犯下一個重大錯誤，他們低估了印度人的競爭能力。這就是與大多數東亞經濟體相比，印度經濟相對封閉的原因。有些人可能會質疑我這一論斷，在此我給大家提供一些統計數據：相對開放的經濟體與世界的貿易往來比較多，相對封閉的經濟體與世界的貿易交流則比較少。以下是相關數據：雖然中印兩國人口數量大致相同，但中國與世界的貿易總額（4.5 萬億美元）是印度（8000 億美元）的五倍多。更令人震驚的是，儘管東盟人口只有印度的一半，但東盟的貿易總額（2.8 萬億美元）卻是印度的三倍多。

在此需要指出一點：印度開放經濟會帶來不可避免的“創造性破壞”〔正如著名經濟學家約瑟夫‧熊彼特（Joseph Schumpeter）所指出的〕。“創造性破壞”其實是好事，因為它消滅了經濟中的低效部門，強化了經濟中的高效部門。這正是中國走過的路。在 2001 年中國加入 WTO 之前，國有企業（SOEs）佔經濟總量的比重達到三分之二，如今下降到三分之一。簡而言之，中國的國有企業中出現了大量的

"創造性破壞"。

讓我補充一點：中國在決定開放經濟時也有很多顧慮和擔憂。新加坡前外長楊榮文先生曾講過一個故事，他回憶說："2001 年 11 月，中國加入世貿組織時，我也在多哈。雖然當時舉辦了大型慶祝活動，但其實中國人在談判過程中感到極為受挫，因為美國與歐洲和日本合作，從中國撈取了盡可能多的好處。我記得幾年後，我曾建議中國加入 TPP，但中國時任商務部部長舉起手說，我們已經付出了太多，經不起再一次折騰了。出乎所有人意料的是，從 2001 年到 2019 年底新冠疫情暴發前，以購買力平價計算，中國的經濟總量增長了 7 倍，以人民幣計算增長了 9 倍，以美元計算增長了 11 倍。"

由於本場講座是為紀念科切里爾・拉曼・納拉亞南總統而舉辦的，因此，我想在這裏暫停一下，引用一句總統先生的話。大家可能都知道，他寫的最重要的政府備忘錄之一是關於 1964 年中國第一顆原子彈爆炸成功的長期影響的。在那份備忘錄中，他對中印兩國進行了對比，差距很明顯。他表示："印度共產黨（CPI）的左翼群體已開始在人民中強調‘社會主義中國’相對於‘資本主義印度’取得的驚人進步。"

1964 年時，印度是徹底的資本主義國家，而中國絕對不是。57 年過去了，如今的中國比美國市場化程度更高。這不是我的觀點，這是單偉建博士的觀點，他是一位獲得了經濟學博士學位的經濟學家。單偉建是這麼說的："〔美國人〕不知道中國的資本主義程度有多高。正是市場經濟和私營企業推動了中國經濟的快速增長。中國是世界上最開放的市場之一。中國不僅是全球最大的貿易國，而且於 2020 年超過美國成為全球最大的外國直接投資接受國。中國財政支出的重點是國內基礎設施建設。目前，中國在高速公路、鐵路系統、橋樑和機場等基礎設施領域領先美國……〔中國人〕也不知道它〔美國〕的社會主義程度有多高，美國建立了較為完備的社會保障體系，向富人徵收資本利得稅。而中國的社會保障網絡仍在建設中，這一保障網絡在很大程度上內涵仍待明確，資金不充足，而且中國未對個人資本收益徵稅。2020 年，中國的億萬富翁數量比美國的要多，而且中國億萬富翁的增速是美國的三倍。"

因此，中國極有可能在未來十年內超越美國成為世界第一大經濟體。這就為印度如何在 20 到 30 年內超越中國和美國，成為世界第一大經濟體指明了道路。印度應開放經濟，增加與其他國家的貿易規模，並允許在一些低效部門發生更多的創造性破壞。

由此，印度實現經濟強勁增長的理論方向已經明確。然而，正如我前面所指出的那樣，理論是一回事，實踐是另一回事。俄羅斯和一些東歐國家認為，通過 "顛覆式改革" 來開放經濟是正確的。這些國家被一個著名的論斷迷惑了——"不要害怕跨一大步，你不能以兩小步跨越鴻溝"。匈牙利經濟學家雅諾什·科爾奈（Janos Kornai）說："如果對價格體系動一次大手術，改革成效就會顯著得多。"波蘭經濟學家弗拉基米爾·布魯斯（Włodzimierz Brus）說，中國應該 "以最快的速度過河到達彼岸"。遺憾的是，試圖大躍進的俄羅斯人和一些東歐人反而掉進了另外一個鴻溝。

中國的改革者更為明智。他們聽取了鄧小平的建議："摸著石頭過河 —— 穩扎穩打。"然而，對印度而言，最重要的不是必須小心翼翼地過河，而是必須去過河。

第三部分：一些具體改革措施

在經濟改革中，闡明大原則有時很容易，但要列出具體的措施則比較困難。因此，在本場講座的最後，我想給印度提出三個謹慎而又具體可行的建議，以幫助印度啟動改革。幸運的是，有些目標印度可以很容易實現。當然，每前進一步都可能會伴隨一些風險。然而，冷靜分析後就會發現，不按步驟過河的風險會更大。印度將繼續落後於快速發展的東亞國家。

第一步很簡單：立即加入《區域全面經濟夥伴關係協定》。為什麼要加入該協定？原因有很多。首先，在當今的世界格局中，歐洲代表過去，美國代表現在，而東亞代表未來。通過加入《區域全面經濟夥伴關係協定》，印度將押注於未來，而不是過去。其次，該協定簽署成員國覆蓋 23 億人口，GDP 總量達 38 萬億美元，能夠為印度產品提供最大的市場。一組統計數字可以說明為何該協定覆蓋的市場增速比世界其他地區的要快。2009 年，中國的零售商品市場規模為 1.8 萬億美元，而美國的市場規模為 4 萬億美元。然而，到了 2019 年，即特朗普發動貿易戰兩年後，中國的零售商品市場規模已擴大到 6 萬億美元，而美國的市場規模則為 5.5 萬億美元。

第三，也是最重要的一點，印度花了六年多時間就加入《區域全面經濟夥伴關係協定》進行談判，許多關切的問題都已得到解決。那麼，為什麼印度最終沒有加入？我不知道確切的原因。但如果讓我做一些有根據的猜測，我覺得是因為一些既得利益者感覺受到了威脅。如果事實真如此，這也說明為什麼印度有必要徹底地改變思維模式。對印度而言，是保護少數既得利益者的利益重要，還是讓 13 億印度經濟猛虎參與全球競爭更重要？而且，說得更不客氣一點，如果印度連東南亞十國都競爭不過，還能和誰競爭？當然，印度的一些產業將難以與《區域全面經濟夥伴關係協定》的成員國競爭。然而，即使是最基本的經濟測算也顯示，如果印度不參與經濟競爭，總體上會付出更嚴重的代價（並將使印度的窮人遭受更多苦難）。

印度可以採取的第二個具體措施是推進南亞地區（包括所有南亞區域合作聯盟成員國）像東南亞地區一樣開放。大多數國家都是通過向鄰國開放經濟來實現增長的。看看歐盟和北美自由貿易區（NAFTA）就知道了。考慮到歐盟和北美自由貿易區成員國簽署的協定都非常高級複雜，南亞永遠也難以像這兩個區域那般開放，但南亞並沒有理由不能像東南亞那樣開放。

在此，我想強調的一點是，在決定開放方式時，印度不需要白費力氣做重複工作，它只需要將東盟自由貿易區協議拿過來，並與所有的鄰國分享，然後承諾與鄰國合作，並同意在所有南盟成員國中簽署類似協議。

我要補充一點，我並不是抱有天真的幻想。我知道印度和一些鄰國之間存在問題，特別是在印度和巴基斯坦之間，兩國甚至沒有正常的貿易往來。東南亞也有過類似的情形。印巴兩國最後一次大戰發生在 1971 年。中越兩國（兩國相互猜疑了 2000 年，比印度和巴基斯坦的不和睦為時更久）最後一次大戰發生在 1979 年。然而，越南在 1995 年加入東盟後（與東盟也爭吵了幾十年），也在 2002 年加入了中國—東盟自由貿易區（CAFTA）。自 20 世紀 90 年代中期以來，越南和中國之間的貿易量增長了 3000 倍。因此，印度和巴基斯坦之間的貿易也可以增長 3000 倍。這種貿易增長的最大受益者將是印巴兩國的窮人。

印度可以採取的第三個具體措施是，像東盟國家那樣向外國直接投資（FDI）敞開大門。這裏有一組統計數據值得印度人反思。三個充滿活力的東北亞經濟體（中國、日本和韓國）的國民生產總值合計為 21 萬億美元。相比之下，相對較窮的 10 個東盟經濟體的國民生產總值之和只有 3 萬億美元。從邏輯上講，既然 21 萬億美元遠遠多於 3 萬億美元，那麼美國在東北亞的投資理應比在東南亞的多。但事實恰恰相反，美國在東北亞的投資額是 2870 億美元，在東南亞的投資額則達到 3350 億美元。

這裏我再補充一個重要的地緣政治觀點。鑒於中美之間日益緊張的關係（我在《中國的選擇》一書中有闡釋），許多美國製造商正在尋找比中國更加合適的投資目的地。出於地緣政治因素的考慮，許多人想在印度投資。然而，當他們到了印度，感受到印度的官僚主義後，就會感到氣餒。對於這個問題，有一個簡單的解決辦法。印度尼西亞、越南、馬來西亞和泰國等許多東南亞國家都出台了簡單明瞭的投資指南。印度各邦應積極參與，制定出和東盟國家一樣優秀的投資指南。然後他們就會發現，要想促進經濟增長，最簡單有效的方法就是吸引外國直接投資。

簡而言之，印度要想超過中國和美國，成為世界上最大的經濟體，這並非複雜困難、無法實現之事，只需要回歸簡單的常識就足夠了。印度需要做的就是向有著兩千年密切聯繫的東南亞國家模仿和學習。曼莫漢‧辛格總理呼籲印度 "向東方看齊"。納倫德拉‧莫迪總理呼籲印度 "向東行動"。而我的建議則要簡單得多：請到東南亞來，向東方學習。

西方需重新考慮對亞洲的戰略目標[1]

冷戰結束後，西方認為人類走到了"歷史的終結"，並沒有認識到亞洲將回到世界歷史舞台的中心。現在，與其指責中國崛起導致了西方面臨的種種問題，西方更應該反思對亞洲的戰略。

　　很少有思想家能像馬凱碩那樣權威地談論全球治理。他曾任聯合國安理會主席、新加坡外交部常務秘書，以及新加坡國立大學李光耀公共政策學院院長。他被譽為"亞洲世紀的繆斯"，並被英國《金融時報》、美國《外交政策》（*Foreign Policy*）及英國《前景》雜誌（*Prospect*）列為"全球最具影響力的 100 位公共知識分子"之一。

　　在馬凱碩新著《中國的選擇》一書中，他針對日益緊張的中美關係給西方提出一些坦率的建議。他曾明言，唐納德・特朗普總統的當選以及隨後發動的對華貿易戰，應被視為美國拒絕接受

1　*Forbes*, February 27, 2019.

其必然從世界第一大經濟體地位跌落的徵候。在亞洲佔主導地位的時代，美國應採取溫和的戰略性外交政策，以實現自身利益的最大化，而不是做一些無謂的掙扎。

問：您在上一本著作《西方沒落了嗎？》中指出，在過去的 30 年裏，全世界人民的生活質量有了顯著改善，但西方的公眾輿論卻變得越來越悲觀。為何會出現這種矛盾現象？

答：正如我在書中所強調的那樣，最大的矛盾現象是：正是西方對其他國家的慷慨饋贈使人類狀況得到了顯著改善，尤其是西方推理的饋贈。坦率地說，未來的歷史學家回顧我們這個時代時會說，從 1980 年到 2010 年的大約 30 年裏，人們生活水平的提高可能是人類歷史上最顯著的。因此，這應是西方普天同慶的時刻 —— 因為西方改善人類境況的偉大計劃已經取得成功。

但出乎意料的是，西方從未如現在這般沮喪。我認為其中一個原因是西方在 1989 年冷戰結束時犯了一個巨大的戰略錯誤：它受到了弗朗西斯·福山《歷史的終結？》一文的誆騙，該文的基本觀點是，西方打敗了蘇聯，可以高枕無憂了，而世界上其他國家則需要進行戰略調整，以適應這個新世界。

福山的文章對西方的思想造成了很大傷害。正當中國與印度開始覺醒時，福山讓西方陷入了沉睡。在過去 2000 年間的 1800 年裏，中國與印度一直是世界上最大的兩個經濟體。過去 200 年則是歷史出現了重大的偏差。當然，所有的偏差終將重回正軌。

但在 1989 年，沒人能預見到的是中國和印度重新崛起的速度。1980 年，按購買力平價計算，美國佔全球 GDP 總量的比例為 21.7%，中國為 2.3%，中國的比例約為美國的 10%。但到了 2014 年，中國的比例出現了驚人的增長。因而，這段時期在人類歷史上非常引人注目。

問：您概述了破壞西方穩定的兩個關鍵因素：其一，在中國和東歐加入全球貿易體系後，西方人的實際工資下降了；其二，西方各國政府正變得無力控制全球化的力量。您認為哪一項更重要呢？

答：二者是相關的。我認為，正如西方在冷戰結束時犯了一個重大戰略錯誤一樣，2001 年 "9・11" 事件發生時，西方犯下了另一個戰略錯誤。"9・11" 事件發生時，我正在曼哈頓，所以我能理解美國人受到的震動。"9・11" 事件導致的後果是，美國認為其最大的戰略挑戰來自伊斯蘭世界，故而發動了阿富汗和伊拉克戰爭。

這是一個錯誤，因為 2001 年發生的最重要的戰略性事件不是 "9・11"，而是中國加入世界貿易組織。中國的加入為全球資本主義體系增加了 8 億工人 —— 約瑟夫・熊彼特告誡我們，這將導致 "創造性破壞"。因此，在隨後的十年裏，美國和歐洲有很多人失業也就不足為奇了。但由於精英階層正從全球經濟的擴張中獲益，因此他們並未注意到本國的普通民眾正在承受全球化帶來的痛苦。

所以，我想說，未來的歷史學家會發現，2016 年唐納德・特朗普的當選絕非偶然，而是精英群體不關心百姓疾苦所導致的必然結果。40 年來，美國工人的平均收入一直沒有提高。這令人震驚，或許與中國加入世貿組織有關。

問：最近，許多美國評論員都在爭論允許中國在 2001 年加入世界貿易組織是否犯下了一個"錯誤"。您對這種爭論有何看法？

答：西方有一句諺語：馬跑了以後關上門是沒有意義的。此事是對這句話的最好證明。中國已經加入了世貿組織，已經成為全球貿易體系中的一員，並且緊密地融入了這個體系。對此，你無能為力。

西方，尤其是美國，需要做的是適應這個全新的全球競爭體系。我認為美國能夠做出調整，也能夠適應得很好，但這需要與中國合作而不是對抗，因此，當前的貿易戰是不明智的。事實上，任何一位通曉原理的西方經濟學家都會告訴你，美國的貿易逆差並不是中國的不公平行為所導致的。實際上，這是美國擁有全球儲備貨幣的結果，這使得美國的消費量大於生產量。這實際上是一種特權。

問：在近期為報業辛迪加撰寫的一篇文章中，您談及在最近的一次美國休假期間，看到美國精英們果斷地轉向反對中國，您感到十分震驚。是何種原因導致了這種變化？

答：我不知道，這令我百思不得其解，但事情已經發生了。我認為人們正逐漸意識到中國正在變得越來越強大。儘管美國人不喜歡談論自己成為世界第二之事，但在潛意識裏他們一定意識到了美國正朝著這一次序滑落。與照鏡子捫問自己犯下何種錯誤相比，找替罪羊總是更為容易的，而中國顯然就是那隻替罪羊。但危險之處在於，在尋找替罪羊時，美國人忽視了在這個新時代自身必須解決的核心的結構性問題。

問：中國應該如何傾聽美國對其經濟和貿易實踐的抱怨？

答：我認為中國人應該弄清楚哪些指責是有根據的，哪些是無稽之談。無稽之談指的是，雙邊貿易逆差是中國的不公平貿易行為導致的——這純屬天方夜譚。事實上，貿易逆差在某種程度上反而幫助了美國工人。儘管他們的收入沒有增加，但由於中國製造產品的存在，他們能夠以更低的價格購買更多的商品。

但是，當然，有些指責或是有一定根據的，如知識產權問題、投資中的技術轉讓問題、非關稅壁壘問題。

我認為，中國需要做的是拿出一定的慷慨精神、更加開放的姿態來回應。現在，中國可以通過進一步開放市場來回報。這也將使美歐在與中國保持良好關係方面獲得更大的戰略利益。

問：美國日益關注《中國製造 2025》戰略。您對該戰略有何看法？

答：我認為中國立志成為技術超級大國的訴求是正當的。坦率地說，我認為中國將會取得成功。美國不應指責中國的作為，而應捫心自問自己應作何反應。但在這裏，像美國貿易代表羅伯特·萊特希澤（Robert Lighthizer）一樣，認為所有政府主導的產業政策都行个通的思想觀念成了障礙。

如果產業政策不起作用，那為何不靜觀這個政策走向失敗呢？如果你抱怨它，那說明你相信它會起作用。如果這一戰略在中國行得通，美國為何不推出自己的全面國家戰略來保持技術領先地位？與其抱怨《中國製造 2025》，他們應該制定出《美國製造 2025》。

問：如果中國真的成為世界第一大經濟體，您認為中國將如何重塑全球秩序？

答：正如美國不願面對中國將超越自己的前景一樣，我認為，中國人也不願面對成為世界第一的前景。中國人應該對這一問題考慮得更多一點，因為中國需要讓世界放心地相信它將維持西方建立的以規則為基礎的現行秩序，這一點非常重要，而中國需要為此付出巨大努力。這實際上也是習近平主席於 2018 年 1 月在日內瓦和達沃斯的兩次講話中所承諾的。中國需要向世界反覆傳達這個信息。

加強世貿組織、聯合國、國際貨幣基金組織和世界銀行的作用對中國來說是明智之舉，但這要求西方放棄相應的控制權。50 多年前有這樣一條規則，即國際貨幣基金組織的總裁應始終是歐洲人，世界銀行行長應始終是美國人。當西方在全球 GDP 總量中佔壓倒性份額時，這一規則是站得住腳的，但當其佔全球經濟的份額下降，而最具活力的經濟體出現在亞洲時，為何要剝奪亞洲人管理這兩個組織的資格呢？

問：在亞洲主導的全球體系中，美國和歐洲應該如何做好自身定位？

答：歐洲和美國需要面對這樣一個事實：過去兩個世紀裏，西方的統治是一種歷史反常現象，而現在歷史正在回歸正軌。西方需要準備好面對這樣一個世界，在這個世界中，西方依然很強大，但其在全球 GDP 總量中的相對份額已經下降。如果你佔全球 GDP 總量的份額下降了，就需要採取一種新的戰略，在《西方沒落了嗎？》一書中，我建議西方採取一種全新的"三M"戰略。

第一個 M 是"極簡主義"（Minimalist）。西方應捫心自問：自己有必要捲入這麼多戰爭嗎？是否應干涉阿富汗、伊拉克、利比亞、敘利亞、也門等國的內政？自 1979 年越南戰爭結束以來，中國已經 40 年沒有開過一槍了，然而，即使在諾貝爾和平獎得主——愛好和平的巴拉克·奧巴馬擔任總統的最後一年，美國也曾向 7 個國家投下了 26000 枚炸彈。這太瘋狂了。

第二個 M 是多邊主義（Multilateral）。在這裏，我借鑒了前總統比爾·克林頓的建議，他告訴自己的美國同胞，如果美國人能想到有一天美國會成為世界第二，那麼加強多邊秩序肯定符合美國的利益，這也將對下一個排名第一的國家——中國——形成制約。但可悲之處在於，儘管多邊機構是西方給予世界的禮物，但美國與歐洲的秘密勾結一直在削弱這些機構。這並非明智之舉。

第三個 M 是馬基雅維利策略（Machiavellian），是"務實"的縮寫。西方需要專注於自己的優先事項，做對自己重要的事情。例如，歐洲的長期挑戰不會來自俄羅斯——俄羅斯的坦克不會入侵德國。但非洲的人口爆炸將是一個挑戰。會有更多難民湧入，而我們已經看到歐洲因難民湧入而導致的政治後果。因此，非洲的發展符合歐洲的利益，而中國是推動非洲發展的最佳夥伴。美國擔心中國在非洲的影響力，因此譴責中國在非洲的投資，而歐洲人也在批評中國，因為他們屈從於美國。但中國在非洲的長期戰略投資對歐洲來說是一份禮物。這就是我建議用馬基雅維利主義思考利益所在的用意。

緬甸政變可能會通過溫和外交的手段來啟動中美合作 [1]

孤立的緬甸和分裂的東盟對中國沒有好處。對喬·拜登來說，最明智的做法是證明美國的外交策略在亞洲能再次成功。

社會學家馬克斯·韋伯（Max Weber）有一句名言："真實的情況不是'善果者惟善出之，惡果者惟惡出之'，而是往往恰好相反。任何不能理解這一點的人，都是政治上的稚童。"

緬甸的事態證明了這一名言包含的智慧。西方領導人的"善行"導致了緬甸政變的"邪惡"，西方對昂山素季的孤立和排斥鼓勵了將軍們發動政變反對她。然而，邪惡的政變也可能會帶來善果。

首先，緬甸政變能夠溫和地促進北京與華盛頓——拜登新政府之間謹慎的地緣政治合作。感覺不可思議？中國為何要放棄可能會完全依賴自己的被孤立的緬甸軍政府呢？

1　*South China Morning Post*, Feb 10, 2021.

答案很簡單，因為一個被孤立的緬甸反而會導致東盟的分裂，這對中國而言就不能成為一種地緣政治資產。分裂的東盟只會成為中國對手的機會，加之中國總是著眼於長遠利益而非短期目標，因此其能夠敏銳地意識到保持東盟的團結才符合自身利益。鑒於此，中國將默默地支持東盟為扭轉緬甸局勢所做的努力。

當然，各國也會做出權衡與交易。在我擔任新加坡駐聯合國安理會大使的兩年間，幾乎每天都能看到五個常任理事國（P5，簡稱"五常"）間的互相權衡，包括美國和中國。美國入侵伊拉克後，小布什需要中國幫它來解除聯合國安理會的制裁。北京向美國伸出了援手。隨後，布什政府打壓了謀求獨立的台灣陳水扁政府。

感到震驚嗎？好在大國之間的權衡與交易是一種司空見慣的把戲，說老實話，這些把戲最好在台面下進行。

這樣的交易合乎道德嗎？如果諮詢馬克斯·韋伯，他的答案將會是肯定的，如果能夠通過地緣政治上的權衡與交易使緬甸軍政府退出，那結果就是合乎道德的。

同樣重要的是，如果中國、美國及東盟主要國家之間強大而溫和的合作最終能結束這場政變，扭轉局勢，這也將發出一個強有力的信號，即軍事政變的時代在亞洲已經結束。

東盟各國政府並不完善。事實上，東盟十國政權的更迭令人震驚。然而，民主政府的趨勢是不可阻擋的。印度尼西亞最具代表性，它成功地創造出了伊斯蘭世界最具韌性的民主政體。

然而，要在東南亞取得成功，華盛頓必須再次配合東南亞的規範和做法。這種情況以前也發生過。冷戰期間，在 1978 年 12 月越南入侵柬埔寨後，里根政府明智地採取了讓東盟掌控局面的做法。

1984 年，當 35 歲的我作為一名駐聯合國大使新手赴任時，時任美國駐聯合國大使是傳奇人物弗農・沃爾特斯大使（Vernon Walters），他時年 67 歲。有一次他要與我會面，我提出去拜訪他，然而儘管年事已高，他仍堅持到我的辦公室拜訪我。這樣的謙遜態度為他贏得了許多朋友。

要理解東盟規範的彈性，美國人需要記住一個重要的歷史事實。1975 年，當美國灰溜溜地從越南撤軍時，東南亞國家本可能像多米諾骨牌一樣分崩離析。但相反，它們卻發展出了世界上第二大最成功的區域組織（在美國的默默支持下）。

進入新時代，伴隨著亞洲世紀的發展勢頭，我們最好採用亞洲的方法來解決棘手的問題。在西方，國內政治壓力導致了嘩眾取寵。這是導致西方公開批評昂山素季的原因。然而，在亞洲，溫和外交才能夠奏效。儘管這次緬甸政變是一次倒退，但重要的是要記住，以前的緬甸軍政府更加頑固、更加難以對付。

隨著時間的推移，在緬甸軍方官員參加的數千次東盟會議上，無聲的同行壓力傳遞出這樣一個信息：緬甸要想取得成功並趕上亞洲其他國家，就必須開放並融入區域。因此，拜登政府能夠採取的最明智的舉措就是與北京、東盟各國首都（以及東京和新德里）開展溫和外交，向緬甸軍政府傳遞一個默認的、連貫的信號，即軍事政變時代已經終結。

這裏的關鍵詞是外交。外交的本質是什麼？一個風趣幽默的人給出了恰如其分的解釋：一個好的外交家應該是這樣的人，當他告訴你"下地獄吧"時，會讓你覺得你會很享受這段旅程。當然，緬甸的所有鄰國，包括中國在內，對緬甸現在的軍人政權都有異議。而目前的挑戰是，如何才能悄悄地、不掃面子地發出這一信號，以便讓緬甸軍人政權體面地擺脫窘境。

有一個可以從根本上改善問題的建議可供美國考慮。為什麼印度尼西亞能夠順利地從軍政府統治轉變過來，而緬甸卻倒退回軍人政權的狀態呢？一個關鍵因素是，即使在蘇哈托（Suharto）的獨裁統治時期，印尼軍官仍在美國的軍事學院接受培訓。前總統蘇西洛·班邦·尤多約諾（Susilo Bambang Yudhoyono，2004—2014 年在任）在印尼民主化歷史上添了濃墨重彩的一筆。儘管他曾在蘇哈托手下任將軍，但他卻是支持民主的，這是為何？

原因是，他曾在美國陸軍指揮與參謀學院受訓。在那裏，他學到了美國民主最重要的價值：民眾必須始終掌握軍隊的權力。因此，解決辦法很明確：華盛頓必須邀請年輕的緬甸軍官到美國的軍事學院進修。這難以實現嗎？

如果不難，那麼，華盛頓必須再次重溫馬克斯·韋伯蘊含智慧的名言。與其只是公開譴責緬甸軍方，正確的、能夠彰顯政治魄力的做法是拋棄美國的傳統套路，與緬甸軍方展開對話，而非對其進行孤立。

如果拜登政府能夠通過溫和的手段成功地使緬甸軍方歸還政權，

那麼這將表明美國的外交能夠再次在亞洲取得成功,將為美國採取新的、可持續的對亞洲的接觸政策鋪平道路,這種政策因為低調和有節制將顯得更加奏效、更為明智。

亞洲能助拜登一臂之力嗎？[1]

若想保持全球領導地位，美國需要變得強大且自信。如果美國願意聆聽，亞洲能夠助其一臂之力。

"不要問美國能為你做些什麼，而要問你能為美國做些什麼。"
　　如果美國總統喬‧拜登想要在最近的就職演說中向世界各國傳達誠摯坦率的信號，那他就應該化用約翰‧F.肯尼迪在60年前的就職演講中的名言："不要問你的國家能為你做些什麼，而要問你能為國家做些什麼。"
　　事實正相反，受困於美國的政治傳統，拜登總統不得不宣揚："我們能夠再次恢復美國在世界上的主導地位並永久地保持下去。"
　　現實則令人遺憾：美國的全球領導地位再也不是毫無爭議的了。
　　美國的領導曾使全世界受益：美國在二戰後主導建立的多邊規則和機制防止了第三次世界大戰的爆發，美國開放的市場環境幫助"亞

1　*The Straits Times*, Jan 22, 2021.

洲四小龍"和中國大陸實現了經濟騰飛，美國海軍保障了全球自由航行。但只有強大且自信的美國才能彰顯出這樣強大的全球領導力。60年前，肯尼迪用激動人心的就職演說激勵了這樣的美國。

遺憾的是，唐納德·特朗普留下了一個支離破碎、嚴重分裂的美國，既沒有志氣也沒有意願來領導世界。2021年1月6日發生的國會山騷亂部分要歸因於特朗普的暗示和鼓動。此次事件導致拜登當選後讓美國再次強大和自信的幻想化為泡影。

這就是為何美國最負盛名的外交政策智庫——外交關係協會主席理查德·哈斯（Richard Haass）當天在推特上發文稱："世界上可能再也沒有人像以前一樣看待、尊重、害怕或依賴美國。如果'後美國時代'有一個起始日期，那幾乎可以肯定就是今天。"

英國報人馬丁·沃爾夫同樣悲觀。他在《金融時報》上撰文稱："雖然美國的共和政體經受住了特朗普的考驗，但它仍然瀕臨死亡、亟需拯救。"

拜登總統就任後，包括亞洲在內的世界其他地區面臨的一大問題是：旁觀美國繼續衰落是否符合世界（或亞洲）各國的利益，我們是否應幫助美國恢復昔日的輝煌？

毋庸置疑，一個強大且自信的美國能夠讓世界更美好。

然而，只有當美國認為自己需要幫助時，亞洲（或世界）才能對其施以援手。儘管像政治學家弗朗西斯·福山這樣的美國思想家也承認，美國內部存在著一些嚴重的問題亟待解決，但十足的驕傲讓美國人難以接受自己需要幫助的事實。

福山表示，美國"內部分裂嚴重，現狀背離了民主理想"。

美國的內部問題是深層次和結構性的。我在《中國的選擇》一書中寫到，這些問題包括根深蒂固的金錢政治和深陷絕望的白人工人階層，憤怒的白人工人階層毫無理智地支持特朗普，這十分可悲。

沒有靈丹妙藥能夠治癒所有這些深層次的結構性問題。

毋庸置疑，拜登總統正在採取正確的措施以推動美國重回正軌。他在就任後的 100 天內宣佈了以下措施：實施 1.9 萬億美元的冠狀病毒援助計劃，在百天內完成 1 億劑新冠疫苗接種，將聯邦最低工資提高到每小時 15 美元，延長聯邦學生貸款支付的暫停期，以及延長全國租客驅逐禁令。希望這些措施能夠改善美國內部問題。

同樣重要的是，拜登總統應避免對外做出艱難又苛刻的承諾。為了使美國和世界從新冠疫情的衝擊中恢復，拜登最明智的選擇是暫停中美地緣政治競爭。這才是完全合乎常理的選擇。

遺憾的是，由於美國國內瀰漫的反華情緒，拜登無法停止這場競爭。如果被認為對華態度軟弱，他就會遭到抨擊。因此，在公開場合，他必須表現得對中國很強硬。

令人驚訝的是，拜登總統在就職演說中對中國隻字未提。

然而，他任命的內閣成員 —— 包括財政部長珍妮特·耶倫（Janet Yellen）、國務卿安東尼·布林肯（Antony Blinken）和國家情報總監艾薇兒·海因斯（Avril Haines）—— 在參議院的提名聽證會上強烈地抨擊了中國。

海因斯表示："中國對美國的安全、繁榮及價值觀等一系列問題構成了挑戰，在某種意義上，我確實支持美國採取積極的姿態來應對我們面臨的挑戰。"

然而，儘管拜登無法做出既合乎邏輯又理智的選擇，但他仍然可以重新平衡中美競爭。

如果說美國前總統巴拉克‧奧巴馬在中美關係上選擇了 60% 的合作與 40% 的競爭，特朗普則基本上選擇了 90% 的競爭和 10% 的合作，那麼拜登總統至少可以選擇 60% 的競爭和 40% 的合作。

黃金機會

然而，拜登總統無法靠自己的力量來實現這種再平衡。他需要亞洲的幫助。這為東盟（包括新加坡）提供了一個黃金機會。

要想為更理性的對華政策爭取政治支持，拜登需要政治掩護。而東盟可以提供相應的政治掩護 —— 通過集體呼籲中美雙方首先集中精力解決緊迫的共同挑戰，如新冠肺炎疫情和氣候變化。

對拜登來說，最明智的做法是派遣高級外交官到東亞 "傾聽" 各國的聲音。

事實上，所有成功的外交皆始於傾聽和理解。拜登總統的外交官們無疑會在東南亞各國聽到這樣的聲音：雖然東南亞各國希望美國能在該地區加強存在感，但並不想被迫在中美之間選邊站隊。

印度尼西亞前駐美大使迪諾‧帕蒂‧賈拉爾（Dino Patti Djalal）說得好："如今，東南亞國家希望與中美兩國友好相處，同時也希望中美兩國能夠和睦相處，至少在東南亞地區能夠和睦相處。這個要求過分嗎？"

他補充道："我們不想被欺騙並捲入一場反華運動。"

幸運的是，拜登總統選擇了有"亞洲沙皇"之稱的庫爾特‧坎貝爾（Kurt Campbell），他是一位經驗豐富的外交官。在新冠疫情封鎖期間，我與他一起參加了一場美國《智慧廣場》（Intelligence Squared U. S.）[1] 辯論會，我們兩人作為正方就"冠狀病毒將重塑有利於中國的世界秩序"這一議題展開辯論。

在辯論中，坎貝爾說道："我們期望美國能夠展現出足夠的能力與實力來應對新冠疫情，但沒有人認為美國能夠做到。看到美國在應對疫情上如此不力，這真是個悲劇。

"我們期望居於領導地位的國家能夠為其他國家提供 PPE（個人防護設備）和其他防疫物資，但美國沒有做到。

"相反，儘管新冠疫情最先在中國暴發，但自那時起，中國就一直在為世界各國提供防疫物資和支持。"

他又補充道："新冠疫情席捲全球後，不可否認的是，中國成功地遏制住了疫情，並積極地開展疫苗研發工作，相形之下，美國卻顯得手足無措。"

優先事項正發生變化

坎貝爾先生也是一位優秀的聆聽者。如果他來訪問東南亞，他將

---

1 美國全國公共廣播電台的一檔辯論節目。—— 譯者註

聽到東盟對於如何設定優先事項的明確信息。

所有國家在國際事務中都必須優先考慮政治、經濟和安全問題。美國傾向於將安全問題放在首位，其次是政治和經濟問題。中國則傾向於優先考慮經濟問題，其次是政治和安全問題。毫無疑問，東盟的優先事項跟中國的而不是美國的更相似。

鑒於美國面臨的社會和經濟困境，以及工人階層深陷絕望的現實，將經濟的優先級別提到安全之前也是符合美國自身利益的。

"9·11"事件發生後，美國在戰爭上花費了 5 萬多億美元但卻徒勞無功。如果這 5 萬億美元能夠花在美國社會 50% 的最底層人口上，這一群體中的每個人都能獲得價值 3 萬美元的支票。這是一筆非常可觀的錢，尤其是在 60% 的美國人連 400 美元的應急錢都拿不出的情況下。

簡而言之，與華盛頓強烈主張加速與中國的地緣政治競爭這一過時觀念恰恰相反，對美國來說，明智的做法是至少應該暫停這場競爭，把精力放在讓美國和全球經濟重回正軌上。

東盟（和新加坡）可以為拜登提供必要的政治掩護，以便他尋求更明智的做法來處理中美關係，這是東盟（和新加坡）的黃金機會。這樣一來，東盟也能夠回報美國的幫助。沒有美國的支持和扶持，東盟不可能在 1967 年創立成功。現在，輪到東盟助力美國順利重啟了。

中國的和平崛起

隨著中國和其他亞洲國家的崛起,東西方力量的對比正在發生變化,權力正在從西方向東方轉移。中國和其他亞洲國家的崛起是和平的,但仍然引發了西方的重重顧慮。這種顧慮主要是關於中國將在多大程度上影響世界新秩序的形成。

中國：威脅還是機遇？[1]

如今的中國是世界上最具"精神活力"的超級大國。許多美國人擔心中國將會威脅到美國在世界上的主導地位，但他們其實應該選擇與中國合作來改善美國人民的生活。

　　對美國而言，中國是威脅還是機遇？

　　這是個簡單的問題嗎？作為一名哲學專業的畢業生，我清楚一個簡單問題的背後可能隱藏著許多更為複雜的問題。就這個問題而言，背後隱含著這樣幾個問題：中國是否打算削弱美國？還是說中國的崛起是由於國內因素的推動？中國是否有一個龐大的戰略？如果有，其主要目標是什麼？中國的崛起是對美國霸主地位的威脅還是對美國人民的威脅？而且，也許最富爭議的是，在應對來自中國的挑戰時，美國是應該優先考慮其在地緣政治中的主導地位，還是應優先考慮其國民的利益？

1　*Noema*, Jun 15, 2020.

奇怪的是，美國國內對這一複雜挑戰幾乎沒有嚴肅地辯論過。相反，許多美國人不約而同地認為中國是一個威脅，哪怕他們在政治觀點上存在嚴重的兩極分化。皮尤近期的一項民意調查顯示，十分之九的美國人相信中國是威脅。"影子政府"也反對中國。正如亨利·保爾森 2019 年所說："美國國土安全部、聯邦調查局、中央情報局、國防部皆視中國為敵人，國會議員們也競相比拚誰是最好戰的對華鷹派。沒有人逆勢操作，以平衡國內意見。"

本文的目的是提供一些平衡和客觀性。

儘管大多數美國人認為中國是一個威脅，但多數有思考能力的美國人都會認同，中國沒有入侵或佔領美國的計劃。因為這將是一個不可能完成的任務。中國也不會夢想發動核襲擊。因為中國只有 290 枚核武器，而美國有 6000 多枚。中國也不打算關閉海上通道，就像德國在二戰中所做的那樣。中國的國際貿易規模比美國的大。但意外的是，美國海軍一直沒有關閉中國商業的海上通道。

然而，中美之間的軍事平衡也確實發生了重大變化。1996 年，美國總統比爾·克林頓派出兩艘航母在中國近海巡邏，以阻止北京對台灣採取進一步行動。而如今，在面對中國的高超音速導彈時，這兩艘航母會顯得不堪一擊。中美之間的軍事力量對比發生了變化，這引起了華盛頓的不適。

即便如此，這也不是中國崛起所帶來的主要挑戰。在核武器時代，超級大國的主導地位很可能取決於經濟實力，而非軍事實力。

美國最明智的戰略思想家之一是外交官喬治·凱南（1904—

2005），當美蘇之間展開激烈的地緣政治較量時，他說，最終的結果將取決於"美國能在多大程度上給世界人民營造一個整體印象：這是一個知道自身訴求的國家，它正成功地處理內部問題並承擔起作為世界強國的責任，它具備能夠在時代的主要思想潮流中穩住自身的精神活力"。

凱南補充說，有了這種"精神活力"，美國能結交更多的"朋友和盟友"。他還忠告美國要"謙遜"，並大膽地建議美國應避免"侮辱"蘇聯，因為美國仍將不可避免地與蘇聯打交道。

幸運的是，凱南的戰略建議基本上得到了採納。美國在與蘇聯的地緣政治較量中大獲全勝。但奇怪的是，儘管中國是一個強大得多的超級對手 —— 中國的人口是美國的四倍，中國的政權延續了至少4000 年 —— 但美國卻從未想過制定全面的長期戰略來予以應對。

如果凱南是對的，中美兩國之間的博弈將由其國內的"精神活力"決定，那麼中國將會贏得較量。因為 30 年來，美國是唯一一個50% 底層工人實際工資下降的主要發達國家。根據普林斯頓大學經濟學家安妮·凱斯和安格斯·迪頓的研究，這一事實導致美國白人工人階層陷入絕望。

相比之下，14 億中國人的生活水平有了驚人的提高。過去 40 年是中國人 4000 年來過得最好的 40 年。因此，正如研究人員范瓊所說："中國的文化、自我觀念和士氣正在迅速地轉變 —— 大多朝著好的方向轉變，這與美國的停滯不前形成了鮮明的對比。"中國活力飽滿，而美國則不是那麼精力充沛。

如果凱南現在還活著，他一定會非常警醒。他會強烈地反對在無用的對外干預上燒錢。事實上，2003 年伊拉克戰爭爆發時，他還在世 —— 他反對這場戰爭。如果美國政府聽取了他的建議，將花在"9·11"事件後的中東和中亞戰爭上的大約 5.4 萬億美元花在本國國民身上，那麼 50% 底層民眾中的每個人都會得到一筆超過 3.3 萬美元的收入。這就是為什麼艾森豪威爾曾在 1953 年提出忠告："我們所製造的每一支槍，所動用的每一艘軍艦，所發射的每一枚火箭，歸根結底，都是在竊取那些食不果腹、衣不蔽體的人的財富。"[1]

美國的人均收入約為 63000 美元，中國的則為 9700 美元，所以美國仍比中國富裕得多。美國的大學和科技水平明顯優於中國。然而，當新冠肺炎疫情肆虐時，中國每 10 萬人中僅有 0.33 人死亡（截至 2020 年 5 月中旬），而美國則有 27 人死亡。一組數字雖不能說明一切，但卻顯示中國一直在投資加強國內機構，尤其是公共服務領域的機構，美國所做的卻與之相反。當羅納德·里根總統宣稱"政府不是解決問題的辦法，政府才是問題所在"時，美國就開始了這種趨勢，而中國則持相反的觀點。

所有這些導致了美國在應對來自中國的戰略挑戰時所面臨的一個關鍵困境：美國應將重點放在捍衛自身的主導地位上，還是放在人民福祉上？大多數美國人認為美國足夠富有和強大，可以同時兼顧這兩方面。但遺憾的是，數據顯示情況恰恰相反。正如諾貝爾獎獲得者

---

1 Dwight D. Eisenhower, "The Chance for Peace," Washington D.C., April 16, 1953, http://www.edchange.org/multicultural/speeches/ike_chance_for_peace.html.

約瑟夫‧斯蒂格利茨和哈佛大學教授琳達‧比爾米斯（Linda Bilmes）在談到花在伊拉克戰爭上的錢時所說："如果對納稅人按同等額度減稅，或者將這些錢用於醫療保健上，都將會改善中產階級家庭的困境。"若美國的醫療系統更完善，那麼就不會有那麼多人死於新冠肺炎。美國將維護自身主導地位視為頭等大事，美國人民卻為此付出了代價。

美國能否改換立場，將精力放在國內經濟與社會發展上，而不是浪費在外部冒險上呢？理論上來講，答案是肯定的。但在實踐上卻是困難的。美國有許多傑出的國防部長，但為何沒有一個能減少國防部的開支呢？這是因為國防支出基於複雜的遊說系統，而非全面的理性戰略。

儘管如此，在美國國內，尤其是精英階層，一直有一個強烈的共識，那就是美國應保持世界第一。美國人感覺有義務領導世界。1998年，國務卿馬德琳‧奧爾布賴特明確表達了這一觀點："如果我們必須使用武力，那是因為我們是美國；我們是那個不可或缺的國家。我們站得高，比其他國家看得更遠，我們看到了所有人面臨的危險。"美國人希望美國成為"山巔之城"，激勵全世界。

事實上，世界也樂於看到一個強大、自信的美國激勵著所有人。然而，美國的"光輝"應當來自國內政績而不是對外軍事行動。顯然，被絕望籠罩的工人階層、民粹主義的興起、唐納德‧特朗普的當選以及最近抗擊新冠肺炎疫情的不力削弱了美國在世界上的地位。任何實證研究都可以表明，美國的地緣政治影響力一直在衰落，而中國的地緣政治影響力卻在逐漸上升。

然而，即使中國的影響力有所增長，它也無意取代美國，扮演全球領導者的角色。1842 年至 1949 年，西方勢力對中國進行了肆意踐踏，因此中國只有一個關鍵的戰略目標：強大到足以防止再一次陷入長達一個世紀的恥辱。1945 年美國建立了基於規則的全球秩序，通過融入這個秩序，中國獲得了新生。

中國無意推翻這一秩序。中國很樂意在秩序框架下與美國合作。簡言之，中美兩國可以實現共同繁榮、和平共處，而這在美國有毒的政治環境中似乎是不可思議的。

因此，歸根結底，美國並未失去一切。它能夠扭轉自己的地緣政治命運。然而，要做到這一點，美國必須聽取其戰略思想家，如凱南等人的建議。凱南曾說過，美國應變得謙虛，停止侮辱對手，應結交朋友和盟友，關注國內的精神活力。即使對一個不專業的觀察者來說，這也是常識。美國仍然可以獲勝——但不是靠發展軍事力量，而是靠建設道德高位。否則，美國會將競爭優勢拱手讓於中國。

"黃禍論" 復燃加劇了西方對中國崛起的擔憂 [1]

西方對中國崛起的憂慮並不完全出自冷靜和理性的分析。歷史顯示，這種憂慮還與西方人潛意識中對非高加索文明的恐懼有關。

　　我們對地緣政治的判斷足夠冷靜、理性嗎？如果我們的判斷受到了情緒的影響，那麼這些情緒是有意識的還是無意識的？對這些問題的任何誠實回答都將表明：非理性因素總是會起到一定作用。因此，西方媒體對美國國務院政策規劃辦公室主任基倫·斯金納的誣衊是錯誤的，後者將對黃種人的種族排斥列為中美地緣政治角逐中的一個因素。

　　斯金納說，"美蘇之間的競爭，在某種程度上是西方家族內部的鬥爭"，這一說法是正確的。在談到與中國的競爭時，她說："這是我們第一次面對一個非白種人的大國競爭對手。"中國不是白種人國家是導致這場地緣政治競爭的一個因素，這或許也解釋了西方國家對

1　East Asia Forum, Jun 5, 2019.

中國崛起的強烈情緒反應。

以中美之間正在進行的貿易爭端為例。批評中國竊取了美國的知識產權且偶爾強迫美國公司進行技術轉讓，如站在美國立場，有其合理性。但冷靜、理性地描述還會加以闡釋：這種行為對於新興經濟體來說是不可避免的。

在經濟發展的類似階段，美國也竊取他國的知識產權，特別是英國。同樣重要的是，前世界銀行經濟學家黃育川指出，當美國同意中國作為“發展中國家”加入世貿組織時，美國認同“根據世貿組織的知識產權協議，發達國家‘有義務’鼓勵本國公司向欠發達國家轉讓技術”這一規定。

大多數西方人對中國崛起為大國的描述有失偏頗。他們傾向於強調中國崛起的消極方面，而遺漏了其積極方面。2018 年 10 月 4 日，美國副總統邁克‧彭斯就中國問題發表長篇演說時說：“過去 17 年裏，中國的 GDP 總量增長了 9 倍，成為世界第二大經濟體，這很大程度上得益於美國對中國的投資。”這一說法與事實相悖，因為中國經濟的成功主要是由中華民族的復興推動的，而非美國的投資。

儘管華盛頓自詡為冷靜理性的戰略思考中心，但這種偏頗的言論卻並未受到自由媒體的攻擊。相反，許多人為美國副總統攻擊中國而歡呼。

這種惡毒的反華氣氛讓人想起了 20 世紀 80 年代中期西方媒體對日本的猛烈攻擊。對黃種人的不信任再次浮出水面。正如美國前駐華大使傅立民（Chas Freeman）所說：“每當想到中國時，許多美國人現在下意識地將陰險的小說人物傅滿洲、20 世紀 80 年代日本給美國工業和金融主導地位帶來的緊張挑戰，以及催生了《反苦力法案》和《排華法案》的'恐華症'的類似生存威脅三者聯繫到一起。"[1]

　　美國民眾需要捫心自問，他們對中國崛起的反應，有多少是出於冷靜的理性分析，又有多少是因為對非白種人文明的成功深感不適。這些理性與情感之間的鬥爭是在潛意識中上演的，所以我們也許永遠不會得到真正的答案。即便如此，我們還是要感謝基倫·斯金納曾暗示過，這種潛意識維度正在發揮影響，現在是時候坦誠地討論一下中美關係中的"黃禍"意識維度了。弗洛伊德曾教導我們，應對我們潛意識中的恐懼，最好的方法就是讓它們進入意識層面來加以處理。

1　Chas W. Freeman Jr., "On Hostile Coexistence with China," May 3, 2019, https://chasfreeman.net/on-hostile-coexistence-with-china/.

中國是擴張主義者嗎？[1]

許多人擔憂中國成為強國後會變得富有侵略性和趨向軍國主義。歷史上，歐洲列強就是這麼做的。但中國的悠久歷史告訴我們，這個國家以一種完全不同的方式展示自己的力量。

2020 年 6 月中旬中印士兵暴力衝突，中印雙方都遭受了自 1975年以來最嚴重的傷亡。這一衝突使中印關係發生了嚴重倒退，破壞了曼莫漢‧辛格總理與溫家寶總理以及納倫德拉‧莫迪總理與習近平主席多年來所做的許多努力。同樣重要的是，這一事件強化了一種日益增長的信念，尤其是在西方世界，即隨著中國經濟越來越強大，中國將放棄 "和平崛起"，成為一個軍事擴張主義大國。如果覺得完全不可能，那就太天真了。然而，對中國歷史和文化進行的深入研究也顯示，持續和平崛起也同樣是有可能的。[2]

1　*PRISM*, Oct 21, 2020.

2　馬凱碩是《中國的選擇》的作者，本文包含《中國的選擇》的部分內容。

首先需要強調一個關鍵點。隨著中國變得越發強大，它會像所有大國通常做的那樣展示自己的實力和影響力。事實上，"仁慈的大國"這個說法是自相矛盾的，因為沒有哪個大國是完全利他的，所有大國都有自己的國家利益，中國也一樣。然而，儘管所有大國目標相似，但實現目標的方法可能有所不同。中國已經並將變得更加自信。然而，它卻沒有必要變得更加激進。"自信"和"激進"這兩個詞常常混淆。對美國和中國大國行為的研究將說明這一差異。

格雷厄姆·艾利森（Graham Allison）鄭重地警告他的美國同胞，要當心，別認為中國人會變得更像他們。他寫道："美國人喜歡宣講中國人將'更像我們'。也許，他們應該對這一願望更加謹慎。歷史上，新興霸權國家都是怎麼做的？更具體地說，在一個多世紀以前，當西奧多·羅斯福領導美國進入他超級自信的'美國世紀'時，美國是如何表現的呢？在羅斯福執政華盛頓的十年裏，美國向西班牙宣戰，將其逐出西半球，並奪取了波多黎各、關島及菲律賓群島；以戰爭威脅德國和英國——除非它們同意按照美國提出的條件解決爭端；支持哥倫比亞起義、建立了一個新的國家巴拿馬，就為了修建一條運河；宣稱自己是西半球的警察，主張在自己認為有必要的任何時候、任何地方都有權力進行干預——僅僅在七年任期裏，西奧多·羅斯福總統就行使了九次干預。"[1]

如果美國作為一個大國在其崛起期間的行為符合歷史規範，那麼

---

1 Graham Allison, *Destined for War: Can American and China escape Thucydides's Trap?* New York: Houghton Mifflin Harcourt, 2017.

中國迄今為止的行為就是違反規範的。因為在聯合國安理會五個常任理事國（代表大國）中，只有中國四十年來沒有發起過戰爭。事實上，自 1989 年與越南發生海上小規模衝突以來，中國甚至沒有向其邊境開過一槍。中印士兵之間最近發生的衝突是殘酷和野蠻的，但雙方都堅守了不使用武力的協議。1996 年簽署的該協定第六條規定，"任何一方不得在實際控制綫己方一側兩公里範圍內鳴槍、破壞生態環境、使用危險化學品、實施爆炸作業、使用槍支或爆炸品打獵"。[1] 中國和印度士兵所表現出的戰略紀律意識值得讚揚。

與中國的做法相反，在過去的三十年中，美國每年都發動戰爭或參與軍事行動。美國國會研究服務部是一個獨立機構，該機構編撰了一份研究報告，題為《1798 — 2018 年美國海外武裝力量使用實例》。理論上，在 1989 年冷戰結束後，美國的對外干預應該有所減少。但研究顯示：在冷戰結束前的 190 年裏，美國總共啟用軍隊 216 次，平均每年 1.1 次；在冷戰結束後的 25 年裏，美國大幅增加軍事干預，動用武裝力量 152 次，平均每年 6.1 次。[2]

約翰・米爾斯海默（John Mearsheimer）在他的著作《大幻想》（*The Great Delusion*）中對此進行了詳細描述。他寫道："隨着 1989 年冷戰結束和 1991 年蘇聯解體，美國成為迄今為止世界上最強大的國家。

---

1 "Agreement Between the Government of the Republic of India and the Government of the People's Republic of China on Confidence-Building Measures in the Military Field Along the Line of Actual Control in the India-China Border Areas," November 29, 1996

2 Congressional Research Service, "Instances of Use of United States Armed Forces Abroad, 1798–2018," December 28, 2018, https://www.hsdl.org/?view&did=819747.

不出所料，克林頓政府從一開始就奉行‘自由主義霸權’；在小布什和奧巴馬執政期間，這一政策貫穿始終。毫不奇怪，美國在此期間捲入了許多戰爭，而且在幾乎所有衝突中都沒能取得有意義的成功。”[1]斯蒂芬‧沃爾特（Stephen Walt）補充說：“在過去三十年中，美國的軍事行動直接或間接導致了 25 萬穆斯林死亡（這是一個保守估計，不包括 20 世紀 90 年代對伊拉克的制裁導致的死亡人數）。”[2]

因此，這裏的主要問題是：為什麼最近幾十年來中國從不動用武力？這種行為模式更深層次的原因是什麼？亨利‧基辛格準確地解釋了中國人這麼做的原因。他說：“中國在動盪時期奠定了（獨特的軍事理論的）基礎，當時，與敵國的殘酷戰爭使中國人口大量減少。面對這種屠殺（且想從中獲勝），中國的思想家發展出一種戰略思想，即勸誡避免與敵軍直接發生衝突，而是通過心理優勢來取勝。”[3] 基辛格準確地提煉了中國著名戰略家孫子給予的建議之精髓，他曾說：“兵者，詭道也……卑而驕之……百戰百勝，非善之善者也；不戰而屈人之兵，善之善者也。”[4]

如果中國要說清楚自己本質上並非一個軍國主義大國，它可以有許多強有力的證據來證明。比如，第一個證據是歷史經驗。如果中華

1 John J. Mearsheimer, *The Great Delusion: Liberal dreams and international realities*, New Haven: Yale University Press, 2018.

2 Stephen M. Walt, "The Myth of American Exceptionalism," *Foreign Policy*, October 11, 2011, https://foreignpolicy.com/2011/10/11/the-myth-of-american-exceptionalism/.

3 Henry Kissinger, *On China*, New York: Penguin, 2011, 25.

4 同上。

文明天生就是窮兵黷武的，那麼這種軍國主義傾向，尤其是想征服他國領土的傾向，早就暴露了。過去兩千多年來，中國經常是亞歐大陸上最強大的文明。如果這個國家天生黷武，它就會像西方列強那樣去征服海外的領土。舉例來說，未來的歷史學家會對這樣一個事實感到驚訝：澳大利亞在地理位置上離中國較近，但它實際上卻被遙遠得多的英國軍隊所佔領和征服。的確，1768年8月，詹姆斯·庫克（James Cook）從普利茅斯的船塢出發，航行至澳大利亞的博特尼灣至少需要90天；而如果他從中國出發，不到30天就能抵達。

中國人不願征服澳大利亞和其他海外領土，並非因為中國缺乏海軍。在葡萄牙和西班牙於16世紀開啟歐洲的殘酷殖民統治之前，中國人一直擁有世界上最強大的海軍。15世紀初，中國就已經派出傳奇人物鄭和七次遠下西洋，這比克里斯托弗·哥倫布（Christopher Columbus）尋找通往所謂"香料群島"的航綫早近100年。鄭和乘坐的船隻遠比葡萄牙和西班牙的大得多，他最遠抵達了非洲："中國的明星船隊是'寶船'，這種船是中國式帆船，有幾層樓高，長達122米，寬達50米。事實上，它比哥倫布代表西班牙皇室航行至美洲乘坐的'聖瑪利亞號'大4倍。"

一路上，鄭和也的確參與了一些軍事戰鬥。例如，在1409—1411年的航行中，他"俘獲了錫蘭國王亞烈苦奈兒，擁立耶巴乃那為新國王"；在1413—1415年的航行中，他"俘獲了蘇門答剌國的國王蘇幹剌，隨後推舉了新國王"。[1]

然而，值得注意的是，中國並沒有征服或佔領任何海外或遙遠的領土。新加坡前外交部長楊榮文評論說："縱觀中國歷史，中國人一直不願意把軍隊派往遠方……公元 8 世紀時，在唐朝的巔峰時期，朝廷在中亞的費爾干納山谷附近部署了一支軍隊，當時阿拔斯王朝正在東進侵略。他們發生了衝突。在著名的怛羅斯戰役中，阿拔斯王朝的軍隊擊敗了唐朝軍隊，此後，中國人在歷史上再未越過天山一步。"[2]

和一些鄰居比起來，中國漢族人顯得更愛好和平。中國北方的近鄰蒙古人發動了人類歷史上規模最大和最為可怕的擴張。在野心勃勃的成吉思汗（Genghis Khan）的領導下，這些規模相對較小（人口遠比漢族少得多）的蒙古部落，不僅征服了漢族政權，還吞下了幾乎整個亞洲，成為 13 世紀東亞地區唯一一支威脅入侵歐洲的力量。然而，更強大的中華帝國卻從未效仿鄰國去征服他國。

蒙古人征服並統治了中國一個多世紀。讓·約翰遜（Jean Johnson）為亞洲協會撰文寫道："1211 年，成吉思汗率軍進入金朝統治下的華北地區，1215 年攻陷了金國首都。他的兒子窩闊台（Ogodei）於 1234 年征服了整個華北，並於 1229 至 1241 年統治該地

1　Andreas Lorenz, "Hero of the High Seas," *Der Spiegel*, August 29, 2005, https:// www.spiegel.de/ international/spiegel/china-s-christopher-columbus-hero-of-the-high -seas-a-372474-2.html.

2　George Yeo, "A Continuing Rise of China," *Business Times* (Singapore), October 30, 2019, https://www.businesstimes.com.sg/opinion/thinkchina/a-continuing-rise-of-china.

區。成吉思汗的孫子忽必烈（Kublai Khan）在 1279 年擊敗了南宋統治者，使得整個中國第一次被外族人統治。1271 年，忽必烈將蒙古更名為'大元'，意即'宇宙的起源'。元朝從 1279 年持續到 1368 年。"[1] 結果就是，蒙古文化和中原文化發生了大規模的融合。其間，蒙古人本來有可能將軍國主義文化滲透至中華文明的血液中。但情況正相反，中華文明使蒙古統治者變得文明開化起來，雖然忽必烈對鄰國發動了戰爭，但他並未像成吉思汗那般想去征服世界。

究竟是中華文明中何種強大的反戰基因最終影響了蒙古統治者呢？這或許要追溯到孔子時代。中國人很早就有句俗語："好男不當兵，好鐵不打釘。"在《論語》中，孔子多次告誡那些只崇尚蠻力的人。比如，在一次對話中——子路曰："君子尚勇乎？"子曰："君子義以為上。君子有勇而無義為亂，小人有勇而無義為盜。"再比如，在另一次對話中——子路曰："子行三軍，則誰與？"子曰："暴虎馮河，死而無悔者，吾不與也。必也臨事而懼，好謀而成者也。"[2]

美國人對軍人懷有根深蒂固的崇敬，但在中國文化中，人們更尊敬學者而非士兵，哪怕在民間傳說和文學作品中會讚揚軍人的愛國主義和忠誠。總體上，中國人對同時具備這兩種技能的人——文武雙全的人——更加尊敬，他們既是優秀的學者，也是優秀的軍人。

1　Jean Johnson, "The Mongol Dynasty," Asia Society, https://asiasociety.org/education/mongol-dynasty.

2　Confucius, "The Analects of Confucius," trans. Robert Eno, 2015, https://chinatxt.sitehost.iu.edu/Resources.html.

儘管如此，所有這些歷史論據仍欠缺說服力，許多人仍然認為中國最近的行為刻意隱瞞了其軍事意圖與行動。例如，有人認為，中國違背了不將南海諸島軍事化的承諾。2016年12月，《華爾街日報》報道："中國領導人於2015年9月在白宮承諾不會將南海問題軍事化，但他確實正在做著許多軍事化的事情。"[1] 潘文（John Pomfret）也在《華盛頓郵報》刊登的兩篇文章中寫道："中國經常做出自己不會遵守的承諾。請記住，2015年，中國領導人向時任總統巴拉克·奧巴馬承諾不會將中國在南海建設的島嶼軍事化。"[2] 但中國領導人又一次"違背了他對巴拉克·奧巴馬總統的承諾：不會將中國在南海建設的七個島嶼軍事化"。2018年4月，《經濟學人》對中國領導人失信的指責或許是最直截了當的："不到三年前，中國領導人和奧巴馬一同站在白宮的玫瑰花園裏發言，中國領導人稱絕對'無意將這些島嶼軍事化'。"[3]

　　如果中國確實做出了這樣的承諾但卻食言了，這只會證實在西方廣泛流傳的"中國已經變得富有侵略性和擴張性"這一看法。這也會證實中國"和平崛起"的宣言充滿欺騙。那麼真相是什麼呢？

1　Thomas Shugart, "China Arms Its Great Wall of Sand," Wall Street Journal, December 15, 2016, https://www.wsj.com/articles/china-arms-its-great-wall-of-sand-1481848109.

2　John Pomfret, "How the World's Resistance to China Caught Xi Jinping Off Guard," *Washington Post*, December 21, 2018, https://www.washingtonpost.com/opinions/2018/12/21/how-worlds-resistance-china-caught-xi-jinping-off-guard/?utm_term=.105ab7ca5227.

3　"China Has Militarised the South China Sea and Got Away with It," The Economist, June 21, 2018, https://www.economist.com/asia/2018/06/21/china-has-militarised-the-south-china-sea-and-got-away-with-it.

美國鮮少有像芮效儉（Stapleton Roy）大使那般的"中國通"。芮大使出生在中國，能講一口流利的普通話，1991 至 1995 年間曾擔任美國駐華大使，對中美關係了如指掌。他解釋了事情的真相：2015年 9 月 25 日，在與奧巴馬總統的聯合記者招待會上，習近平其實就南海問題提出了一個更加合理的方案，表示會支持全面、有效地落實中國在 2002 年同東盟簽署的《南海各方行為宣言》，並呼籲儘早完成中國—東盟關於"南海行為準則"的磋商，他還表示，儘管中國在南沙群島的部分礁石和淺灘上進行了大規模的填海作業，但並不打算在有爭議的南沙群島"搞軍事化"。芮大使說，奧巴馬錯失了利用這個合理提議的機會。相反，美國海軍加強了巡邏力度。中國的回應是繼續推進對南海一些島的有效管制。簡言之，中國領導人沒有食言。中方的提議實際上是被美國海軍拒絕了。

毫無疑問，中國在軍事上克制了自己的"侵略"行為，但隨著中國崛起為一個新的大國，在利用非軍事手段來彰顯自身力量上，中國顯然變得更加"自信"了。2010 年，在諾貝爾和平獎委員會將獎項授予中國異見人士之後，挪威便被中國"雪藏"了，所有雙邊關係都暫停了。2020 年 4 月，當澳大利亞總理呼籲對新冠肺炎疫情的源頭開展獨立調查時，中國凍結了對澳大利亞大麥的進口。利用經濟手段向小國施壓是大國通常會採用的手段。當埃塞俄比亞沒能按時向美國銀行償還高息貸款時，美國切斷了世界銀行對貧窮的埃塞俄比亞的貸款。由於拒絕聽從指揮，法國懲罰了其在非洲的前殖民地。

同樣，隨著年輕外交官發表的更尖銳的聲明和反駁，中國外交變得更加自信。這引發了強烈反響。然而，他們只是言辭尖銳，卻並未訴諸武力。正如古老的英國諺語所說："石頭棍棒或可斷我筋骨，但中傷誣衊卻莫奈我何。"如果能用犀利的言辭代替武力，世界將變得更加安全。

與其他大國一樣，中國在遵守國際法方面是有選擇的。它尊重《聯合國海洋法公約》（United Nations Convention on the Law of the Sea），但對國際海洋法法庭對中國南海仲裁案的裁決則有所保留。美國在 1986 年也拒絕履行國際法院的裁決，當時國際法院裁定美國對尼加拉瓜桑地諾主義者的支持違反了"不對他國使用武力""不干涉他國事務""不侵犯他國主權""不妨礙和平海運通商"[1] 等國際法律義務。隨後，美國駐聯合國大使稱國際法院是一個"半合法、半司法、半政治的機構，世界各國對它的地位有時承認，有時不承認"。[2]

在一件事情上，中國的立場堅定不移：決不允許任何勢力干涉中國內政。因此，中國會反對他國對新疆與香港問題指手畫腳。到目前為止，中國對香港問題沒有採取軍事化的應對方式，不像印度總理賈瓦哈拉爾·尼赫魯那般不顧時任美國總統約翰·F. 肯尼迪與英國首相哈羅德·麥克米倫（Harold MacMillan）的抗議，武力奪回了葡萄牙

1　"CASE CONCERNING MILITARY AND PARAMILITARY ACTIVITIES IN AND AGAINST NICARAGUA," International Court of Justice, 27 June 1986, https://www.icj-cij.org/files/case-related/70/070-19860627-JUD-01-00-EN.pdf.

2　Graham Allison, "Heresy to say great powers don't bow to tribunals on Law of the Sea?" *The Straits Times*, 16 July 2016, https://www.straitstimes.com/opinion/heresy-to-say-great-powers-dont-bow-to-international-courts.

殖民地果阿。在新疆問題上，中國的立場是符合國際法的。當聯合國試圖調查英國在北愛爾蘭的犯罪行為時，英國政府也用了這一招。時任英國外交大臣邁克爾·斯圖爾特（Michael Stewart）對聯合國表示，這無異於干涉英國內政。這也說明了為何西方國家聯合向聯合國致信批評中國對新疆問題的處理時，沒有一個伊斯蘭國家支持他們。記錄顯示，只有佔世界人口 12% 的西方國家對中國的內政持批評態度，而佔世界人口 88% 的其他國家並未與西方同流合污。

要解釋清楚為何西方一直對中國抱有懷疑，我再加上一個略帶挑釁性但從歷史角度來說十分準確的註解。西方對中國的強烈懷疑是有深層次原因的。在西方心靈的潛意識深處，埋藏著一種對"黃禍"本能而真實的恐懼。因為它深埋在潛意識裏，所以很難察覺到。所以當美國高層決策者就中國問題做出決定時，他們可以誠懇地說，自己做出的決定是出於理性的考量，而非情感的驅動。然而，對於外部觀察者而言，美國對中國崛起的反應顯然也受到了深層情感的影響。就像人類個體很難挖掘出驅使行為的無意識動機一樣，一個國家和一種文明也難以意識到自身的無意識衝動。

"黃禍論"已經在西方文明中深藏了幾個世紀，這是事實。拿破崙有一句名言："讓中國沉睡吧；因為一旦醒來她將撼動世界。"為什麼拿破崙這樣評論中國，而不是印度——一個同樣龐大且人口眾多的文明？因為沒有成群結隊的印度人曾威脅或踐踏過歐洲各國的首都。相形之下，13 世紀時，成群結隊的蒙古人——黃種人的一種——就出現在了歐洲的門口。諾琳·吉夫尼（Noreen Giffney）記述道："1235 年，蒙古軍隊入侵東歐，1236—1242 年又入侵羅斯公國。……蒙古人在猛攻之後，又神秘地迅速撤退，這讓西方人大吃一驚，也鬆了一口氣。"[1]

對"黃禍"的潛在恐懼時不時地體現在文學和藝術作品中。我小時候生活在英國殖民地，讀過當時流行的"傅滿洲系列"小說，這些小說給我留下了深刻的印象。潛意識裏，我開始認為在人類社會中，邪惡的化身是一個毫不顧及道德的斜眼黃種人。我並不是西方人，但我都能夠內化吸收這類種族滑稽漫畫，我懷疑潛意識中的"黃禍"恐懼也影響了美國決策者對中國崛起的反應。

席捲華盛頓特區的強烈反華情緒，也許部分出於對中國某些政策的不滿，或者出於對中國陌生文化的恐懼，但也可能出自更深層次的潛在情緒。美國前駐華大使傅立民曾觀察道："每當想到中國時，許多美國人現在下意識地將陰險的小說人物傅滿洲、20 世紀 80 年代日本給美國工業和金融主導地位帶來的緊張挑戰，以及催生了《反苦力法案》和《排華法案》的'恐華症'的類似生存威脅三者聯繫到一起。"

鑒於這股"黃禍"恐懼的潛意識心理，美國民眾需捫心自問，他們對中國崛起的反應，有多少是出於冷靜的理性分析，又有多少是因為對非白種人文明的成功深感不安。由於這些理智與情感的鬥爭是在潛意識中上演的，我們也許永遠不會知道真正的答案。但即便如此，我們還是要感謝基倫·斯金納 —— 特朗普政府國務院前政策規劃辦

1　Noreen Giffney, "Monstrous Mongols," *Postmedieval: A Journal of Medieval Cultural Studies* 3, no. 2, (May 2012): 227–245.

公室主任，她暗示過，這種潛意識維度正在發揮影響。正如她在國會聽證時所說："這是我們首次面對一個非白種人的大國競爭對手。"現在是時候坦誠地討論一下中美關係中的"黃禍"意識維度了。應對我們潛意識中的恐懼，最好的方法就是讓它們進入意識層面來加以處理。

中國作為一個大國的重新崛起本不應讓人感到意外。從公元元年到 1820 年，中國和印度一直是最大的兩個經濟體，所以他們的強勢回歸是非常自然的。然而，中國回歸的速度卻有些反常，它的回歸速度超乎想像。1980 年，以購買力平價計算，中國的經濟規模是美國的十分之一，但到了 2014 年，中國的經濟規模已經變得相當大了。

隨著經濟的增長，中國的國防預算也在增長。如今，中國的軍事實力已經有了顯著的增長，中美力量對比發生了巨大變化，而且中國對國防預算的使用也相對明智。中國主要採取的是軍事實力相對較弱的國家在不對稱戰爭中所採取的戰略。中國把預算花在複雜的陸基導彈上，這可能使美國航母戰鬥群完全失去戰鬥力。建造一艘航空母艦可能需要耗資 130 億美元，但據中國媒體報道，中國的 DF-26 彈道導彈可以擊沉一艘航母，而成本只有幾十萬美元。新技術也在為中國抵禦航母助力。哈佛大學的蒂莫西‧科爾頓教授（Timothy Colton）告訴我說，高超音速導彈機動靈活，能以不同高度高速飛行，面對高超音速導彈的威脅，航母不堪一擊。

對中國重新成為一個軍事大國感到不適是完全可以理解的，因為中國顯然已成為一個更強大的軍事競爭對手。然而，中國悠久的歷史表明，中國在動用軍事力量方面十分謹慎。最近中印邊境發生的悲劇只會讓中國人更加堅信：將武力作為首選是不明智的。中美之間真正的競爭將發生在經濟和社會領域。美國之所以不費一兵一卒就成功地擊敗了強敵蘇聯，主要是因為美國經濟發展得更好。里根總統威脅要擴大軍費超過蘇聯，這一舉動最終迫使前蘇聯總理米哈伊爾‧戈爾巴喬夫求和。同樣的劇情會在中美之間上演嗎？或者會發生反轉的劇情嗎？大多數預測顯示，在十年到二十年內，按名義市場價格計算，中國的經濟規模將超過美國。當美國降為世界第二大經濟體時，它是否應該改變戰略？還是應該未雨綢繆？同樣，美國是否應聽從艾森豪威爾總統的良言勸誡？艾森豪威爾總統曾對美國報紙主編協會表示："我們所製造的每一支槍，所動用的每一艘軍艦，所發射的每一枚火箭，歸根結底，都是在竊取那些食不果腹、衣不蔽體的人的財富。"

毫無疑問，中國將成為美國強大的地緣政治競爭對手，事先為此做好謀劃是明智的。然而，正如喬治‧凱南在美蘇爭霸之初曾英明地指出的那樣，這場競賽的結果不是由軍事競爭來決定的。相反，他說，結果將取決於美國是否有能力"讓世界各國人民了解這是一個知道自身訴求的國家，它正成功地處理內部問題並承擔起作為世界強國的責任，它具備能夠在時代的主要思想潮流中堅持自我的精神活力。"

在當前的中美地緣政治較量中，凱南對"精神活力"的強調顯得尤為重要，因為決定對抗結果的將是這一層面的較量，而非軍事層面的。中國擁有世界上最古老的文明，中華文明是歷史上唯一一個經歷了四次衰微又復興的文明，因此，在中美兩國之間的和平較量中，美國決策者低估中國文明的力量和韌性將是一個嚴重錯誤。

中國有多危險？[1]

中國的和平復興是現代人類歷史上最偉大、最成功的壯舉之一。

德國時代週刊：馬教授，在過去幾十年裏，西方一直與中國保持著密切的接觸，寄望於雙方互惠互利，民主能夠在中國生根發芽。但這種結果並沒有出現。中國的崛起加劇了西方國家內部日益嚴重的不平等現象，中國的模式甚至在今日的一些西方國家裏贏得了仰慕者。西方過去與中國建立密切關係是一種愚蠢之舉嗎？

馬凱碩：絕對不是。西方對中國的失望頗令人驚訝，因為實際上西方已經成功地實現了對中國的許多關鍵目標。當美國在 19 世紀末崛起為一個大國時，你猜怎麼著？他們很快就發動了戰爭。而中國則是聯合國安理會常任理事國中 40 年來唯一沒有發動過戰爭的國家。中國的和平崛起是當代人類歷史上最偉大的成功故事之一。

1　*Die Zeit,* Jun 17, 2020.

馬蒂亞斯 · 多夫納（Mathias Döpfner）[1]：凱碩，我們不否認中國崛起這一事實，但我們強烈不認同其崛起所帶來的後果。西方民主國家應該重新定義與中國的關係。2001 年中國加入世界貿易組織是一個歷史性的錯誤。人們期望"通過貿易改變"中國，然而中國只享受了貿易帶來的好處，並未做出大的改變。中國經濟佔全球 GDP 總量的比重從 8% 增長到了約 19%，而美國的比重則從 20% 下降到了 15%，歐洲的比重從 24% 下降到了 16%。這從來都不是一場公平的競爭。中國從未接受過以互惠原則為指導的自由開放的市場規則。所以我們要千方百計地制定新規則，不僅是出於商業原因，歐洲民主的未來正岌岌可危。

馬凱碩： 歷史上，中國和印度一直是世界上最大的經濟體。歐洲和北美只是在過去的 200 年裏才實現了經濟騰飛。因此，西方在過去兩個世紀的統治是一個重大的歷史反常現象。1960 年，佔世界人口不到 5% 的美國，在全球 GDP 總量中所佔比例竟高達 50%。這種情形該結束了。你還必須看到，中國廉價的製成品使歐盟民眾能維持生活水平。當然，你可以將這場辯論定性為一個好的獨裁國家和一個好的民主國家之爭。但我認為你們現在見證的是中華文明的回歸。美國對中國發起地緣政治上的非理性、情緒化的重大挑戰是不明智的。

多夫納： 對中國經濟日益增長的依賴將擴大北京的政治影響力。德國汽車商戴姆勒在社交媒體照片牆（Instagram）上援引了敏感人物

---

1 阿克塞爾 · 施普林格集團首席執行官，德國報紙出版商協會會長。——譯者註

的言論做廣告，當其首席執行官不得不為此兩次向中國政府道歉時，這暗示了幕後的一些情形。

馬凱碩：我認為，當未來的歷史學家回顧歷史時，他們會對西方的期望感到不解：美國這樣建國不足 250 年的國家期待改變中國這樣擁有長達 4000 年政治歷史的國家。隨著時間的推移，世界上其他國家也將採取西方國家的模式，這樣的假設是傲慢的。

多夫納：區分自由社會與不自由社會並非出自傲慢。你似乎把民主和獨裁放在了同一個道德層面上。

馬凱碩：我想說的是，應該尊重各國的選擇。

多夫納：真的嗎？你具體指什麼？我打個比方：如果你在美國用谷歌搜索"蠢貨"這個詞，最先跳出來的結果肯定有唐納德·特朗普。但在中國，搜索"小熊維尼"是被屏蔽的。[1] 這難道不是西方區別於中國的顯著標誌嗎？

馬凱碩：但是自由已經在中國發展起來了。1980 年，我第一次去中國時，中國人必須穿中山裝，他們無法選擇住在哪裏或從事什麼工作。但如今他們可以選擇居住地點和工作類型，甚至可以自由旅行。如果中國確實是一個黑暗的、充滿壓迫的"勞改營"，那為什麼每年會有 1.3 億中國遊客自願回國呢？中國人民尊重和支持他們的政府，因為在從 1842 年到 1945 年的百年屈辱史中，西方蹂躪了中國。現在中國強大了，你來問為什麼不對政府進行改革？

---

1 搜索"小熊維尼"不會被屏蔽，此例純屬造謠。——譯者註

多夫納：中國承諾的貿易推動的改革哪去了？中國的經濟增長確實取得了難以置信的成功，但中國社會付出的代價太高了。我很確定一件事：中國模式不能出口到歐洲。我想在一個開放的社會裏過自由的生活。

馬凱碩：馬蒂亞斯，我可以向你保證，在一個開放的社會裏，中國人不會剝奪你自由的生活方式。

多夫納：看看香港黃之鋒的遭遇 [1]，他肯定會說中國剝奪了他的自由。中國對自由的侵蝕會逐漸從中國香港擴散到其他國家。

德國時代週刊：多夫納先生，您指出歐洲應與美國站在一邊，與中國脫鈎。那麼在這一過程中，您願意犧牲掉多少歐洲就業機會？

多夫納：舉例來說，2019 年，大眾向美國交付了 65 萬輛汽車，卻向中國交付了 420 萬輛汽車。我認為這並不是說中國市場多麼有吸引力，而是對中國市場形成了依賴。但我們必須堅持真正的互惠原則。要想在這方面取得實質進展，我們不應排除脫鈎的可能性。德國對華貿易佔德國對外貿易總額的約 8%，我們不可能在一夜之間改變這種狀況。因此，脫鈎無疑將困難重重，但並非毫無可能。然而，我們希望在中國遵守的原則同樣適用於中國公司。因此，如果中國能切實遵守相關原則，我們就會停止對這些原則問題的爭論。

馬凱碩：在 75 億世界人口中，12% 的人口生活在西方，88% 的人口生活在西方以外的國家。這意味著，無論哪個西方國家決定與中

1　黃之鋒涉非法集結案被判刑 13.5 個月。——譯者註

國脫鉤，那麼該國也是在與世界其他國家脫鉤。談及地緣政治，各國都不會把價值觀放在第一位，每個國家都是如此，美國也不例外。世界上大多數國家，無論他們是否認同中國目前的做法，都仍致力於改善人民生活，提升人民福祉，尋找可靠的合作夥伴以實現自身的發展目標。若不考慮這一現實，你說得很對，理想的情況下，我們確實必須為各方制定明確的規則，提供公平的競爭環境。

德國時代週刊：馬教授，在您看來，中國歷來是一個愛好和平的國家，因此世界各國的擔憂只是杞人憂天罷了。然而，在今年的全國人民代表大會上，中國共產黨刪除了"和平統一"台灣論述中的"和平"一詞。另外，中國在南海問題上也激進了許多。

馬凱碩：地緣政治角逐的歷史告訴我們，根本不存在所謂的仁慈的超級大國。中國遲早會使用軍事手段。但迄今為止，中國表現出了非凡的戰略克制。倘若動用軍事手段，中國能在 24 小時內拿下南海諸島，但事實上中國並沒有這樣做。

多夫納：中國之所以沒有訴諸武力，是因為它明白現代戰爭依靠的不是炸彈和士兵，而是商業力量和數據。在這兩個領域，中國極具侵略性。

馬凱碩：我強烈反對"中國對世界的民主構成了威脅"這個觀點。

德國時代週刊：那您對澳大利亞等國家有何建議？澳大利亞如今正面臨著中國的經濟制裁。荷蘭和瑞典在對中國提出批評後也受到了來自北京的壓力。

馬凱碩：藉助經濟實力以達到地緣政治目標的行為並非始自中

國。長期以來，美國一直在這麼做。就澳大利亞而言，我的建議是：澳大利亞應學會適應新的現實，因為它的鄰居是 40 億亞洲人。當初，美國實力崛起並在中美洲扶持傀儡政府時，中美洲各國不得不進行調整。有鑒於此，我對所有中小國家的建議是：當新的超級大國出現時，我們必須學著適應和自我調整。

多夫納：你莫不是在倡導機會主義的無原則？凡事必須有原則。例如，我們認同公司不應該使用童工，所以通常會制定出一個框架以禁止使用童工。但"無原則性"這一法則的誘惑力過大，越來越多的歐洲商人甚至說中國比美國更是個好盟友。這些人目光何其短淺。現在，我們更願意與一個不完美的民主國家結盟，還是更傾向於跟中國這邊結盟──是時候做出決定了。

馬凱碩：你提到了童工，那我給你講個故事：一家比利時非政府組織發現並關閉了孟加拉國一家使用童工的工廠，結果一年後，那些童工淪為了童妓。

多夫納：不好意思，這又能說明什麼呢？我們不能因為擔心會發生更邪惡的事情，而對本已邪惡的事情視而不見。

德國時代週刊：既然德國和歐洲有條件發揮一定的政治優勢，那麼在中美新一輪競爭中，德國和歐洲應如何進行自我定位呢？

馬凱碩：對歐洲來說，最佳選擇是做自己的主人。只要自己足夠強大，就不必做任何人的附庸。我發現，在諸如聯合國等多邊機構中，歐洲實際上一直不願站出來告訴美國：加強全球規則能使美國和世界共同受益。我不理解歐洲為什麼不這麼做。

德國時代週刊：您為何對中國會遵守多邊規則抱有希望？因為事實並非如此。

馬凱碩：美國自創了"美國例外論"，中國也可以這麼做。但是，如果你制定出將使各國共同受益的多邊規則，我預測中國在絕大多數情況下都會遵守相關規則。

多夫納：從長遠來看，異質競爭要比同質壟斷更具生命力。但從中期來看，我擔心不公平的競爭體系會繼續推動中國的發展，與此同時，中國政府對國內輿論的控制也限制了其國民發聲的可能性。兩個因素共同發揮作用，可能會導致單邊、威權統治進一步發展壯大。

馬凱碩：威權統治注定會失敗，這點我贊同。因此，倘若中國在未來幾十年繼續不斷地取得各種成就，那只能證明中國的制度是靈活的，而非威權的。

多夫納：凱碩，我覺得這點非常重要，因為我不太確定在未來幾十年裏，自由和公平競爭的原則仍然盛行。以人工智能為例：遺憾的是，中國在該領域的處境要比美國或歐洲的好得多。為什麼這麼說呢？因為人工智能的發展速度在很大程度上是由監管框架驅動的。中國並不重視隱私或關於數據所有權的限制，唯一的監管原則就是要服務於國家的整體發展需要。所以，我們該如何應對這種不公平的優勢？

馬凱碩：我認為歐洲已經足夠成熟，可以明確地告訴美國和中國：如果你們想發展人工智能，就必須基於相關規則。世界上其他國家會信任歐洲 —— 這很重要 —— 因為歐洲沒有專制議程。

德國時代週刊：問兩位最後一個問題。回看百年歷史，當英德兩國作為對手爭霸時，這標誌著一些人所謂的“全球化 1.0”時代的結束。那麼，隨著中美兩國捲入包括懲罰性關稅在內的貿易戰，二位是否擔心我們可能正在見證“全球化 2.0”時代的終結？

馬凱碩：我很看好全球化的未來。亞洲如今是世界上最大的中產階級群體聚集地，我也深知他們的願望：過上與許多西方人一樣的舒適生活。因此，一旦新冠疫情結束，一旦大家都可以再次隨心所欲地到各地旅行，我保證，全球化將以勢不可當之勢捲土重來。事實上，我想說：小心點兒，“全球化 3.0”時代就要來了！

多夫納：在我看來，我們正在見證著“重新民族國家化”——一場歐洲和全球化的危機，原因有二：一是新冠疫情的大流行，按理說，面對疫情，各國應戮力同心，攜手抗疫，但事實上，這場疫情卻導致了大多數國家將更多注意力放在自身利益上；二是中國作為一個非西方民主概念超級大國的崛起。不過，從長遠來看，我完全相信全球化將成為時代主流，這是唯一的選擇。因為所有重大問題的解決都離不開世界各國的共同努力，比如氣候變化。如果我們能加強“美國—歐盟”聯盟對北京施加的建設性壓力 —— 結合對話 —— 我們或許能夠達成新的貿易協議。如此一來，自由和全球化將成為時代主流。

中國威脅到了什麼？中美應如何避免戰爭？[1]

美國應該建立將中國納入應對全球性挑戰的戰略，而不是徒勞無功地限制和阻礙中國成長為世界第一大經濟體（這是不可避免的）。

在大約 15 年內，中國的經濟體量將超過美國，成為世界上最大的經濟體。而隨著這一時刻的臨近，華盛頓達成共識，認為中國對美國的利益和福祉構成了重大威脅。美國參謀長聯席會議主席約瑟夫·鄧福德（Joseph Dunford）將軍曾表示，"到 2025 年前後，我國最大的威脅可能來自中國"。美國在 2018 年《國防戰略報告》的概要中聲稱，中國和俄羅斯是"修正主義大國"，正尋求"塑造一個符合其獨裁模式的世界，從而可以對其他國家的經濟、外交和安全決策指手畫腳"。美國聯邦調查局局長克里斯托弗·雷（Christopher Wray）則說過："我們正試圖將中國的威脅看作不僅是對整個政府的威脅，而且是對整個社會的威脅……我認為美國社會需要對此做出反應。"

---

1 *Harper's*, Feb 2019.

這種觀念非常普遍，以至於 2018 年 1 月唐納德．特朗普發動對華貿易戰時，甚至得到了民主黨參議員查克．舒默等溫和派人士的支持。

兩個主要趨勢驅動著這些擔憂。一是經濟方面：他們認為中國通過不公平貿易、要求技術轉讓、竊取知識產權以及實施非關稅壁壘阻礙市場開放，破壞了美國經濟。二是政治方面：他們認為中國經濟的成功發展並未帶來西方政府、尤其是美國所期望的自由民主改革；中國在與其他國家打交道時變得過於咄咄逼人。

美國官員認為中國對美國構成了迫在眉睫的威脅，了解這些便不難理解為何格雷厄姆．艾利森在《注定一戰：中美能避免修昔底德陷阱嗎？》（*Destined for War: Can America and China Escape Thucydides's Trap?*）一書中得出了一個令人沮喪的結論：兩國發生武裝衝突的可能性很大。然而，由於中國無意於動用武力威脅或侵略美國，沒有試圖干涉美國國內政治，也沒有謀求蓄意破壞美國經濟，所以我們必須考慮到，儘管中國威脅論的呼聲越來越高漲，美國仍然可以找到方法，與將在十年內成為頭號經濟大國，也可能成為地緣政治大國的中國和平共處，並使這種方法在限制中國利益的同時能夠促進美國的利益。

首先，美國必須重新審視對中國政治制度根深蒂固的看法。自蘇聯解體以來，美國決策者一直堅信，中國共產黨步上蘇聯共產黨的後塵走向滅亡只是時間問題。兩黨的政治家和決策者都或含蓄或坦率地接受了弗朗西斯．福山的著名論斷，即歷史只有一個方向可走。

2000 年 3 月，克林頓在解釋他為什麼支持中國加入世界貿易組織時強調，經濟自由化必然帶來政治自由化，並得出結論："如果你相信中國人民的未來會更加開放和自由，那麼你就應該支持中國加入世貿組織。"他的繼任者喬治·W. 布什也持同樣看法。小布什在2002年的《國家安全戰略》中寫道："中國遲早會發現，社會和政治自由是鑄造偉大國家的唯一源動力。"希拉里·克林頓的說法更加直接。按照她的說法，中國堅持共產黨的統治，是在"試圖阻止歷史前進，這是徒勞無功的。他們做不到。但他們會盡量拖延時間"。

值得深思的是，美國決策者堅信他們可以自信滿滿地為中國開出"政治處方"。當然，沒有哪個帝國像美國那樣積累了如此強大的經濟、政治和軍事力量，雖然自1776年《獨立宣言》簽署至今還不到250年。相形之下，中國的歷史要悠久得多，中國人民從幾千年的歷史中認識到，當中央政府軟弱分裂時，百姓的境遇最差，例如1842年鴉片戰爭後近一個世紀，中國都在遭受外敵入侵、內戰、饑荒和其他許多災難的踐踏。然而，自1978年以來，中國已經使8億人擺脫了貧困，創造出了世界上最大的中產階級群體。正如格雷厄姆·艾利森為中國政府旗下的一家英文報紙《中國日報》撰寫的一篇評論文章中所言："可以說，40年的奇跡式增長為更多人創造了更大福祉，這比過去4000多年的變化都要大。"這一切都發生在中國共產黨執政期間。中國人也注意到，蘇聯共產黨的垮台導致了俄羅斯人的預期壽命下降、嬰兒死亡率上升和居民收入急劇下降。

在美國人看來，中美政治體系之間的競爭是民主政體與專制政體之間的競爭：美國是民主政體，人民可以自由地選擇政府，享有言論和宗教自由；中國是專制政體，人民沒有這種自由。然而，在立場中立的觀察家看來，這不過是在美國的金錢政治與中國的精英政治之間做一種選擇：在美國，主要公共政策決定最終偏向於富人而非普羅大眾；在中國，由黨內精英根據能力與表現選出官員制定重大公共政策，這帶來了顯著的扶貧成果。一個無法否認的事實是，在過去三十年裏，美國工人的收入中位數並未提高：在 1979 年到 2013 年間，每小時工資的中位數平均增長率僅為 6%，每年的增長率不足 0.2%。

這並不意味著中國當今的政治體制已經完美到無需任何改變。新疆問題仍然受到廣泛關切。如今，中國國內也有許多呼籲改革的聲音，例如著名的自由主義學者許紀霖。在《反思中國的崛起：自由主義批判》（ *Rethinking China's Rise: A Liberal Critique* ）一書中，王大為（David Ownby）將許教授過去十年間撰寫的八篇文章翻譯成出色的英文。許教授對中國學者提出了最尖銳的批評，尤其是批評他們過分關注民族國家，堅持中國與西方政治模式在文化和歷史上有本質差別。他認為，這種對特殊性的過分強調實際上是對中國傳統文化的背離，因為在中國傳統的 "天下" 模式中，對外關係是一個普遍性的和開放的體系。他批評中國學術界同行中的 "極端民族主義者" 對 "西方人創造的任何東西" 全盤否定，相反，他認為中國之所以能在歷史上取得成功是因為它是開放的。然而，即使是像他這樣的自由主義者也不會要求中國照搬美國的政治制度。相反，他認為中國應該 "利用自己的文化傳統"，創建一種 "新天下" 模式：在內部秩序方面，"漢族和各少數民族在法律和身份上相互平等，尊重和保護不同民族的文化獨特性與多樣性"；在國際外部秩序上，"中國與周邊及世界各國不分大國、小國，相互承認與尊重獨立的主權，平等對待，和平共處"。

中國的政治制度理應隨著社會和經濟條件的變化而變化。而且，在許多方面，它已經發生了重大變化，變得比以前更加開放。比如，1980 年，當我第一次去中國時，所有中國普通居民都不能以個人遊客身份出國旅遊。但去年，大約有 1.34 億人出國旅遊，而且這 1.34 億人也自由地選擇了從度假地回到中國。同樣，數百萬年輕的中國精英學子赴美留學，得以享受美國大學裏的學術自由。而在 2017 年，有 80% 的中國留學生仍舊選擇了回國。儘管問題依然存在：如果事情進展順利，習近平為什麼要對共產黨員實施更嚴格的政治紀律，取消任期限制？他的前任胡錦濤在任期間實現了驚人的經濟增長。但這一時期也出現了腐敗和黨內派系主義的激增，比如重慶市委書記薄熙來和此前的國內安全負責人周永康[1]。中國領導人認為，這些趨勢將剝奪中國共產黨執政的合法性，阻礙中華民族的偉大復興。面對這些嚴峻挑戰，他認為除了再次加強黨中央領導之外，別無其他可行的選擇。儘管如此（或者因為他這麼做了），習近平仍然深受歡迎。

許多西方人對習近平的核心地位感到震驚，認為這是發生武裝衝突的前兆。然而，習近平的核心地位並未從根本上改變中國的長期地緣政治戰略。例如，中國避免了無謂的戰爭。美國的地理環境得天獨厚，兩個鄰居加拿大和墨西哥都溫和無害。而中國則不同，中國與印

1　曾任十七屆中共中央政治局常委、中央政法委書記、中央社會治安綜合治理委員會主任。——譯者註

度、日本、韓國和越南等一些強大的民族主義鄰國之間關係緊張。需要注意的是，自 1988 年中越兩國之間發生短暫的海上衝突之後，在聯合國安理會五個常任理事國（中國、法國、俄羅斯、美國和英國）中，中國是唯一一個 30 年來從未與他國發生武裝衝突的國家。反觀美國，即使在相對和平的奧巴馬政府時期，美國軍方也在一年內向 7 個國家投下了 2.6 萬枚炸彈。顯然，中國人更懂得戰略克制的藝術。

當然，有時中國似乎徘徊在戰爭的邊緣。理查德・麥格雷戈（Richard McGregor）的著作《亞洲審判日》（*Asia's Reckoning*）集中講述了二戰後美、中、日三國間的戰略關係，生動地記錄了 2012 年以來中日之間的緊張時刻。2012 年 9 月，時任日本首相野田佳彥（Yoshihiko Noda）聲稱將有爭議的釣魚島 "國有化"，此後中日兩國的軍艦一度在海上危險對峙。然而，儘管很多經驗豐富的觀察家預測中日兩國可能將於 2014 年發生軍事衝突，但實際上後來什麼也沒有發生。

還有不少人認為中國南海海域很有可能會發生軍事衝突。全球每年五分之一的海運都要經過這一地區，中國人在部分島礁和淺灘上修建軍事設施，以擴大對爭議海域的主權範圍。然而，同西方分析人士的結論相反，雖然在政治方面中國對待南海地區的態度無疑更加強硬，但在軍事上並沒有變得更加激進。像馬來西亞、菲律賓和越南這些較小的海域競爭對手控制著南海海域一些島嶼，中國完全可以輕而易舉地將他們趕走，但中國並沒這樣做。

在看那些有關 "中國侵略" 的陳詞濫調時，不要忘了這一點，美國已經錯過了緩和南海地區緊張局勢的良機。前美國駐華大使芮效儉曾對我提到，2015 年 9 月 25 日，在同奧巴馬總統舉行的聯合記者招待會上，習近平主席曾就南海問題向美方提出了一些建議，包括認可東盟十國提出的一些聲明，不僅如此，他還表示儘管中國在南沙群島的部分礁石和淺灘上進行了大規模填海作業，但中國無意在有爭議的南沙群島"搞軍事化"。然而，奧巴馬政府對中國的合理建議無動於衷，甚至還加強了在南海的巡邏力度。作為回應，中國加快了在這些島礁上建設防禦工事的步伐。

正如在軍事外交上需要謹慎一樣，中美在處理兩國間的經濟關係時同樣需要謹慎。特朗普和他的首席貿易顧問彼得·納瓦羅（Peter Navarro）、貿易代表羅伯特·萊特希澤堅持認為是與其他國家進行不公平貿易導致了美國的貿易逆差。但事實上，沒有任何一位德高望重的主流經濟學家同意這種論調。美國前總統里根的經濟顧問委員會主席馬丁·費爾德斯坦（Martin Feldstein）指出：美國在全球的貿易逆差是由國內消費總量超出其國內產能導致的，因此，對低廉的中國商品徵收關稅並不能解決這個結構性問題，只能導致美國普通百姓難以負擔許多生活必需品。

儘管如此，特朗普對中國的貿易戰還是為他贏得了美國主流的廣泛支持。對此，中國其實也難辭其咎。長期以來，美國主流人物一直在抱怨中國的許多經濟政策不符合公平貿易原則，但中國一直對美方日益增長的誤解和抱怨視而不見。正如喬治·馬格努斯（George Magnus）在《紅旗》（*Red Flags*）一書中指出的那樣，美國強烈反對中國藉歧視性政策懲罰外國企業以利好本國公司。他建議美國通過諸如中美全面經濟對話等方式，敦促中國在非政治敏感的商業領域和服務領域放寬市場准入。

馬格努斯建議中美兩國通過現有的一些機制進行對話，這遠比特朗普的貿易戰更加明智。如果特朗普只是抨擊和譴責中國那些不符合貿易公平原則的經濟政策，那他將得到全世界的支持，而世界貿易組織也為此提供了許多途徑。甚至可以預見的是，中國極有可能在私下裏承認這些問題並改變政策。然而，特朗普政府的所作所為不禁讓中國和其他國家懷疑，其真實目的不僅是要消滅不公平的貿易，而且要阻撓或破壞中國靠自身實力成為技術強國的長期計劃。正如馬丁·費爾德斯坦所言，美國當然有權利實施防止他國偷竊技術的政策，但是，美國不應以此為由，試圖破壞中國的長期國家工業計劃——《中國製造2025》，阻撓中國發展自己的電動汽車、機器人和人工智能等技術以躋身世界製造強國之列。

費爾德斯坦和馬格努斯都認為，要維持自身在航空航天和機器人等高科技產業中的霸主地位，美國政府應加大對高等教育和研發的投資，而不是訴諸於關稅措施。簡而言之，美國需要制定自己的長期經濟發展戰略與中國相競爭。無論從政策層面還是從理論層面來看，中國領導人對於國家經濟和民生的未來發展均更有遠見。《中國製造2025》計劃以及"一帶一路"倡議中的基建項目，如高鐵建設等，都展示了中國正在努力成為全球先進的新興製造業的有力競爭者。與此同時，中國領導人開始強調未來絕不能再以製造不平等和犧牲環境等社會代價來片面地追求經濟增長。2017 年，習近平宣佈，中國社會的主要矛盾已經轉化為 "人民日益增長的美好生活需要和不平衡不充分的發展之間的矛盾"。馬格努斯以此預測，中國政府未來的執政重點將轉移到 "改善環境、治理污染、縮小貧富差距和地區發展不平衡、加強社會安全網絡建設" 等方面。馬格努斯認為，儘管中國的經濟發展面臨著一些嚴峻挑戰，但至少中國領導人已經開始想辦法應對。美國也是時候這樣做了。

然而，為了制定長期戰略，美國需要解決其經濟假設中的一個根本矛盾。大多數老練的美國經濟學家認為，讓政府來主導產業政策不能發揮作用，因而主張自由市場資本主義。如果這一理念是正確的，那麼特朗普的主要貿易談判代表羅伯特·萊特希澤就不應反對《中國製造 2025》計劃，這一計劃由中國政府主導，旨在提升技術能力。萊特希澤應該坐視不管，任由中國的工業計劃失敗，就像蘇聯的經濟計劃一樣。

然而，如果萊特希澤相信《中國製造 2025》這一計劃能夠成功，那他就應該考慮到，美國應重新審視其意識形態假設，並像中國一樣制定一個長期的綜合經濟戰略，以便與中國抗衡。即使是世界領先的工業大國 —— 德國也有這樣一個戰略，叫作 "工業 4.0"。德國的戰略中，政府的參與程度顯然沒有中國高，正如戰略與國際研究中心（CSIS）的甘思德（Scott Kennedy）所描述的那樣，中國版的產業政策中，國家扮演 "重要角色……提供整體框架，利用金融和財政工具，支持創建製造業創新中心"。為什麼美國不能制定一個與之相匹敵的計劃呢？

　　諷刺的是，在制定這樣一個長期經濟戰略時，美國的最佳合作夥伴很可能就是中國。中國渴望動用 3 萬億美元的外匯儲備，在美國進行更多投資。頗具影響力的彼得森國際經濟研究所負責人亞當‧波森（Adam Posen）已經指出，特朗普與中國和其他國家的貿易戰導致了 2018 年美國的外國投資淨流入幾乎跌至谷底。2013 年，中國政府提出了"一帶一路"倡議，旨在通過對基礎設施的大規模投資加強亞洲、歐洲和非洲的區域經濟合作，美國應該考慮加入這一倡議。目前加入該倡議的國家將歡迎美國的加入，因為這將有助於平衡中國的影響力。簡而言之，有很多經濟機會美國可以善加利用。正如波音和通用電氣兩家美國大企業從中國航空市場的爆炸式增長中獲益一樣，卡特彼勒和柏克德工程等公司也可以從"一帶一路"地區的大規模建設中獲益。不幸的是，美國意識形態上對國家主導經濟政策的厭惡，將阻礙中美互利的長期經濟合作和美國制定所需的產業戰略。

　　隨著中國的崛起，美國面臨著兩個嚴峻的選擇。首先，美國是否應該繼續其目前對中國的矛盾政策，一方面尋求加強雙邊關係，另一方面則切實地破壞雙邊關係？在經濟方面，美國向來把中國當作經濟夥伴，除了特朗普近年發動的貿易戰；而在政治政策尤其是軍事政策上，美國大多數時候都將中國視為對手。第二，美國能否與中國並駕齊驅，制定出一個同樣有效的長期戰略計劃來應對後者的崛起？簡明的答案是肯定的。然而，如果中國將成為美國的首要戰略重點，也理所當然地應該成為美國的首要戰略重點，那麼一個令人關注的問題是，美國能否像中國一樣在戰略上嚴於律己，放棄對伊斯蘭世界無謂的戰爭和對俄羅斯不必要的誣衊。

當作為世界第一大經濟體時，美國擁有世界上最大規模的國防預算是合理的。但世界第二大經濟體擁有世界上最大規模的國防預算是否合理呢？如果美國固執己見，這不是給了中國戰略藉口嗎？中國從蘇聯的解體中吸取了一個重要教訓：必須先發展經濟再發展軍事。因此，美國把錢浪費在不必要的軍事開支上實際上符合中國的長期利益。

如果美國最終改變對中國的戰略思維，它也會發現，制定出一個既能遏制中國又能促進美國利益的戰略是有可能的。2003 年，比爾·克林頓在耶魯大學的一次演講中為這樣的戰略提供了思路。他的主要意思是，應對下一個超級大國的唯一方法是建立多邊規則和夥伴關係，對其進行牽制。例如，儘管中國對南海海域的珊瑚礁和淺灘提出了主權要求，但《聯合國海洋法公約》使得中國無法主張南海為其內海。中國也有義務執行世貿組織對其不利的裁決。國際規則確實可以發揮作用。幸運的是，在習近平的領導下，中國仍然贊成加強美國創建的全球多邊架構，包括國際貨幣基金組織、世界銀行、聯合國和世貿組織。中國派遣的聯合國維和人員超過了聯合國安理會其他四個常任理事國的總和。因此，中美在多邊場合有合作的機會。

為了抓住這個機會，美國決策者必須接受一個不可否認的現實：中國（和印度）的回歸勢不可當。為什麼呢？因為從公元元年到 1820 年，中國和印度一直是世界上最大的兩個經濟體。而過去兩百年來，西方對全球商業的主導則是一種反常現象。正如普華永道預測的那樣，中國和印度將在 2050 年或更早的時候恢復第一和第二的地位。

中印兩國領導人都明白，我們現在生活在一個相互依存的小小地球村裏，面臨著包括全球變暖在內的許多新挑戰。在特朗普宣佈退出《巴黎協定》（The Paris Agreement）後，中、印本可以緊隨其後，但兩國都沒有這麼做。儘管兩國的政治體制截然不同，但它們都決定做負責任的全球公民。或許，這可能是弄清楚中國是否會威脅到美國和世界的最佳途徑。如果中國願意接受多種全球規則和夥伴關係的約束，那麼它很可能會保持一種不同的政體，且這種政體並不會構成威脅。這是美國"中國威脅論"派應該考慮並為之努力的另一種方案。

特朗普對華策略的矛盾之處 [1]

特朗普政府過分高估了中國對美國民生和價值觀念的威脅。然而，沒有制定一個全面、長期的對華戰略就發起與中國的地緣政治競爭，特朗普政府又低估了中國共產黨的支持度和韌性。

在應對來自中國的挑戰時，特朗普政府最大的矛盾之處就是，既高估了又低估了這一挑戰。高估是顯而易見的，但低估則不那麼明顯，這更加危險。

2020 年 7 月 23 日，美國國務卿邁克·蓬佩奧在尼克松圖書館發表演講時，明確闡述了自己為何會高估來自中國的挑戰。蓬佩奧說："中國濫用貿易行為的統計數據非常驚人，這剝奪了美國人的就業機會，並對包括南加州在內的美國各地經濟造成了沉重打擊。""而且我們發現中國軍事實力正在增長，甚至越來越有威脅性。"如果有人認為中國即將對美國發動軍事入侵，那也是可以理解的。然而，毫無

1　*The National Interest*, Jul 29, 2020.

疑問，在軍事領域，美國比中國強大得多。蓬佩奧在演講中說："我們敦促中國開展行動使其核能力符合當代的戰略現實。"如果中國聽從他的敦促，那麼就必須增加 5500 多件核武器儲備，因為中國只有 300 多件核武器，而美國則有近 6000 件。

蓬佩奧還宣稱，中國共產黨正在利用美國的"自由開放社會"，並"派宣傳員參加我們的新聞發佈會，加入我們的研究中心、高中、大學甚至家長會"。總之，中國的影響力已經滲透進美國社會的各個階層，會對美國社會造成破壞。蓬佩奧用了一個最有力的詞來形容中國共產黨——弗蘭肯斯坦[1]，這個詞暗示著一個怪物正在威脅美國，所以美國人聽了演講後感到害怕也是情有可原的。

然而，儘管特朗普政府官員近期關於中國的言論很尖銳，但他們終究還是低估了中國帶來的挑戰，因為他們都沒能真實地闡釋這一挑戰的性質。蓬佩奧明確表示，威脅美國的是中共的共產主義意識形態。如果中國的目標確實是取得全球霸權，那麼美國人大可放寬心，因為任何這樣的野心都終將在全球人民的一致反對下走向失敗。

對美國而言，中國共產黨實際上是一個更為令人敬畏的對手，因為其首要目標並非謀求全球霸權，而是要重振世界上最古老、最具韌性的文明，使之恢復昔日地位——在人類歷史上大多數時期內，它都是最成功的文明。中國共產黨在這一復興進程中表現出色。還有個事實鮮為人知：自從中華人民共和國於 1949 年成立以來，現階段是

1　源自英國作家瑪麗・雪萊（Mary Shelley）於 1818 年創作的同名長篇小說《弗蘭肯斯坦》（Frankenstein），又譯作《科學怪人》。——譯者註

中國共產黨最強大的時候。

2020 年 7 月，哈佛大學肯尼迪學院阿什研究中心發表了一份題為《理解中國共產黨的韌性》（*Understanding CCP Resilience*）的研究報告，解釋了共產黨在中國如此受歡迎的原因。報告稱："長期以來，政權理論一直認為，專制制度依賴於威壓、決策過度集中、個人權力凌駕於制度權力之上，因此天然就不穩定……隨著時間的推移，這些缺陷往往會削弱執政政府的合法性，導致普遍的動亂及民眾的不滿。" 本來這些都應該發生在中國的，但事實恰恰相反，如同這份報告所言："中國共產黨似乎一如既往地強大，其更深層次的韌性建立在民眾對黨的政權政策的支持上。"因此，該報告結論認為，"幾乎沒有證據表明中國共產黨在人民眼中正在失去合法性"。

蓬佩奧將中國共產黨與中國人民區分開來，這也低估和誤解了中國所帶來的挑戰。他說："我們還必須介入並賦予中國人民權利——中國人民是一個充滿活力、熱愛自由的民族，完全不同於中國共產黨。" 這裏有一些非常重要的數據：每年有超過兩千萬中國人申請加入中國共產黨，但只有大約 12% 的人能成功，加入共產黨的難度不亞於在美國申請一所一流大學。簡言之，中國共產黨並沒有因為美國的施壓即將分崩離析：它被 14 億中國人賦予執政的合法性，中國人現在很幸福，因為中華文明正在煥發新的生機。《2020 年愛德曼信任度調查報告》稱，九成中國人支持中國政府。

所有這些都彰顯出了美國對華戰略的一個主要弱點。當美國急於和中國對抗之際，沒有哪個國家跳上美國的戰車，除了不明智的本屆澳大利亞政府，就連像英國這樣的親密盟友都沒有這樣做。今年 1 月，一位英國高層人士在達沃斯指出，英國將繼續安裝華為的 5G 技術，因為英國情報機構已經徹底證明了華為軟件的清白。他自信地斷言，美國不能對英國施壓，因為兩國是相互依存的。但到 7 月，英國已經選擇了屈服。我們只能想像美國對英國施加了多大的壓力。這與冷戰時期形成了鮮明對比，彼時的英美是同一戰壕的鐵哥倆。

特朗普政府在一點上是對的。從歐洲的外交場合到中印邊境衝突，全球越來越關注中國所表現出的新的"堅定自信"。美國若想平衡中國的影響力，理智和周詳的戰略是在全球建立廣泛的朋友圈。但美國採取的策略卻恰恰相反，如理查德·哈斯所說："在本屆政府的領導下，我們將歐盟視為經濟敵人，對韓國和日本重拳出擊……如果盟友都不能信任我們，指望他們站出來與強大的鄰國抗衡是不現實的。"

如果特朗普政府或美國想要認真對待中國的挑戰，就需要推倒現有的計劃，重新制定一個周詳的長期戰略。要理解中國共產黨的本質，美國還應該聽取其以前的戰略思想家的建議。正如喬治·凱南所說："第一步是必須對我們所應對問題的本質有一個清醒的認識，而認識這一問題同樣需要勇氣、超然與客觀的立場和解決問題的決心，以免我們被情緒化影響或擊敗。"

凱南還建議美國應該養成"謙遜謙卑"的美德。如果美國想對中國造成的巨大挑戰形成客觀深刻的認識，就必須重拾這些美德。

香港人應該明白自己淪為了別人的棋子 [1]

香港地區的抗議活動被一些人認為是為了民主和自由而戰。但我們必須將抗議活動放在中美地緣政治競爭的大背景下去理解。

編者按：

　　為什麼美國和中國這兩個世界上最大的大國愈發互相敵視？在中美競爭態勢下應如何看待香港事務？美國和其他西方國家正深陷內部危機，現在是時候改革其政治制度嗎？在一個發生著深刻變化的世界裏，今天的國際事務觀察家們正在努力地找尋這些問題的答案。《環球時報》（*Global Times*）記者于金翠和白雲怡在近期的一次書面採訪中徵求了新加坡國立大學亞洲研究所的傑出研究員馬凱碩的真知灼見。

環球時報：最近幾個月中美關係的惡化是否超出了你的預期？美

1　*Global Times*, Jun 18, 2020.

國在 2020 年 11 月大選後，這一趨勢還會繼續嗎？不同的選舉結果將如何影響雙邊關係？

馬凱碩：我對中美關係近期的惡化並不感到驚訝。正如我在《中國的選擇》一書中所寫，美國決定發起對華地緣政治競爭是由幾股結構性力量推動的：第一，如哈佛大學教授格雷厄姆·艾利森觀察到的那樣，當第二大國（中國）力量直逼第一大國（美國）時，地緣政治競爭不可避免會爆發；第二，美國不滿中國通過亞投行和"一帶一路"倡議等舉措在國際上擴大影響力；第三，正如美國前助理國務卿坎貝爾所說的那樣，美國曾期待"美國的力量和霸權可以輕易地將中國塑造成美國喜歡的樣子"，簡單地說就是，美國曾期待中國變成像美國那樣的自由民主國家，沒能實現這一期待（即使它是錯的）讓它感到失望；此外，西方社會長期以來一直存在恐懼"黃禍"的心理。這些結構性因素推動美國兩黨取得一致，支持對中國發起的地緣政治競爭。

無論誰贏得這次大選，中美之間的地緣政治較量都將繼續。只不過如果拜登獲勝，其政府將會更有"禮貌"，停止對中國的公開侮辱。與此同時，拜登領導下的美國也可能成為中國強大的競爭對手，因為拜登政府將會更有效地團結美國的朋友和盟友。目前，歐洲等盟友對特朗普政府已不再抱有幻想。當然，我認為一個更加理性的拜登政府也有很大可能接受我在書中提出的建議，即中美應合作應對新冠肺炎和全球變暖等共同挑戰，而不是相互對抗。

環球時報：中美兩國在經濟、技術、政治制度和全球領導力方面的競爭和衝突日益加劇。您認為在哪些領域可以緩解衝突，在哪些領域仍將趨於緊張？

馬凱碩：很難預測中美地緣政治競爭的未來走向，因為美國還沒有制定出一個全面、周詳的對華長期戰略。是亨利·基辛格博士與我分享了這一洞見。由於缺乏戰略，美國此前對中國採取的貿易戰等行動也損害了美國人民的利益，尤其是在新冠疫情暴發後。

而在制定對華戰略之前，美國需要回答這樣一個根本問題：美國的核心戰略目標，究竟應該是維護其在全球體系中的"主導"地位，還是增進人民福祉？選擇顯而易見：是要主導地位還是要人民。

直到今天，美國政府內的很多人還都認為，美國應維護自己的"主導"地位。但可悲的是，這種衝動導致美國發動了許多不必要的戰爭，比如在"9·11"後的戰爭上浪費了 5 萬億美元，而在過去 30 年裏，美國底層 50% 民眾的平均收入卻一直在下降。如果將這 5 萬億美元發放給這些人，每人都能分到 3 萬美元。

簡而言之，如果美國專注於增進人民福祉和應對氣候變化，中美在許多領域的競爭都可以避免，比如貿易戰。但如果美國專注於維護其主導地位，兩國之間的競爭將在很多領域加劇，類似抵制華為的 5G 技術和中國提出的"一帶一路"倡議等行為還會發生。

全世界都希望，美國能夠選擇增進本國人民福祉這條更加明智的道路。

環球時報：中美兩國的一些學者認為，中美關係處於過去四十年來最糟糕的時期，要解決這種隔閡需要花費幾十年時間。若真如此，中美對抗將如何影響未來幾十年的世界格局？其他國家必須 "選邊站" 嗎？

馬凱碩：美國有 3.3 億人口，中國有 14 億人口，其他 60 億人口分佈在其餘 191 個國家。中美地緣政治競爭讓這些國家深感不安，他們希望兩國應與世界其他國家合作一道應對緊迫的全球挑戰，如新冠肺炎疫情和全球變暖。因此，很少有國家（如果真有的話）會急於選邊站隊。如果中美兩國都能拋開地緣政治競爭，專注於復甦自新冠肺炎疫情暴發以來陷入嚴重停滯的全球經濟，和促進經濟可持續發展以應對氣候變化，絕大多數人將感到欣慰和高興。我的《中國的選擇》一書的主要目的之一，就是要說服兩國更加重視其他國家的觀點。

當美國宣佈退出世界衛生組織時，沒有一個國家追隨它的腳步，這已經清楚地表明了其他國家的立場。因此我認為，傳達全球 78 億人想法的一個辦法是振興聯合國等主要多邊組織並與之合作。德國總理安格拉‧默克爾與法國總統埃馬紐埃爾‧馬克龍都強調了多邊主義的重要性。多邊機制有助於穩定世界，抵擋中美地緣政治競爭導致的混亂，因此我們應當鼓勵歐盟在這方面多發揮領導作用。

環球時報：您近期說，香港已經淪為美國和中國日益加劇的對抗中的一枚 "棋子"，您能進一步闡述一下這個觀點嗎？

馬凱碩：在美國發起的對華地緣政治競爭中，美國自然會尋找各種機會讓中國難堪。這對超級大國來說很尋常。美國還認為，香港近期的動盪和即將出台的國家安全法 [1]，為他們提供了一個合適的反華 "宣傳武器"，尤其是在西方國家。在這種背景下，香港人必須認識到，他們已經成為 "政治足球"，將被捲入這場地緣政治競爭。在任何一場球賽裏，選手們都會追求進球、得分，尤其是得到 "宣傳分"，但悲哀的是，足球在這個過程中不可避免被損壞。如果香港人還不能明白他們已經成為地緣政治競爭的棋子，那他們注定會為此付出代價。

許多西方國家認為香港的不穩定符合其利益，所以支持示威和騷亂，因為這打了中國的臉。但事實上，如果英美等國冷靜地衡量一下切實的長期利益，尤其是復甦全球經濟這個首要需求，它們就會意識到，香港的穩定和保持充滿活力的商業和金融中心地位，將使西方企業從中國的增長中充分受益。

環球時報： 1997 以前，英國殖民統治下的香港一直是西方在亞洲的前哨，但如今中國恢復了對香港行使主權。北京正在為香港制定國家安全法，此舉遭到西方國家的強烈反對。這種衝突的原因是什麼？

馬凱碩： 每個國家都有國家安全法。《中華人民共和國香港特別行政區基本法》第 23 條明確規定："香港特別行政區應自行立法禁止任何叛國、分裂國家、煽動叛亂、顛覆中央人民政府及竊取國家機密的行為，禁止外國的政治性組織或團體在香港特別行政區進行政治活

1　全稱　《中華人民共和國香港特別行政區維護國家安全法》，於 2020 年 6 月 30 日第十三屆全國人民代表大會常務委員會第二十次會議通過。—— 譯者註

動，禁止香港特別行政區的政治性組織或團體與外國的政治性組織或團體建立聯繫。"正是因為香港當局未能履行其職責，中央政府才進行了這項立法。

每個國家都有國家安全法。這些法律旨在保護各個國家免受外國干涉，尤其是對國內政治的干涉。比如，雖然美國擁有世界上最廣泛的媒體自由，但直到最近，外國公民都不能在美國擁有電視台所有權。當年傳媒大亨魯伯特・默多克（Rupert Murdoch）不得不先放棄自己的澳大利亞國籍，在成為美國公民後，才在美國擁有電視台的所有權。直到 2017 年，美國才允許外國法人擁有 100% 媒體所有權。但是，美國國務院通過替代立法 ——《外國代理人登記法》（Foreign Agents Registration Act）來管理外國法人擁有的電視台。再比如關於特朗普的"通俄門"報道，儘管未得到證實，但還是引發了美國民眾的不滿。不過，據《紐約時報》報道，美國卻有不少干預其他國家選舉的先例。據卡內基梅隆大學國際關係助理教授多夫・萊文（Dov Levin）研究，自 1946 至 2000 年間，美國以公開或秘密形式干預他國選舉的事件就有 81 起，而同期蘇聯 / 俄羅斯只有 36 起。2018 年 2 月 17 日，《紐約時報》記者斯科特・謝恩（Scott Shane）在報道中寫道："美國的行為有時會背離民主理念很遠。中情局在 20 世紀 50 年代幫助推翻了伊朗和危地馬拉的民選領導人，又在 60 年代支持其他幾國的暴力政變，還策劃了暗殺行動，並支持拉美、非洲和亞洲幾個殘暴的反共政府。"

我認為，制定香港國安法時，可以考慮參照那些和中國香港人權情況類似的國家的有關法律，沒有必要白費力氣做重複工作。

我深信，只要國安法符合既定的國際規範並由香港司法獨立的法院執行，香港就將繼續成為一個充滿活力的商業金融中心和開放的國際大都會。然而，要實現這一目標，香港領導人必須大力開展公共教育，向香港民眾解釋這些新法律。

環球時報：喬治·弗洛伊德（George Floyd）之死在美國引發了大規模抗議。抗議活動開始後不久，美國政客就威脅要動用軍隊來鎮壓——為什麼他們對香港的暴力抗議者採取完全不同的態度？

馬凱碩：在大多數（並非所有）國家中，和平抗議是合法的，但在任何國家中暴力示威都是違法的。因此，中國香港和美國警方制止暴力示威都是合法的，然而，明智的警察機關會保持謹慎和克制。香港警隊的表現著實令人欽佩，他們既有效地制止了暴力行為，又沒有造成任何傷亡。而一些美國人卻因此喪生。

部分香港示威者轉向暴力行為是一個巨大錯誤。因為在所有健康的社會中都有一條不可逾越的基本原則：只有國家機關有權使用暴力手段維護法律與秩序。這就是為何警察有權逮捕涉嫌違法的公民，而公民卻不可以逮捕警察。香港的暴力示威者用石塊、金屬棒來攻擊警察，這極大地損害了他們的本質訴求。

歷史已經告訴我們，最成功的示威是和平示威，就像聖雄甘地和馬丁·路德·金所領導的和平抗議運動那樣。與此同時，大多數抗議都是由根本的社會經濟問題引發的。悲哀的是，與美國最窮的50% 民眾一樣，香港底層 50% 的民眾的生活水平在最近這些年也沒有得到提高，這正是香港和美國發生示威遊行的根本原因。但幸運的是，香港在應對這一群體的問題上處於有利地位，因此，我很看好香港。

環球時報：美國對新冠肺炎疫情的反應令人失望。為什麼這個世界上唯一的超級大國在疫情中的表現如此糟糕？特朗普政府是罪魁禍首，還是美國社會及其政治制度中累積的問題造成如此結果？

馬凱碩：美國對新冠肺炎疫情的應對非常令人驚訝和失望，因為在過去幾十年裏，美國一直是一個令全世界羨慕和嫉妒的國家。1979 年 1—2 月鄧小平先生訪美期間，中國人民見證了美國工人階級當時的富裕程度。但正如我在《中國的選擇》一書中指出的那樣，遺憾的是，在接下來的 30 年直到 2010 年，美國成為了唯一一個底層一半人口收入持續下滑的主要發達國家。普林斯頓大學的兩位經濟學家安妮・凱斯和安格斯・迪頓，記錄下了這一事實是如何使得美國白人工人階層陷入絕望的。他們也記錄了這種糟糕的經濟狀況是如何隨著家庭功能失調、社會孤立、吸毒成癮、肥胖和其他社會問題而日益加劇的。

因此，僅僅將美國當前的問題歸咎於特朗普政府是錯誤的，因為這些問題已經累積了很久。"里根—撒切爾革命"才是引發美國社會問題最主要的原因。羅納德・里根總統曾說過一句名言："政府不是解決問題的辦法，政府才是問題所在。"於是，美國的主要政府機構，包括聯邦航空管理局、食品藥物管理局等在內的國際知名專業機構都被嚴重削弱。當政府機構變得軟弱，政府處理社會危機（比如貧富不均）和衛生危機（比如新冠肺炎疫情）的能力自然會受到嚴重限制。

環球時報：在您看來，新冠肺炎疫情之後，西方會逐漸開啟"大政府"的時代嗎？西方自18世紀以來鮮少改革其政治制度，他們需要做出反思或改革嗎？

馬凱碩：當我們談論"西方"與"大政府"時，需要將歐盟與美國分開來看。的確，從這次疫情來看，歐盟和美國的應對都很差，因為歐美國家每百萬人口的死亡率遠高於東亞。

然而，總的來說，在發達國家之中，大部分歐洲國家在政府與市場兩個角色間保持了健康的平衡。它們的經驗也驗證了諾貝爾經濟學獎獲得者阿馬蒂亞·森的名言：成功的國家是那些將自由市場這隻"看不見的手"和良好的治理這隻"看得見的手"結合在一起的國家。這也是丹麥、芬蘭等國常被視為榜樣的原因。

相比之下，在里根總統之後，美國就已經放棄了良好的治理這隻"看得見的手"。當下，美國需要就重振主要政府機構達成新的共識，以解決國內長期累積的重大社會經濟問題。美國前副國務卿、卡內基國際和平基金會主席威廉·J.伯恩斯（William J. Burns）曾寫道，他目睹"（美國）政府緩慢而痛苦地脫水 —— 政客們只對貶損各個機構感興趣，而不是推動其現代化。官僚程序龐雜煩瑣，公眾看到了自身利益與政治精英利益之間的巨大差距……"。他進一步指出，"針對政府的戰爭早就該結束了"。倘若美國人民聽取了威廉·伯恩斯大使的建議結束對政府的戰爭，他們一定會過得更好。

環球時報：美國的動盪令人擔憂，這會在更多國家引發類似的混亂嗎？在後疫情時代，世界上更多國家會更頻繁地發生政府崩潰、財富差距擴大和動盪嗎？

馬凱碩：美國仍是世界上最大的經濟體。如果美國經濟增長放緩，或者繼續下滑，這不僅對美國，也將對世界產生不利影響。美國經濟恢復增長符合全球的利益。

然而，如果美國以及世界經濟想要恢復增長，我們就必須重新回到特朗普總統當選前各國達成的全球共識。首先，我們必須一致認為，如果我們不打貿易戰，而是共同努力降低關稅、減少非關稅貿易壁壘，世界將會更美好。第二，我們必須努力加強而不是削弱世界貿易組織。事實上，正如我在《大融合》一書中所寫，我們必須加強所有聯合國所屬多邊組織的職能，包括世界衛生組織。第三，我們還必須繼續推動達成自由貿易協定，如《區域全面經濟夥伴關係協定》和《全面與進步跨太平洋夥伴關係協定》。2020 年 5 月 28 日，李克強總理表示，"中國對加入《全面與進步跨太平洋夥伴關係協定》持積極開放的態度"，這非常令人鼓舞。

總之，儘管美國經濟的放緩會拖累全球經濟，但如果我們對開放經濟和自由貿易保持信心，包括東北亞和東南亞在內的東亞經濟仍有可能保持增長。在 20 世紀 50 和 60 年代，美國和歐洲通過一步步推動經濟自由化保持了經濟的強勁增長，那麼同樣，東亞如今也可以帶頭推動經濟自由化。如此將吸引亞洲其他地區、非洲和拉丁美洲的許多發展中經濟體與東亞經濟實現更深入的融合。

幸運的是，1945 年由西方為世界建立的基於規則的秩序並未崩潰，儘管特朗普政府已經放棄了它，儘管與許多美國人一樣，許多歐洲人也對未來感到不安，但以德國和法國為首的歐洲並未退出全球多邊機構。東亞和歐洲應共同努力，藉助新加坡前總理吳作棟首創的亞歐會議平台，穩定以規則為基礎的全球秩序。

新冠肺炎疫情 "提高了中國在世界秩序中的地位" [1]

中國是世界上第一個面對新冠肺炎疫情暴發的國家。即便如此,與美國和西歐等傳統強國比起來,中國的應對措施切實地提高了其在國際上的地位。

    2020 年,新型冠狀病毒(正式名稱為 SARS-CoV-2)引發的呼吸道疾病 —— 新冠肺炎的暴發使世界經濟突然停擺。為了遏制病毒的快速傳播,許多國家實施了封鎖和其他史無前例的物理隔離措施,將全球大量人口約束在家中。

    隨著死亡人數的不斷攀升,全世界都在爭相研發疫苗,人們對這種病毒的源頭也產生了各種各樣的猜測。

    有人指責中國是疫情的源頭,但這種病毒的起源尚不明確。

    儘管面臨種種挑戰,但與一些西方國家相比,中國成功地將

1　DW, April 30, 2020.

死亡率控制在了相對較低的水平。

　　新加坡前外交官、著名學者馬凱碩在接受德國之聲（DW）採訪時談到了中國和東亞國家對這場疫情的反應，以及與西方國家的對比。

德國之聲： 新冠肺炎疫情似乎極大地改變了世界秩序。這場突發的公共衛生事件如何影響了中國在全球事務中的地位？

馬凱碩： 在疫情暴發前，中國正逐漸成為世界第一經濟大國。在應對這次疫情危機時，中國地方政府一開始手足無措，犯了一些錯誤。比如"吹哨人"李文亮被迫三緘其口，這令人扼腕。

　　但一旦緩過神來，中國就對新冠肺炎疫情進行了有力回擊。中國十分有效地阻止了這種極其危險的病毒的傳播，這令全球感到驚訝。這些做法都增強了中國在全球秩序中的地位。

德國之聲： 中國是如何做到在新冠肺炎疫情中保持低死亡率的？

馬凱碩： 中國大陸與其他東亞國家（新加坡、日本、韓國）以及中國台灣和中國香港等地區的死亡率都很低。中國迅速且果斷地暫停了全國人員流動，控制住了疫情。這就是保持低死亡率的秘訣。

　　中國擁有非常強大的行政機構，這些機構的治理能力多年來不斷地加強。這是中國能出色地應對危機的另一個原因。相形之下，美國則在削弱公共服務機構的能力，例如減少資助、打擊士氣、弱化權威性等。

　　美國指責世界衛生組織在政策上"以中國為中心"，對世衛組織的政治不滿日益高漲，在這種情況下，世衛組織將如何發揮好作用？

　　我曾擔任過十多年的新加坡駐美國大使。在任期間，我敏銳地觀察到各國是如何試圖削減對聯合國的經費支持的。儘管世衛組織對世界各國都至關重要，但包括美國和歐盟在內的西方世界仍然減少應支付的義務性會費，進而削弱了該組織。

　　僅靠自願捐款不足以支持世衛組織制定長期計劃和招募長期的衛生檢查人員。中國正在崛起為一個大國，如果中國能將世衛組織的義務性會費恢復到以前的比例，這將是一件大好事。中國的做法將會獲得廣泛的支持。中國承諾向世衛組織提供 3000 萬美元（2750 萬歐元）的自願捐款，這已經開了個好頭。但我認為，在加強世衛組織的長期能力建設方面，北京能夠做出更大貢獻。

　　德國之聲：關於新型冠狀病毒的起源有種種陰謀論。您認為人們為什麼更關注這一點而不是去抗疫，尤其是在西方社會？

　　馬凱碩：當新冠肺炎疫情暴發時，中美本可以拋開分歧共同抗疫，這才是理性又明智的選擇。遺憾的是，美國總統特朗普發動的對華貿易戰原本就加劇了中美之間的地緣政治競爭，新冠疫情更是雪上加霜。

　　美國和一些西方國家正在利用新冠肺炎疫情給中國製造難堪。他們聲稱新冠病毒是中國一家實驗室秘密製造的。幸運的是，在西方既有譴責中國的聲音，也有讚揚中國的聲音。

　　例如，《柳葉刀》（*The Lancet*）和《自然》（*Nature*）等權威西方期刊對這些指控進行了研究，結論是：中國提供的信息是正確的，病毒是自然因素導致的。中國一破解病毒全基因組序列，就與世界進行了共享。

德國之聲：新冠肺炎疫情會讓西方對中國和中國企業更加警惕嗎？

馬凱碩：美國對中國的提防不僅僅是因為新冠肺炎，這是兩國地緣政治競爭所導致的。特朗普總統只在打擊中國這一問題上獲得了兩黨支持。這種反華情緒是中美之間長期的結構性地緣政治競爭所導致的，而非新冠肺炎。

即使在 2020 年 11 月的大選中特朗普總統沒有獲勝，我也可以遺憾卻自信地預測，中美之間的地緣政治競爭仍將持續下去。美國一定會利用中國在新冠疫情中犯下的錯誤來加重對中國的指責。

德國之聲：在您的著作《中國的選擇》中，您讚揚了習近平的治理，並說："習近平主席極有可能為中國提供一位哲學王者的仁慈領導方式。" 在觀察中國的抗疫方式之後，您認為這種說法是否依然成立？

馬凱碩：管理一個擁有 14 億人口的國家是世界上最難的工作之一，中國作為一個國家而存在的每一天都堪稱奇跡。如果你想評價中國任何一位領導人，你不應該根據他們的言論來評判，而應以他們的政績為標尺。

在過去的三四十年裏，中國人的生活水平得到了極大提高，這顯然得益於中國共產黨的領導。如果人民生活水平持續提高，我認為這表明中國在領導和政府管理方面已經達到了一定的水平。

德國之聲：西方許多國家批評中國趁著這次疫情之機送出口罩和裝備，這種說法有多少可靠性呢？

馬凱碩：很難辨別孰真孰假。我會聽一聽意大利、希臘、塞爾維亞等國政府的聲音，對於中國所提供的幫助，他們似乎還是比較滿意的。

然而，反觀法國和德國政府，他們似乎對中國的言行感到不安。中國並不完美，也會犯錯誤。也許中國援助口罩時行動得太快了，而沒有檢查口罩的質量。

歸根結底，我們必須拭目以待整個局勢將會發展到哪一步。我預測，隨著疫情越來越嚴重，越來越多的國家將會向中國尋求幫助。

德國之聲：新加坡的新冠肺炎病例很大一部分發生在外籍工人的宿舍，新加坡政府是如何處理的？

馬凱碩：新加坡對新冠肺炎疫情的應對贏得了世界其他國家的高度讚揚。然而，我們遲遲未能發現外國工人宿舍裏發生的疫情。我們本來可以早點行動阻止疫情在外國工人宿舍裏蔓延的。但當新加坡意識到這個問題後，我認為採取的應對措施是非常有效的。

新加坡對外國工人提供了非常慷慨的幫助。新加坡總理給這些工人身在印度和孟加拉國等國的家屬發出信息，告訴他們不要擔心，新加坡正在關照他們的家人。在新加坡的外國工人也可以像本國公民一樣享用世界一流的醫療設施。

在新加坡，新冠肺炎疫情導致的死亡病例只有 14 例，與美國等死亡人數超過 55000 人的國家相比，這非常了不起。

德國之聲：與美國等國家相比，新加坡、中國和韓國等亞洲國家是如何處理新冠肺炎疫情相關的謬誤信息的？

馬凱碩：東亞國家從西方學到了科學的力量。即使在今天，東亞在醫藥等領域的重大突破仍依賴於西方。因此，我們東亞都對特朗普政府在應對疫情時放棄科學治療方法深感困惑。當然，並非所有的西方國家都如此，新西蘭和德國的應對與東亞的一樣科學、謹慎。

中國如何才能在後疫情時代取勝，超過美國？[1]

隨著中美地緣政治競爭的勢頭加劇，美國必須反身自問是否能夠真正改善其他 191 個國家的福祉。

　　要了解即將到來的後疫情世界，我們必須銘記一個重要的統計數據：美國有 3.3 億人口，中國有 14 億人口，另有約 60 億人口生活在其他 191 個國家。這些國家已經開始為中美地緣政治競爭做準備。他們的選擇將決定誰是贏家。

　　對大多數美國人而言，這場競爭是不需要動腦筋的。他們相信世界上另外 60 多億人將會選擇熱愛自由民主的美國。事實上，美國在許多方面仍然更有吸引力：世界一流的大學（例如哈佛和耶魯）、百老匯和好萊塢。然而，衰落的大國也仍然保有文化吸引力，例如擁有劍橋和牛津、莎士比亞和簡・奧斯汀的英國。

　　管理這 191 個國家的精英階層大多接受過西式大學的教育。他們

1　MarketWatch, April 18 , 2020.

已經學會運用冷靜的理性演算，對美國和中國能夠給予他們的東西進行成本效益分析。打感情牌是沒用的。這些精英最終必須決定到底是美國還是中國能夠改善他們人民的生活條件。

非洲就是一個最佳例子。非洲領導人研究了東亞經濟的成功案例，並從中吸取了經驗，明白了刺激經濟增長的是貿易，而非援助。中國現在是世界上最大的貿易大國，貿易總額為 4.43 萬億美元，而美國為 3.89 萬億美元。要促進非洲內部的貿易就需要一流的基礎設施，而中國現在是世界基礎設施建設超級大國，在非洲建設急需的港口、鐵路、公路和發電站，包括位於坦桑尼亞的巴加莫約特大港口和亞吉鐵路 —— 非洲第一條完全電氣化的跨國鐵路。盧旺達總統保羅·卡加梅（Paul Kagame）曾表示："中國人帶來了非洲需要的東西：為政府和企業提供投資和資金。"這裏有個關鍵性指標：當中國召開中非首腦會議時，所有非洲國家領導人都出席了。

人們普遍認為，中國正在把所有這些窮國拖入債務陷阱，但一項同行評議的學術研究發現，這種看法是不正確的。在 2019 年的一篇研究論文中，約翰斯·霍普金斯大學的教授黛博拉·布羅蒂加姆（Deborah Brautigam）得出結論稱，這些國家中的大多數都是自願簽署了這些貸款，並且與中國合作愉快。布羅蒂加姆寫道："迄今為止的證據，包括斯里蘭卡的案例，表明對中國銀行在'一帶一路'沿綫國家和其他地區為基礎設施提供資金的警告言過其實了。"她繼續補充道："……許多人對中國的經濟模式表示贊成，並認為中國是一個有吸引力的發展合作夥伴。"

例如，在 2014 年，肯尼亞 65% 的人、加納 67% 的人以及非洲人口最多的國家尼日利亞 85% 的人都對中國看法良好。因此，當中國提出"一帶一路"倡議（BRI），開展從中亞到非洲（甚至到拉丁美洲）的基礎設施建設時，大多數國家都簽署了協議。誠然，中國在"一帶一路"上也有過失誤。2018 年出任馬來西亞總理的馬哈蒂爾·本·穆罕默德（Mahathir bin Mohamad）對相關協議中的條款表示抗議。然而，兩國後來又悄悄重新談判，馬哈蒂爾也成為 2019 年北京"一帶一路"峰會開幕式上的主要發言人之一。

作為西方俱樂部核心集團——七國集團——的成員，意大利是標明世界動向的一個主要風向標。意大利經濟持續不景氣，中國已加緊向意大利提供新的投資。意大利前經濟和財政部長喬瓦尼·特里亞（Giovanni Tria）稱，中國的投資能夠為意大利經濟帶來"良性循環、令人滿意和廣泛的增長"，"意大利不能錯過這趟列車"。如今，新冠肺炎疫情極大地推動了中意關係的發展。歐盟成員國起初不願意幫助意大利，但中國幾乎立即做出了回應，向意大利輸送了 31 噸急需的醫療設備、呼吸機、口罩和防護服等物資。

以往的災難發生時，比如 2004 年印尼的節禮日大海嘯，美國是第一個施以援手的國家，而中國提供的援助則很少。但在抗擊新冠肺炎的鬥爭中，中美兩國的角色發生了逆轉。中國對疫情的有力應對與美國的乏力應付之間形成了鮮明對比，全球除中美兩國以外的 60 億人對此深感震驚。他們贊同世界衛生組織的評估："中國遏制這種新型呼吸道病原體迅速蔓延的大膽做法已經改變了其迅速升級為致命大流行病的過程。"

同樣重要的是，著名西方醫學雜誌《柳葉刀》發表了一封來自醫學和公共衛生領域主流專業人士的公開信，這封信也讚揚了中國的應對措施，指出"中國的科學家、公共衛生專業人士和醫學專業人士……所做出的努力是了不起的"。

贏得朋友、影響他人

然而，所有這些並不意味著絕大多數國家會拋棄美國，加入中國的陣營，形勢還遠遠未到這一步。大多數國家都希望能夠與這兩個大國保持良好的關係，他們不想被迫做出選擇。例如，如果中國的華為能夠提供又好又便宜的 5G 技術，大多數國家（包括美國的盟友，如英國、德國和法國）都希望能自由地選擇最好的技術或電信基礎設施。因此，當美國對購買華為產品的國家實施制裁時，其與朋友的關係受到了影響。

美國的許多朋友都呼籲要自由地為自己的國家做出最合適的選擇。印度和土耳其希望能夠自由地從俄羅斯購買 S-400 導彈，印尼希望能夠自由地購買蘇霍伊噴氣式戰鬥機。同樣，英國、法國和德國希望能夠通過"貿易互換支持工具"（INSTEX 機制）與伊朗進行貿易，這是他們為開展與伊朗貿易而建立的一種特殊的清算機制。

美國仍然有望恢復它享有的龐大影響力。例如，東南亞的 10 個東盟成員國對美國仍舊善意十足。事實上，其中兩個國家，菲律賓和泰國，在"技術層面"上還是美國的條約盟友。然而毫無疑問的是，這些國家目前與中國的關係更為緊密。10個東盟成員國與中國的貿易規模都比與美國的大。為了平衡這一點，美國增加了對東盟成員國的投資存量。事實上，美國對東盟的總投資高達3280億美元，遠遠超過了其對印度、中國、日本和韓國的投資總和。相比之下，中國對東盟的投資只有約1500億美元。

與其他181個國家一樣，東盟10國亦不想陷入中美之間的零和地緣政治博弈。他們希望能夠擁有開放性的選擇，這個訴求相當合理。因此，若輔以巧妙的外交手段，美國仍然可以贏得這場博弈。但遺憾的是，華盛頓特區已經丟掉了外交藝術，這就創造出一個巨大的機會，可以被中國充分利用以在後疫情時代掌握主導權。

為何建立新的反華聯盟的企圖會落敗？[1]

對"四方安全對話"同盟來說，最大的問題是發生在亞洲的大型戰略遊戲並不是軍事層面的，而是經濟層面的。四國同盟的成員在經濟利益和歷史因素上分歧過大，難以形成長久、可靠的同盟。

　　澳大利亞、印度、日本與美國對中國的擔憂是完全合情合理的，因為與一個更強大的中國共存會令人如坐針氈。他們意圖通過進行"四方安全對話"機制來預防中國所帶來的挑戰也是合情合理的。但不幸的是，四方機制不會改變亞洲歷史的進程，原因很簡單：首先，四國有不同的地緣政治利益和弱點；其次，更重要的是，他們錯誤地理解了這場博弈——亞洲的重大戰略博弈不是關於軍事的，而是關於經濟的。

　　在這場博弈中，澳大利亞是最脆弱的，因為其經濟高度依賴中國。澳大利亞人對本國經濟長達三十年的顯著增長感到自豪，但殊

1　*Foreign Policy*, Jan 27, 2021.

不知這只能歸功於澳大利亞在功能上成為中國的一個“經濟省份”：2018—2019年，澳大利亞33%的出口產品流向中國，僅有5%的出口產品流向了美國。

所以說，澳大利亞當眾掌摑中國，要求對中國和新冠疫情進行國際調查並不明智。私下裏發出這樣的信號也許會顯得更加聰明和慎重。現如今澳大利亞掉進了自己挖的坑裏。當前整個亞洲都在密切地關注著事態發展，看誰會在這場對峙中先退縮。從許多方面看，結果早已注定。如果北京先退縮，那麼其他國家就可能會群起效仿澳大利亞羞辱中國。因此，事實上，澳大利亞把自己逼進了死胡同。

中國等得起。正如澳大利亞學者休·懷特（Hugh White）所說：“堪培拉所面臨的問題在於，中國手裏握著大多數的牌。在國際交往中，權力掌握在那些能以較低成本使別國遭受較大損失的國家手中。中國正可以這樣對待澳大利亞，但（澳大利亞總理）斯科特·莫里森（Scott Morrison）和他的同事們似乎並未領悟到這一點。”重要的是，早在2019年11月，澳大利亞前總理保羅·基廷（Paul Keating）就曾警告他的同胞，四方機制不會起作用。他在澳大利亞戰略論壇上表示：“概括來講，所謂的‘四方機制’並未發揮作用……印度仍對美國應對中國的計劃首鼠兩端，並將迴避任何針對中國的激進行動。中日和解的趨勢也很明顯……所以，日本不會參與任何遏制中國的計劃。”雖然自基廷發表這番講話以來，印度在中國問題上採取了更強硬的立場，但印度不太可能會明確成為美國的盟友。

日本也有弱點，但它的弱點與別國的不同。澳大利亞有幸擁有幾個隸屬東盟的友好鄰國。而日本卻只有不友好的鄰國：中國、俄羅斯和韓國。日本與這三個國家之間的關係都很糟糕甚至很緊張。日本能夠應對與俄羅斯和韓國的棘手關係，因為這兩個國家的經濟規模都較小。但日本人已經敏銳地意識到，他們現在必須再次適應與更強大的中國共處。當然這並不是什麼新鮮事。除了20世紀上半葉，日本幾乎一直與中國這個更強大的鄰國和平相處。

東亞研究學者傅高義（Ezra Vogel）在2019年寫道："以在歷史上的交往時長而論，沒有任何國家可以與中日兩國相比——1500年。"他在著作《中國和日本》（*China and Japan: Facing History*）一書中提醒到，歷史上大部分時間，中日兩國都保持著深厚的文化聯繫，但長期以來，擁有偉大文明與豐富資源的中國佔據著上風。如果在過去1500年的大部分時間裏，日本都能夠與中國和平共處，那麼在接下來的1000年裏，日本也同樣可以與中國和平共處。然而，正如日本著名的歌舞伎表演一樣精妙，兩國關係的變化將是非常微小和漸進的，雙方將逐漸巧妙地進入一種新的交往模式。兩國不會很快成為朋友，但日本會巧妙地發出信號，表示它理解中國的核心利益。誠然，儘管前路坎坷，但中日兩國會緩慢、穩步地做出調整。

中印關係則正好相反。作為兩個文明古國，他們也曾和睦共處幾千年。然而，由於喜馬拉雅山的有力阻隔，兩國幾乎並不直接接觸。但不幸的是，現代科技已經使得喜馬拉雅山不再難以逾越。因此，中印兩國士兵面對面接觸的機會越來越多。這樣的接觸總會引發事故，2020年6月就發生了一起。此後，反華情緒如海嘯般席捲印度。未來幾年，兩國關係將繼續惡化，這起事件導致中印關係雪崩式破壞。

然而，中國會保持耐心，因為中國在時間上佔有優勢。1980
年，中印兩國的經濟規模大致相同，但到了 2020 年，中國的經濟規
模已經是印度的 5 倍。從長遠看，兩個大國間的長期關係總是取決於
兩國經濟的規模對比。蘇聯之所以輸掉冷戰是因為美國經濟遠比蘇聯
經濟強大。美國 2017 年退出《跨太平洋夥伴關係協定》，此舉向中
國送上了一份地緣政治厚禮。同樣，印度沒有加入《區域全面經濟夥
伴關係協定》，也等於給中國送上了一份地緣政治厚禮。經濟領域是
大國博弈的賽場。隨著美國退出《跨太平洋夥伴關係協定》和印度放
棄加入《區域全面經濟夥伴關係協定》，以中國為中心的龐大經濟生
態圈正在該區域孕育發展。以下這組數據值得深思：2009 年，中國
零售商品市場規模為 1.8 萬億美元，而美國為 4 萬億美元。十年後，
中美兩國的零售商品市場規模分別為 6 萬億美元和 5.5 萬億美元。未
來十年，中國的進口總額有可能會超過 22 萬億美元。20 世紀七八十
年代，美國憑藉龐大的消費市場擊敗了蘇聯，同樣，龐大且不斷增長
的中國消費市場將是決定這場地緣政治競爭勝負的最終因素。

因此，在印度洋舉行的四國海軍演習不會影響亞洲歷史的走向。
隨著時間的推移，四國不同的經濟利益和歷史弱點將使四方機制越來
越沒有存在價值。一個基本的信號能說明問題：其他亞洲國家，甚至
包括美國最堅定的盟友韓國，都不急於加入四方機制。亞洲的未來將
由 RCEP 這四個字母來書寫，而非 Quad。

拜登應表面上對中國 "強硬"，"私底下" 與中國開展合作 [1]

拜登政府的當務之急是解決國內問題和阻止唐納德‧特朗普未來再次當選。這可能意味著拜登需要在表面上對中國表現得強硬，但在私下裏他應該通過美國在亞洲的盟友與中國開展合作。

在美國當選總統約瑟夫‧拜登於 2021 年 1 月 20 日舉行就職典禮前幾天，馬凱碩接受了新加坡網絡媒體 Mothership 的採訪，就拜登當選對新加坡和該地區意味著什麼、迄今為止拜登的內閣人選以及美國民主的未來，尤其是最近的圍攻國會山事件發表了看法。以下是對馬凱碩的採訪記錄：

問：喬‧拜登的就職典禮將於下週舉行。您認為他是當前合適的人選嗎？

馬凱碩：當然。因為美國從未像今天這樣分裂和兩極分化，如今

1　Mothership, Jan 17, 2021.

的美國社會是一個嚴重分裂的社會。事實表明，儘管世界上大多數人都認為唐納德‧特朗普不適合擔任美利堅合眾國總統，仍然有 7400 萬美國民眾投票投給他，這也恰恰表明了美國社會的分裂和兩極分化程度已經變得多麼嚴重。

美國現在需要的是一個慈祥、友好、輕聲細語的人，人們會立刻愛上他，這個人就是喬‧拜登。

實際上，美國很幸運拜登將於 1 月 20 日就任總統。試想一下，如果拜登心臟病發作，卡馬拉‧哈里斯（Kamala Harris）將成為副總統 —— 她雖然很能幹，卻不能像拜登那樣把國家團結起來。因此，拜登的繼任至關重要。

問：您認為拜登上任 100 天內的工作重點是什麼？

馬凱碩：我認為拜登在上任 100 天內的首要任務顯然是集中精力抗擊新冠肺炎疫情。

我的意思是，美國的死亡人數和疫情傳播情況確實相當令人震驚，特朗普政府對疫情的應對顯然十分不力。所以我想，拜登必須想辦法改變這一現狀，這是顯而易見的。

當然，接下來就是經濟問題。我想拜登也知道，7400 萬美國人之所以投票給唐納德‧特朗普，其中一個原因是許多中下層工人階層的收入在過去 30 年間沒有得到提升。我在《中國的選擇》一書中談及此點。正如諾貝爾獎獲得者安格斯‧迪頓所說，這一事實將白人工人階層籠罩在絕望之中。所以拜登必須解決這個問題。他必須想辦法提高這些憤怒的白人工人階層的生活水平。如果他做到了，美國就不會那麼兩極分化了。

問：您會見過拜登本人嗎？您能和觀眾們分享與他的個人互動，或者您從一些美國朋友那裏得知的情況嗎？

馬凱碩：嗯，我尚未有幸與拜登會面，但我至少有兩個好朋友是他的親密顧問，他們已經跟隨拜登幾十年了。從他們那裏，我得知關於拜登動向的第一手資料。

假設我們這次採訪發生在一年前，即 2020 年 1 月 15 日。如果你當時問我，拜登有機會當選嗎？我會說沒機會，因為他差得太遠了！但當我和他的顧問們交談時，他們說："凱碩，我們知道他會在新罕布什爾失利，會在愛荷華失利，這些我們都知道。但我們需要一直走到北卡羅來納，然後才能扭轉局勢。"而且事實也果真如此。

誰正在獲勝？特朗普還是拜登？拜登更有機會率先獲得 270 張選舉人票。

問：您已經從朋友那裏聽說了拜登的情況，對選舉結果還感到驚訝嗎？

馬凱碩：我對唐納德·特朗普的卓越表現感到驚訝。

傳統上，在選舉前會有一個藍色浪潮。民主黨人得到了很多支持。民主黨將爭取到眾議院更多席位，他們失敗了，可能會奪回參議院，但他們幾乎沒有成功。他們將贏得更多的立法席位，但他們也失敗了。

他們認為拜登會大獲全勝。但事實上，有那麼多人投票給唐納德·特朗普，包括一些少數族裔，一些黑人，一些拉美人，這真是令人驚訝。這說明美國有很多人仍然非常、非常憤怒。

但歸根結底，我們應該高興獲勝的是拜登，因為他能使美國平靜下來，我認為他也將使世界平靜下來。

問：談到中國，您認為中國政府會對美國大選結果感到驚訝嗎？您認為中國人更願意與特朗普還是拜登打交道？

馬凱碩：我認為中國總是著眼長遠。

中國人明白，他們無法控制美國大選的結果，所以不管誰當選，他們只要接受就行了。不是唐納德・特朗普就是拜登。

如果拜登當選，對中國而言的矛盾之處在於，一方面，一切都會改變。因為首先，拜登和他的內閣會非常文明，他們不會侮辱中國，他們將緩慢而謹慎地制定政策，而非一味地發推特或者耍性子。這正是唐納德・特朗普所做的，對吧？

拜登會非常、非常不同。他的風格將與唐納德・特朗普的截然相反。

但另一方面，什麼又都不會改變，因為對於有些事，拜登是束手無策的。華盛頓已經形成強烈的反華共識。

人們強烈地認為美國這次必須與中國抗衡。因此，如果人們認為拜登對中國態度軟弱，他將在華盛頓受到攻擊。

所以一方面，看似一切都在改變。但另一方面，其實一切又都沒有改變。

問：您認為拜登政府會改善中美關係嗎？

馬凱碩：這個問題的答案極其複雜。如果你不介意的話，我從三個方面來談一下。

首先，拜登應該改善中美關係。我前面提到，拜登需要集中精力完成三個優先任務：抗擊新冠肺炎疫情，提振經濟，改善美國人的生活。

但要做到這些，他需要先暫停與中國的地緣政治較量，然後說，好吧，讓我先修好我的"母艦"美利堅合眾國，然後再來對付中國。我們應該做合乎邏輯、理性、理智的事情。我們都認為美國是一個有邏輯的、理智的、理性的社會。但遺憾的是，事實並非如此。

因為美國，特別是建制派的關鍵成員，對中國的看法極其情緒化，他們認為中國是個真正的威脅，他們真的很擔心美國會淪落為第二大國。因此，由於華盛頓達成了堅如磐石的共識 —— 必須與中國抗衡，所以拜登不能按下暫停按鈕。他必須表現得對中國態度強硬。

舉個例子，他能做的也就只有取消特朗普對中國加徵的關稅。但如果他那樣做了，就會陷入四面楚歌的境地，對吧？所以他不能那麼做，他依舊束手無策。這就是原因。

拜登無法做到取消加徵的關稅。最後，拜登能做些什麼呢，我認為他能做的就是精明地做事。他應該假裝每天都在打擊中國。所以他的言辭應該表現得激烈地反華。

但在幕後，他應該悄悄地努力，看看在有共同利益的問題上，比如氣候變化、新冠肺炎疫情，以及在經濟增長方面，他能如何與中國合作。我實際上在《中國的選擇》一書中已經提到，中美兩國在很多領域都有共同利益，拜登應巧妙地就這些領域與中國尋求合作。所以在明面上，他對中國的態度應該極其強硬。但在私底下，他應該與中國開展合作。但這需要他有一定程度的政治手腕，但很明顯，中國是美國的頭號挑戰。

問：美國剛剛宣佈庫爾特·坎貝爾將擔任駐該地區的最高外交官。您認為這意味著什麼？

馬凱碩：嗯，我非常重視庫爾特·坎貝爾。事實上，在新冠肺炎疫情封鎖期間，我們在一個名為"智慧廣場"的辯論節目上與另外兩個美國人，裴敏欣和董雲裳（Susan Thornton）展開了辯論。

所以你可以看看那個視頻，你會看到庫爾特和我是如何站在同一立場，主張對中國採取更理性的態度。在這個過程中，當我們為這次辯論做準備時，我也和他進行了一次長時間的談話。我很尊重庫爾特·坎貝爾，我認為他是一個很好的人選，因為他是一個冷靜、穩重和理性的人。順便說一下，我還和他一起做了一個播客。我和庫爾特·坎貝爾有過很多互動。

所以我相信，像他這樣的人，會對中美關係起到安撫作用。但與此同時，我也毫不懷疑庫爾特·坎貝爾會對中國非常強硬。

還有，順便一提他的背景，他更像一個日本學家。我聽說他是現任日本首相菅義偉[1] 先生的好朋友。所以我想，所有這些都會在處理中美關係時起到作用。

問：截至目前，您對拜登的內閣人選有何看法？

1　日本第 99 任首相，自由民主黨派，任期自 2020 年 9 月 16 日至 2021 年 10 月 4 日。——譯者註

馬凱碩：我認為人選都很好。我想選擇托尼‧布林肯（Tony Blinken）做國務卿是對的，雖然我不認識他，但我的朋友有的和他一起工作，有的為他效力，他是一個非常冷靜、穩重、理性的人。我想，歷史將會證明，特朗普的國務卿邁克‧蓬佩奧在很多方面都將被認為是美國最糟糕的國務卿之一，因為他非常不可靠，而且總是意氣用事。

舉例來說，差不多在特朗普政府任期的最後兩週內，蓬佩奧突然解除了對台灣的所有限制。

等一等，這些關於台灣的協議是由像亨利‧基辛格這樣的頂尖談判者經過多年談判達成的，在中美利益之間保持著非常謹慎的平衡。可蓬佩奧竟然一下子拋棄了它們！太驚人了！他怎麼能這麼做？

而且如果國務卿可以單方面撕毀協議，其他國家將來為何還要與美國簽署協議呢？

我的意思是，這正是一個國務卿典型的錯誤行為。當然，邁克‧蓬佩奧並不蠢，他這樣做是有原因的。他想成為美利堅合眾國的下一任總統。他想成為下一個唐納德‧特朗普，所以才會表現得像唐納德‧特朗普一樣。

問：所以您對拜登的團隊充滿信心。您認為他們會對東南亞地區產生什麼影響？

馬凱碩：我覺得現在還無法確定，因為這在很大程度上取決於即將上任的拜登政府是否有能力傾聽東南亞的呼聲。而且很明顯，如果拜登政府能夠派人到東南亞和包括印尼、馬來西亞、泰國、新加坡等在內的所有國家私下會談，他們會得到非常明確的信息。

這一信息包括兩部分。首先，我們希望看到美國增強在東南亞的存在，希望看到美國對東南亞進行更多的投資，希望看到美國在東南亞的軍事存在。

其次，不要讓我們在美國和中國之間做出選擇，因為我們既想和美國做朋友，也想和中國做朋友。事實上，新加坡副總理王瑞傑最近在發言中也表明了這一點，李顯龍總理最近在《外交》雜誌上發表的文章中也表達了這一點。

所以美國需要做一些調整。因此，這對於拜登政府中曾任職於奧巴馬政府的人而言非常重要，他們一定不要以為還能回到奧巴馬時代，因為過去幾年東南亞已經發生了改變。現在的東南亞是一個全新的東南亞。

因此，對拜登的新團隊而言，不遺餘力地做好東南亞的工作、認真傾聽東南亞人的心聲非常重要。

當然，拜登政府可能會比特朗普政府更願意傾聽（別的聲音），而特朗普政府完全不懂傾聽的藝術。

問：我們想聽聽您對美國民主未來的看法。我們看到了圍攻國會山事件中發生的非常悲慘的畫面。您認為是什麼導致了這次暴力事件？

馬凱碩：是的，雖然唐納德·特朗普使問題惡化，但我認為美國的自由主義者單單指責他絕對是錯誤的，因為真正的原因在於美國社會深層次的結構性問題，我在前面提到過，底層 50% 民眾的生活條件在過去 30 年沒有得到改善。

所以美國的白人工人階層非常憤怒。同時 —— 這也是為什麼我在書中用了一整章的篇幅來解釋美國社會出現了什麼問題 —— 這是一個根深蒂固的結構性問題，我在書中第七章談及"美國已成為由富豪統治的國家"並做出解釋。

你必須花點時間去理解金錢政治有多危險，它與民主政治的差別非常明顯。在一個民主國家，你擁有的是一個民有、民治、民享的政府。但在金錢政治下，政府由極少數人擁有，被極少數人統治，為極少數人服務。

過去，美國社會的流動性很大，競爭環境向窮人傾斜，窮人想出人頭地更容易。所以如果你在踢足球，對吧，你在往下坡跑，就更有可能進球，而有錢人則必須向上跑。這是公平的，你必須給窮人更多的進球機會，他們才能與富人競爭。

但在過去 30 年裏，競爭優劣勢發生了轉變。如今美國的窮人為了進球不得不爬坡，而有錢人則可以下坡進球。整個競爭環境都向富人傾斜。

因此，過去以社會流動性著稱的美國失去了社會流動性。如果你看看《外交》雜誌，著名經濟學家布蘭科·米蘭諾維奇（Branko Milanovic）發表過一篇文章，你只需讀讀最後一句話。

最後一句話說的是：拯救美國的唯一方法就是讓政治脫離財富的控制，因為財閥不僅控制著經濟，還控制著政治體系，而底層民眾卻在受苦。

所以這是一個非常深層的結構性問題，試圖讓競爭環境更公平或更有利於窮人將是一件非常困難的事情。

而且可悲的是，儘管全球一些非常重要的人物，比如我已故的朋友保羅・沃爾克曾告訴過我，美國已變成由財閥統治的國家，但許多美國人仍不肯接受這一事實。

《金融時報》副主編、首席經濟評論員馬丁・沃爾夫和諾貝爾獎獲得者約瑟夫・斯蒂格利茨也都這麼說。

因此，美國的當務之急是接受這一現實，因為只有接受了這個現實，才能解決問題。

問：最近，社交媒體公司封了特朗普的賬號，包括德國總理默克爾在內的一些世界領導人發出批評，認為這麼做違反了民主精神。您如何看待這種觀點？

馬凱碩：輿論在這個問題上分歧很大，不同國家的看法反映了各自的歷史經驗。

例如，在歐洲，人們經歷過像希特勒這樣的暴君的統治，所以德國總理默克爾才會對推特封禁唐納德・特朗普的賬號予以批評。他們主張每個人都有權力大聲說出自己的想法。這是一種觀點，可能對也可能不對。

但我認為每個國家都應該考慮自身的情況，這很重要。以新加坡為例，我很高興新加坡採取了強硬態度，這種態度使得任何人都不能在新加坡煽動輿論，因為歸根結底，新加坡仍然是一個多種族的年輕國家。

因此，對我們來說，更嚴格的防護措施是有必要的。例如，在歐洲，馬克龍會支持有關先知穆罕默德的漫畫，但類似事情在我們新加坡決不允許發生。沒門兒，對吧？

因此，有必要了解不同國家的國情，這直接影響到決策。

但歸根結底，我堅信，權利和責任是硬幣的兩面，誰也不能光談權利不談責任，要兩者兼顧。

問：關於美國民主的未來，您會給美國朋友們提什麼建議？您對美國領導人有何建議？

馬凱碩：我想，我對美國領導人的建議是，他們應該意識到，雖然美國在過去 100 多年裏一直表現得異常出色。但現在，美國正在經歷一段非常困難的時期。所以，美國必須要問自己一個非常根本的問題：是應該繼續任其發展呢？還是應該徹底轉型、改變政策呢？

順便說一句，從積極的方面來講，有一件事讓我振奮，那就是如果你能給美國人提供強有力的理性論據，他們會欣然接受。

所以法里德·扎卡利亞將我的書列入了 2020 年度書單。此外，你知道，前財政部長與哈佛校長 —— 拉里·薩默斯，將我的書選為了 2020 年度最值得讀的三本書之一。

這就是我認為美利堅合眾國具有的力量。畢竟，他們在努力地傾聽與學習。所以我希望美國人現在能夠深刻反思，這正是美國現在所需要的。

坦率地說，我想強調的是，我們希望看到一個強大的而非軟弱和分裂的美利堅合眾國。因此，我們更希望看到美國花一些時間進行自我修復，解決龐大的內部問題，變得更加強大，這對世界而言將會更好。

問：我們還想問您一個關於中國的問題，請您談談中國的影響力。近期發生了新加坡籍男子姚俊威為中國在美國從事間諜活動的案件，讀者很關注這個。您認為中國的影響力操作真實性如何，尤其是在新加坡？

馬凱碩：好吧，我要透露一個大秘密。世界上每一個國家，每一個嚴肅的國家，都在拓展自己的影響力，尋找間諜。就國家而言，這是正常的。

追溯到我們的開國元勳李光耀、吳慶瑞、信那談比·拉惹勒南的話，新加坡的優點之一就是他們對所有大國都持懷疑態度。

所以新加坡警惕性非常高，我們一直在監視這類行動。如你們所知，我們驅逐了美國外交官，也對其他國家採取了行動，這些行動有時是秘密進行的。

所以我認為，我們必須接受這個現實。所以，務必要讓新加坡的普通民眾了解他們需要非常小心，以免被任何外國勢力以任何方式加以利用。

問：您認為新加坡的年輕人如何才能一直保持警醒？您對他們有何建議？

馬凱碩：簡單地說，就是不要在感情上親中、親美、親印度或者親馬來西亞，繼續做好自己就夠了。

另外，作為新加坡公民，我們必須始終捍衛新加坡的國家利益，這是我們的責任所在。所以當其他國家之間出現問題時，我們必須非常小心，不要讓自己陷入被動。

拜登應鼓起勇氣改變對華策略 [1]

如果拜登能汲取喬治・凱南的地緣政治智慧，他將取消特朗普政府發動的對華貿易戰，這場災難性的貿易戰只是損害了美國人民的利益，同時讓中國共產黨更加強大。

2021 年 3 月在阿拉斯加，美國國務卿安東尼・布林肯和國家安全顧問傑克・沙利文（Jake Sullivan）就民主與人權問題公開指責中國的外交政策高官楊潔篪和王毅。他們這麼做，是因為堅信美國知道如何步步為營地戰勝一個社會主義對手。

然而，儘管美國贏得了冷戰，但中國可能更了解蘇聯社會主義瓦解的原因，所以中國絕不會重蹈覆轍。

中國的分析與美國戰略大師喬治・凱南的分析是一致的。凱南曾預言，冷戰的結果將取決於華盛頓是否有能力"給世界人民營造一種整體印象：美國是一個知道自身訴求的國家，它正成功地處理內部問

---

1 *Financial Times*, Apr 7, 2021.

題並承擔起作為世界強國的責任"。事實上，與蘇聯相比，美國在上述三個方面都遙遙領先。但與中國相比時，美國在這些方面均不佔優勢。

導致蘇聯解體的第一徵兆是其在社會福利指標上的惡化，這些指標包括預期壽命、嬰兒死亡率、自殺率、阿片類藥物（或酒精）成癮。如今，美國的這些指標表現得也很糟糕。與其他發達社會相比，美國人的預期壽命正在縮短，美國青少年的受教育水平也落後於許多先進工業國家。

如果凱南今天還活著，當他看到美國在無謂的戰爭上斥資 5 萬億美金，而半數底層美國人的收入幾十年來卻一直停滯不前時，一定會震驚不已。美國白人工人階級中遍佈著一片"絕望之海"。

中國目前的做法與前蘇聯的恰恰相反。中國認為，蘇聯領導人之所以會失敗，是因為他們脫離了群眾，捲入對外戰爭而忽略了民生福祉。中國在過去 40 年間沒有打過一場大仗。中國控制著軍事開支，這與蘇聯的做法也不同。

沒有哪個國家像中國一樣大幅地改善了人民的福祉。就人類發展而言，過去的 40 年是中國 4000 年歷史中最好的 40 年。

中國仍面臨著許多國內問題，成功與否尚需拭目以待。然而，在遭受了一個多世紀的屈辱和苦難後，中國人民的生活從未如此美好。因此，美國的冷戰策略是行不通的。

拜登政府延續特朗普的對華政策是在犯一個戰略錯誤。奇怪的是，拜登本人在 2019 年曾宣佈，特朗普的貿易戰並未使美國的工人受益。數據也支持拜登的論斷。2009 年，中國的零售商品市場規模為 1.4 萬億美元，而美國的為 4 萬億美元。到了 2019 年，在特朗普打了三年貿易戰之後，中國的市場規模接近 6 萬億美元，而美國的僅為 5.5 萬億美元。

即使拜登政府希望改變對華策略，也會受制於美國政界日益高漲的反華情緒。因為特朗普政府所採取的不明智措施 —— 包括限時關閉中國駐休斯頓領事館，限制中國記者簽證，終止在中國的 "和平隊" 和 "富布賴特" 獎學金計劃等 —— 仍在發揮威力。

拜登政府的官員們顯然害怕被扣上對華 "軟弱" 的帽子。然而，只要願意，他們也可以藉助一項強有力的事實來扭轉特朗普的對華政策。他們可以指出：特朗普政府實際上使中國和中國國家主席習近平變得更強有力。為什麼這麼說呢？

中國民眾有目共睹：在新冠疫情危機中，中國政府為民眾提供了強有力的保護。同期，特朗普政府舉步維艱，導致 50 多萬美國人喪失了生命。因此，當美國副總統邁克·彭斯和國務卿邁克·蓬佩奧辱罵中國時，他們相當於變相地誇讚了中國政府。同樣，大多數中國人認為在阿拉斯加的中美高層對話中，中方政策制定者佔了上風。許多其他亞洲人也這麼認為。

所有這些都表明，拜登政府可以採取更明智的做法。它應像拜登本人曾經聲明的那樣，宣佈特朗普的對華策略有誤，然後按下中美地緣政治競爭的暫停鍵，同時評估華盛頓能否制定出更好的戰略來應對中國這個強大的競爭對手。

結束與中國的貿易戰將促進美國的經濟增長，助力拜登在 2022 年的中期選舉中獲勝。如果拜登政府能夠按下“暫停鍵”，世界上大多數人都會為之歡呼，尤其是在新冠疫情仍在肆虐的時刻。

西方應聽從拿破崙的建議讓中國沉睡 [1]

21 世紀將會見證中國重返世界歷史的舞台中心。西方該深刻反思所有的對華根本預設了。

進入 21 世紀 20 年後的今天，中國重返世界舞台中央已對西方明顯構成主要挑戰。1980 年至 2020 年，西方成功地應對了中國第一階段的改革，在這一階段中國未發動任何戰爭；但目前，面對中國第二階段的改革，西方正走向失敗。

三個錯誤的假設將導致這種失敗。第一個假設，也是西方人心目中最根深蒂固的想法，那就是只要中國還在中國共產黨的統治下，就不可能成為一個好的合作夥伴。20 世紀 80 年代末蘇聯解體後，共產主義就該被拋棄在歷史的垃圾桶裏。因此，有人認為，世界怎能與一個壓迫性的、反智的政黨合作呢？

然而，大量證據表明，大多數中國人並不認為中國共產黨在壓迫

1　*Financial Times*, Sep 20, 2020.

人民。事實上，最新的《愛德曼信任度調查報告》表明，中國政府的民意支持率在世界上名列前茅。斯坦福大學美籍華裔心理學研究員范瓊在 2019 年訪問中國後表示："中國正在以一種深刻而內在的方式發生著變化，而且變得很快，如果不親眼看看，這種變化真是讓人難以理解。中國的文化、自我觀念和士氣正在迅速地轉變 —— 大多朝著好的方向轉變，這與美國的停滯不前形成了鮮明的對比。"

儘管如此，很少有西方人能夠避免做出第二個錯誤假設：即使大多數中國人對共產黨的統治感到滿意，但如果他們能立即轉向民主制度，他們和世界其他國家的境況會更好。

在蘇聯解體並導致俄羅斯人民生活水平驟降之前，部分中國人可能還會主張立即轉向民主制度。但現在，許多人毫不懷疑，一個軟弱的中央政府將給中國人民帶來巨大的混亂和痛苦。為了尋找支持證據，中國人對近 4000 年的歷史進行了研究，尤其是自 1842 年至 1949 年中國遭受的所謂"百年屈辱"歷史。

此外，民選政府並非就一定是自由開放的政府。1961 年，印度民選產生的總理賈瓦哈拉爾·尼赫魯不顧時任美國總統約翰·F. 肯尼迪與英國首相哈羅德·麥克米倫的抗議，奪回了葡萄牙殖民地果阿。一個民主的中國在處理香港和台灣問題時也許會更缺乏耐心。

一個民選的中國政府也不願在處理疆獨問題上表現得軟弱無能 —— 看看印度政府對克什米爾的鎮壓就明白了。事實上，沒有一個中國的鄰國，包括亞洲最大的幾個民主國家，急切地推動中國的政權更迭。它們更加願意與一個穩定的、可預測的中國為鄰，即使這個中國更加"獨斷"。

第三個錯誤假設可能是最危險的：一個民主的中國必然會接受西方的規範與做法，並像日本一樣興高采烈地成為西方俱樂部的一員。

但是，這並不符合席捲整個亞洲的文化動態。土耳其和印度都是西方的朋友。然而，土耳其已經從穆斯塔法・凱末爾・阿塔圖爾克（Mustafa Kemal Ataturk）的世俗意識形態轉向雷傑普・塔伊普・埃爾多安（Recep Tayyip Erdogan）的伊斯蘭意識形態，而印度總理也已從親英的尼赫魯變成了篤信印度教的納倫德拉・莫迪。

我們必須承認，一場去西方化浪潮正撲面而來。更為重要的是，當埃爾多安宣佈將聖索菲亞大教堂改建成一座清真寺，而莫迪決定在一處有爭議的宗教遺址重建早已消失的印度教寺廟時，他們都在表達一種回歸前西方文化根源的願望。

拿破崙曾警告西方國家"讓中國沉睡吧；她一旦被驚醒，世界會為之震動"，他的警告是對的。中國的情況比在土耳其和印度的更加嚴峻，在這裏，反西方的情緒正在醞釀，隨時有可能如火山般爆發。而目前唯一有足夠力量壓制這種民族主義勢頭的政治力量就是中國共產黨。

共產黨的繼任者很可能遠沒有這般理性。要記住這一點，而不是放任地推行現行對華政策。對西方國家來說，現在是時候該徹底重新思考對中國的所有基本假設了。西方政府應該學習如何與中國領導層共處與合作，而不是期盼中國領導層轉型或早日敗落。

西方遺產的亞洲繼承人？ [1]

我們必須承認，西方對全球性治理機制做出了極大的貢獻，尤其是美國。但隨著亞洲國家影響力的提升 —— 尤其是中國，亞洲國家獲得了繼承和改革現行世界秩序舊治理機制的機會，以適應新的時代。

人民日報：過去一年，新冠疫情使整個世界遭殃，這對當前和未來的國際關係有何影響？

馬凱碩：新冠肺炎疫情對人類產生了巨大影響，它迅速蔓延到了世界的每一個角落，也在很大程度上使全球化陷入癱瘓。與此同時，新冠肺炎疫情向人類提出了一個問題：人類仍然是地球上最聰明的物種嗎？

如果答案是肯定的，人類應該迅速從這場疫情中學到的關鍵教訓是：全人類現在都在同一條船上。正如我在《大融合》一書中所寫的，在現代全球化之前，人類生活在 193 個不同的國家，就如同生活

---

1 *People's Daily*, April 6, 2021.

在 193 條不同的船上。新冠肺炎疫情的暴發，強化了我們不再生活在 193 艘單獨的船上這一認知。正相反，我們生活在同一艘船上的 193 個單獨船艙裏。

儘管全人類現在生活在同一條船上，但當代國際關係無論在理論上還是在實踐中，都繼續假裝我們生活在不同的船上。這阻礙了人類有效地合作以應對新冠肺炎疫情、全球變暖和其他迫切的全球性挑戰。

因此，對西方學者來說，現在是時候修訂國際關係的理論和實踐了。他們應該理解並接受新冠肺炎疫情傳遞的主要信息：全人類現在是一個命運共同體。

人民日報：您多次表示這個世界是一個"地球村"，"我們都在同一條船上"。您如何評價多邊主義和自由貿易在這個"地球村"裏的重要性？

馬凱碩：既然全人類現在都生活在同一條船上，那麼只顧著自己的船艙無異於自殺。我們應該把這艘巨輪當作一個整體來打理，因為"皮之不存，毛將焉附"。

新冠肺炎疫情強化了這一認知。當全球經濟因這場危機而萎縮時，全世界所有的經濟體都遭受了損失，這再次證明我們是同在一條船上。

在該背景下，我們應該真誠地感謝以美歐為首的西方國家於 1945 年建立了聯合國多邊體系。這並非一個完美的系統，然而儘管有著種種缺陷，它依舊發揮了很大作用，阻止了第三次世界大戰的爆發。因此，美國（在一些歐洲國家的順應支持下）逐步削弱聯合國多邊體系是一個巨大的錯誤，尤其是剝奪了它的資金來源。

幸運的是，一些明智的美國領導人，包括比爾‧克林頓，曾建議美國同胞們加強而不是削弱聯合國多邊體系。2003 年，克林頓曾表示，美國"應該努力創造我們願意遵守的規則、夥伴關係和行為習慣，這樣當我們不再是軍事、政治和經濟超級大國時，我們仍願意生活在這個世界上"。

既然拜登總統和克林頓都來自民主黨，那麼他應該聽取這一明智的建議，加強多邊主義。拜登總統已選擇重返世衛組織和《巴黎協定》，這是個良好的開端。

人民日報：在接受葡萄牙《公眾報》採訪時，您曾說中國並不謀求領導世界的地位。您如何看待中國的做法和在世界舞台上的作用？

馬凱碩：中國在目前的發展階段不謀求世界領導地位是明智的。眾所周知，西方世界，尤其是美國，對中國的快速復興深感不安。因此，正如我在《中國的選擇》一書中所說，美國將絞盡腦汁地保住其世界第一的地位。據哈佛大學教授格雷厄姆‧艾利森的考證，這是所有大國的正常行為。儘管如此，即使面臨西方的反對，中國仍應繼續推行經濟開放、與世界接軌的政策。中國投入"波濤洶湧的全球化浪潮"需要極大的勇氣。正如習近平主席 2017 年 1 月在達沃斯所說："在這個過程中，我們嗆過水，遇到過漩渦，遇到過風浪，但我們在這一過程中學會了游泳。事實證明，這是正確的戰略抉擇。"

包括美國在內的許多西方國家已經開始反對全球化，這也不是什麼秘密。美國由此退出了《跨太平洋夥伴關係協定》。相比之下，中國則繼續加入自由貿易協定，如《區域全面經濟夥伴關係協定》。中國還表示可能會加入《全面與進步跨太平洋夥伴關係協定》。保持經濟開放，繼續與世界接軌，這是中國對改善和提高人類境況所能做出的最大貢獻。

人民日報：您讚揚過中國的韌性和執行力。你能更具體地解釋一下嗎，尤其是結合中國在抗疫中的表現？

馬凱碩：當新冠肺炎疫情暴發並在全球傳播時，西方發達國家，尤其是美國和歐盟成員國，本應應對得力，而包括中國在內的東亞欠發達國家應對不力才是正常的。但令全世界震驚的是，情況恰恰相反。西方國家每百萬人的死亡率和東亞國家每百萬人的死亡率表明，西方應對不力而東亞國家應對得法。為什麼中國比美國應對更加得法？原因頗為複雜。然而，一個重要的原因是，自羅納德·里根時代以來，美國對關鍵政府部門（包括疾控中心）的資金支持不足，剝奪其權威性，使其喪失信心。因為里根有句名言："政府不是解決問題的辦法，政府才是問題所在。" 相比之下，中國則向東亞鄰國學習，在政府機構中重新形成了精英管理的文化和制度。因此，中國政府的管理者的素質不斷提高。2004 年至 2017 年，我擔任新加坡國立大學李光耀公共政策學院院長期間，曾告訴學生們，任何國家改善治理的最佳方案都是實行英才管理（Meritocracy）、實用主義（Pragmatism）和誠信（Honesty）。這個 MPH 公式是新加坡能夠取得卓越成就的原因。中國也正在實施這一公式。因此，我樂觀地認為，中國的治理水平將繼續提高。

人民日報：您在最近一次採訪中指出：美國現在"由極少數人擁有，被極少數人統治，為極少數人服務"，而中國共產黨贏得了中國人民的支持。請您多分享一下對中國共產黨領導方式和執政方式的理解。

馬凱碩：毫無疑問，美國是人類歷史上最成功的國家之一。它是唯一實現了人類登月夢想的國家。在同一時期，美國中產階級得到了大發展。但可悲的是，近些年，美國已成為唯一一個30年來處於底層50%的人口平均收入下降的主要發達國家。這部分是由於美國變成了金錢政治的國家，使得收入前1%的人的利益優先於後50%的人。已故美聯儲前主席保羅·沃爾克、約瑟夫·斯蒂格利茨和馬丁·沃爾夫將美國稱為由富豪統治的國家。因此，如同諾貝爾獎獲得者安格斯·迪頓所發現的那樣，美國工人階級已經陷入了"絕望之海"。

相比之下，在人類、社會和經濟發展方面，中國50%的底層人口經歷了五千年歷史上發展最好的四十年。斯坦福大學的范瓊教授說："中國的文化、自我觀念和士氣正在迅速地轉變——大多朝著好的方向轉變，這與美國的停滯不前形成了鮮明的對比。"因此，中國民眾對政府的支持率不斷攀升。哈佛大學肯尼迪政府學院一項嚴謹的學術研究記錄了中國政府的支持率如何從2003年的86%上升到2016年的93%。同樣，《愛德曼信任度調查報告》的一項研究顯示，在11個調查對象國中，中國人民對政府的信任度最高，為90%。

人民日報：您在新書《中國的選擇》中提出一個問題："中國贏

了嗎？"這本書出版快一年了，您現在的答案是什麼？

馬凱碩：《中國的選擇》英文原版書名"*Has China Won?*"中有個問號，這並不是說中國確實贏了。儘管結果還遠未確定，但書名的確傳達著中國即將獲勝的信息，因為中國顯然有一套全面的長期戰略來應對中美地緣政治競爭，但不幸的是，美國並沒有類似的戰略，美國仍健在的最偉大的戰略思想家亨利·基辛格親自向我證實了這一點（他於50年前對中國進行了歷史性訪問）。

我寫這本書旨在防止中美之間因為一場難以制止的、不受控制的地緣政治競爭而導致一場重大的悲劇。書中最後指出，儘管華盛頓的建制派已形成強烈共識，認為中美抗衡的時刻已經到來，但對中美核心利益的理性客觀分析表明，中美之間至少在五個方面並不存在矛盾。比如，如果美國政府的核心目標是改善美國人民的福祉，中國政府的核心目標是改善中國人民的福祉（確實如此），那麼中美兩國在這一點上的利益並不矛盾。同樣，中美兩國在應對共同的全球挑戰（如新冠肺炎疫情和全球變暖）方面有著共同利益。我衷心希望《中國的選擇》一書有助於增進中美之間的相互了解。

人民日報：您在最近一篇文章中說，"亞洲的未來將由RCEP這四個字母來書寫，而非Quad"。RCEP——《區域全面經濟夥伴關係協定》——將如何塑造亞洲的未來？中國將扮演什麼角色？

馬凱碩：代表亞洲未來的四個字母之所以是RCEP而非Quad，是因為真正的競爭將發生在經濟領域而非軍事領域。事實上，美國最偉大的戰略思想家之一喬治·凱南早已建議他的美國同胞們將注意力集中在美國社會的力量上，而不是美國軍隊的力量。他說："美國的強大取決於其是否有能力給世界人民營造一個整體印象：這是一個知道自身訴求的國家，它正成功地處理內部問題並承擔起作為世界強國的責任，它具備能夠在時代的主要思想潮流中穩住自身的精神活力。"

當凱南談到美國社會的 "精神活力" 時，他指的不是美國人的信教程度，而是美國社會的社會和心理健康。因此，如果喬治·凱南今天還活著，他將強烈地反對美國自 2001 年以來花費 5 萬億美元進行不必要的戰爭，同時放任美國工人階級陷入 "絕望之海"。他還會建議美國同胞削減軍事預算，停止戰爭（凱南反對入侵伊拉克），並把錢花在改善美國平民的生活上。他也不會贊成特朗普退出《跨太平洋夥伴關係協定》。

拜登政府的最明智之舉是找到改善美國與東亞經濟互相作用的方法，通過重新加入《跨太平洋夥伴關係協定》或與《區域全面經濟夥伴關係協定》合作，同時減少美國與東亞地區的軍事接觸，比如建立 "四方安全對話" 機制。通過加入《區域全面經濟夥伴關係協定》和考慮加入《全面與進步跨太平洋夥伴關係協定》，中國將重點放在了經濟合作上，這很明智。

人民日報：中國是率先從疫情中復甦的主要經濟體，這會對世界有何貢獻？

馬凱碩：新冠肺炎疫情對全球經濟造成了真正的損害。據國際貨幣基金組織估計，2020 年全球經濟萎縮 3.5%，2021 年全球經濟將增長 5.5%。然而，要想實現經濟增長，需要強大的增長引擎。

在這方面，世界應該感謝中國在 2020 年成功實現了經濟正增長（1.9%），而同期美國和歐盟的經濟分別萎縮了 3.4% 和 7.2%。中國在 2020 年拯救了世界經濟。

中國將在未來十年內發揮重要作用。關於中美兩國經濟，一個鮮為人知的事實是，雖然美國的經濟體量（21 萬億美元）仍然大於中國的經濟體量（14 萬億美元），但中國的零售商品市場規模已經超過了美國的。2009 年，中國的市場規模為 1.8 萬億美元，而美國的市場規模為 4 萬億美元，是中國的兩倍多。然而，到了 2019 年，中國的市場規模已增長到 6 萬億美元，而美國的市場規模僅增長到 5.5 萬億美元。未來十年，中國零售商品市場的增長規模無疑將超過美國。

世界各國，尤其是貧窮的發展中國家，都將尋找出口市場來促進經濟增長。這是中國可以發揮重要作用的地方。中國能夠更快地提振市場，尤其是對貧窮的發展中國家而言。歷史告訴我們，在促進經濟增長和減少貧困方面，貿易比援助更有效。如果中國能從其他國家進口更多產品，世界將真正感謝中國。

第四部分

全球化、多邊主義與全球合作

我們面臨的許多緊迫問題，如新冠肺炎疫情和氣候變化，都是全球性的，要求全球合作來應對。簡而言之，我們現在生活在地球村裏，這個地球村需要全球性的秩序以便各國能互相合作。

全球化已死！全球化萬歲！[1]

我們這個時代的核心悖論是，即使在過去幾十年內全球化已經極大地改善了人類的生活條件，許多人仍然認為全球化會退潮。這種悖論是怎麼產生的？西方在管理全球化時犯了三個關鍵戰略性錯誤導致了這一切。

我們都聽過這樣一句話："國王已死，國王萬歲！"這句話的最新版本是："全球化已死，全球化萬歲！"這個新說法恰好抓住了我們這個時代的核心矛盾。過去幾十年內，全球化對改善人類處境所發揮的作用超過了人類歷史上其他任何力量。然而，許多人不僅不為全球化歡呼，還斷言全球化即將消亡。儘管是西方發起了全球化，但預言全球化即將消亡的聲音在西方尤其響亮。

為什麼會出現這種矛盾的現象？西方為何會反對自己對人類做出的最仁慈的貢獻？簡要來說，西方在全球化管理上犯了三個戰略性錯

---

1 Dec 1, 2020.

誤。更準確地說，是西方頭號強國——美國犯了錯誤。但是，當美國犯下這三個戰略性錯誤時，西方第二大經濟力量——歐盟未能為其提供幫助與指導，這進一步加劇了美國的錯誤。歐洲人的消極態度是導致這三個戰略錯誤的重要原因。

美國犯下三個戰略性錯誤

那麼，美國犯下了哪三個戰略性錯誤呢？第一個錯誤是佔美國人口 1% 的精英階層犯下的。他們從全球化中攫取了巨額的財富，而佔人口 50% 的底層民眾卻遭受了全球化所帶來的不可避免的破壞（或者更準確地說，"創造性破壞"），對於這一點精英們袖手旁觀。第二個錯誤是在本應加強政府和政府機構的權力時美國選擇了削弱它們。這一錯誤是在著名的里根—撒切爾革命期間鑄成的，當時羅納德·里根總統有句名言："政府不是解決問題的辦法，政府才是問題所在。"這種理念引發了災難性的後果：接下來的三十年間，主要公共服務機構資金不足、權威喪失、士氣低迷。第三個錯誤是美國放任佔有財富最多的 1% 人口在國內形成了實際上的金錢政治。民主政治和金錢政治的本質區別是什麼呢？在一個民主政治的國家，政府是民有、民治、民享的。而在一個金錢政治的國家，民眾面對的則是一個由極少數人建立、被極少數人統治、為極少數人服務的政府。大多數美國人懷疑美國是否真的已經成為由富豪統治的國家。然而，保羅·沃爾克、約瑟夫·斯蒂格利茨和馬丁·沃爾夫等知名人士都證實了這一發展趨勢。

一種矛盾現象伴隨著美國犯下的這三個戰略錯誤。儘管擁有世界上最大的戰略思維產業（包括大學、智庫、諮詢公司、非政府組織），然而美國的政治體系卻不曾公開地承認自己犯下了這三個重大的戰略錯誤。《紐約時報》《華盛頓郵報》《華爾街日報》和《經濟學人》等極具影響力的主流報紙雜誌的評論版面上也未對此進行過多討論。未來的歷史學家將不得不調查和解釋這種奇怪的現象：美國政治體系中所出現的大規模的佯裝無知的現象。

　　由於許多美國人會極力否認美國犯下的這些戰略錯誤，因此有必要更詳細地解釋一下錯誤是如何犯下的。這是本文想要達到的目的，同時也會提出一些解決問題和改正錯誤的方法。本文最後還將得出一個樂觀的結論：這三個戰略錯誤都是可以糾正的，美國也可以像過去一樣再次成為全球化的頭號捍衛者。隨後，托馬斯・弗里德曼、賈格迪什・巴格沃蒂（Jagdish Bhagwati）和馬丁・沃爾夫就可以在 2021年出版新版的《世界是平的》（*The World is Flat*）、《為全球化辯護》（*In Defense of Globalization*）和《全球化為什麼可行》（*Why Globalization Works*）。

第一個戰略錯誤

　　第一個戰略錯誤是美國精英階層未能保護工人階級免受全球化帶來的不可避免的破壞。是什麼導致了這一結果？是美國精英階層的貪婪和冷酷嗎？還是歷史大趨勢也促成了這一戰略錯誤的發生？

　　這些問題的答案照例很複雜。顯然，歷史大趨勢也促成了這一錯誤。未來的歷史學家將比我們更加清楚地注意到，美國工人階級之所以遭受苦難，是因為不幸遇上了歷史上兩個重要時刻的交匯。第一個時刻是弗朗西斯‧福山的名篇中所說的"歷史的終結"，而第二個時刻是"歷史的回歸"，即 20 世紀 90 年代初中印兩國決定覺醒的時刻。這兩個時刻的交匯所造成的不幸後果是：在中國和印度（以及亞洲其他國家）覺醒時，西方卻選擇了沉睡。

我在《西方沒落了嗎？》一書中記錄了這種情況是如何發生以及緣何發生的。我在這兒做個簡單總結。弗朗西斯‧福山本無意讓西方沉睡，然而，當他提出西方文明已經走到了政治和經濟進化之路的盡頭時，他在包括主要人物在內的西方人心目中營造出了這樣一種意象：西方社會無需為應對新世界進行任何重大的結構或戰略調整，只有非西方社會才需要調整和適應新世界。這一信念使西方社會不可避免地滋生出了傲慢、自大和自滿情緒，因此，幾乎沒有人注意到：在西方選擇沉睡的那一刻，恰恰是本該覺醒的那一刻。

因何覺醒呢？早在 20 世紀 90 年代初，西方就應該意識到，在差不多沉睡了近 200 年之後，中國和印度決定醒來。為什麼兩國的覺醒如此重要？因為從公元元年到 1820 年，中國和印度一直是世界上最大的兩個經濟體，請看圖 2。因此，當中國和印度決定再次覺醒時，將不可避免地撼動世界。隨著中國成為超級製造業大國，以更低價格生產出更高質量的產品，美國的企業不可避免地要關掉一些工廠，失業也成為必然。對此，人們不應該感到驚訝。西方經濟理論稱之為"創造性破壞"。

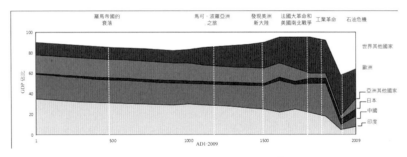

圖 2 世界 GDP 總量及國家佔比 [1]

在這裏，我要申明，經濟學家對中國新興產業的出現是否導致了美國的失業一直存在爭論。一些經濟學家反對這種說法，然而，至少有兩位有影響力和公信力的經濟學家考證了來自中國的新競爭是如何導致美國人失業的，他們是麻省理工學院的達倫・阿西莫格魯（Daron Acemoglu）和經濟政策研究所的羅伯特・斯科特（Robert Scott）。斯科特等人（2018 年）指出，2001 年以後美國失去了 340 萬個就業崗位。[2] 阿塞莫格魯等人（2016 年）估計，從中國進口商品引致的競爭使美國在 1999－2011 年失去了 200－240 萬個就業崗位。[3]

值得注意的是，當這一切發生時，克林頓政府並未出台任何支持

1　Mahbubani, Kishore, *Has the West lost it? A Provocation,* London: Penguin UK, 2018, 5.

2　Scott, Robert E., and Zane Mokhiber. "The China toll deepens." Economic Policy Institute, Washington, DC. https://epi. org/156645 (2018).

3　Acemoglu, Daron, David Autor, David Dorn, Gordon H. Hanson, and Brendan Price, "Import competition and the great US employment sag of the 2000s", *Journal of Labor Economics* 34, no. S1 (2016): S141-S198.

失業工人的計劃。2001 年 1 月克林頓政府卸任後，不幸的是，有兩大歷史性事件再次同時發生。小布什政府關注的歷史性大事是 2001 年 9 月 11 日奧薩馬‧本‧拉登對美國發動的襲擊，這一事件自然在美國引起了極大的憤怒。因此，2001 年 10 月 7 日和 2003 年 3 月 20 日，小布什政府分別捲入了阿富汗和伊拉克兩場戰爭。美國人民和政策制定者被 "9‧11" 恐怖襲擊事件帶來的憤怒衝昏了頭，而沒有注意到 2001 年還發生了一件更為重大和改變世界的事情：中國於 2001 年 12 月 11 日加入世界貿易組織（WTO）。

中國的對外貿易總量（單位：十億美元）

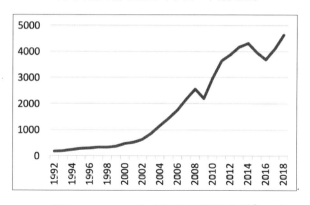

圖 3　1992—2018 年中國對外貿易的增長 [1]

　　隨著中國對美國和全球各地的出口獲得越來越多的免稅准入，加入世貿組織後，中國的出口必然出現激增。事實上，圖 3 清楚地顯示

1　World Bank, *World Integrated Trade Solution*, https://wits.worldbank.org/Default.aspx?lang=en.

出 2001 年以後中國與包括美國和歐洲在內的世界其他國家和地區的對外貿易獲得了顯著增長。顯然，如果美國政策制定者足夠警醒，他們就會注意到美國工人所面臨的日益嚴峻的處境，但遺憾的是，他們並沒有注意到。這是第一個戰略錯誤：當工人階級遭遇由中國、印度和亞洲其他國家的回歸所造成的 "創造性破壞" 時，他們的需求和利益被忽視了。

第二個戰略錯誤

第二個戰略錯誤明顯地加劇了第一個戰略錯誤：西方在普遍削弱政府機構，尤其是美國。20 世紀 80 年代的里根—撒切爾革命留下了兩項思想遺產。首先是迷信市場自發的應對方式是最好的。因此，如果經濟出現問題，市場能夠自動找到解決辦法。其次是前面提到的理念，即 "政府不是解決我們問題的辦法，政府才是問題所在"。因此，政府不應該幫助由於經濟競爭而受到傷害的工人，市場會自動創造和提供新的就業機會。

奇怪的是，儘管理論上里根政府不贊成政府對市場力量進行干預，但當它認為自由市場力量會傷害到美國的公司時，里根政府至少進行了兩次干預。當美國汽車公司抱怨競爭不過日本汽車製造商時，美國政府對日本政府施加壓力，迫使日本自 1981 年起對出口到美國的汽車實行 "自願出口限制"（Voluntary Export Restraints, VERs）。此外，里根政府還採取了進一步措施以保護美國公司免受來自日本的競爭：它迫使日本政府接受日元的大幅升值，使得日元對美元的匯率從 1985 年的 240：1 升值到了 1988 年的 120：1，這顯然削弱了日本出口產品的競爭力。順便提一下，日元被迫升值帶來了一個意外收穫——日本企業開始將製造環節更多地轉移到美國和第三國（如東盟國家）。

因此，里根政府為美國留下了一項自相矛盾的遺產。理論上，里根政府反對政府干預市場；但實際上，對日本工業所採取的行動表明，里根政府是支持政府干預的。不幸的是，里根政府青睞的干預手段是"消極"的干預：用強硬手段阻止來自日本的競爭。它沒有進行任何"積極"的干預，比如對在經濟競爭中失業的工人進行再培訓。

在這方面，美國讓市場創造新就業崗位的辦法與歐洲和亞洲的做法不同。事實上，歐盟成員國政府與若干東亞國家和地區政府（包括日本、韓國、新加坡和中國台灣）大力資助工人培訓項目。美國人對政府介入工人培訓的反感也延伸到了反對工會保護工人利益上。20世紀六七十年代，新加坡引入美國跨國公司投資時發現了這一點。當時這些美國跨國公司堅稱，只有新加坡政府阻止新加坡工人加入工會，他們才會在新加坡投資，在他們看來，工會妨礙了市場力量發揮作用。新加坡政府花了一些精力去做說服工作，最終，美國跨國公司接受了新加坡政府的觀點——新加坡工會可以幫助工廠的工人與管理層建立更和睦的關係。

美國人不屑於設立幫助工人的計劃和機構，這也涵蓋在一種更廣泛的哲學觀點內，體現在米爾頓・弗里德曼（Milton Friedman）的一句名言中："在商言商。"簡言之，唯一重要的是公司的底綫。如果

為了提高公司的盈利能力而必須解僱工人，那就解僱好了，畢竟利潤
比員工更重要。

把這種風氣單純歸罪於米爾頓・弗里德曼是不公平的。哈佛商學
院是美國最受尊敬的學院之一，幾代人以來，它同樣傳播了這樣一種
理念：企業的首要責任就是創造更大的利潤。因此，只有一個利益相
關者是重要的，那就是股東，而所有其他利益相關者，包括工人、社
區，都沒那麼重要。相比之下，世界經濟論壇則建議企業關注多元化
利益相關者，包括"員工、客戶、供應商、本地社區和整個社會"。[1]

第三個戰略錯誤

第三個戰略錯誤是美國形成了一個有影響力的富豪統治階層，破
壞了美國的民主政體。美國商界精英對更廣泛的社會關切的反感可能
也是導致美國犯下第三個戰略錯誤的原因之一。

簡而言之，美國政府已經從一個民有、民治、民享的政府轉變為
一個由極少數人建立、被極少數人統治、為極少數人服務的政府。真
正的問題在於，儘管有壓倒性的證據表明美國已成為一個由富豪統治
的國家，人們仍然極力否認此事，哪怕已故的保羅・沃爾克、約瑟
夫・斯蒂格利茨和馬丁・沃爾夫等知名人士已經證實了這一點。對這
一問題"直言不諱"在政治上和思想上面臨著諸多阻力，因此我在

---

1 World Economic Forum, "Davos Manifesto 2020: The Universal Purpose of a Company in the Fourth Industrial Revolution," 2 December 2019, https://www.weforum.org/agenda/2019/12/davos-manifesto-2020-the-universal-purpose-of-a-company-in-the-fourth-industrial-revolution/.

《中國的選擇》一書中用了整整一章來詳細解釋美國是如何演變成由富豪統治的國家的。

值得注意的是，一些最富有的美國人已經開始承認這一點。瑞·達利歐經營著世界上最大、最成功的對沖基金，通過嚴格的實證研究獲得了成功。現在，達利歐將這一研究方法用於理解美國的貧困和不平等。他在自己的"領英"頁面上詳細地說明了大多數美國人的生活水平急劇下降，並指出，"佔人口 60% 的底層人群中，大多數是窮人"，他還引用了美國聯邦儲備委員會最近的一項研究，"如果發生緊急用錢的情況，40% 的美國人連 400 美元都籌措不到"。更糟糕的是，達利歐指出，"他們在貧困的泥潭裏越陷越深……在 10 年時間裏，處於底層 20% 的人躍升到中等或更高階層的概率，從 1990 年的 23% 下降到了 2011 年的僅僅 14%"。[1] 反映美國社會狀況惡化的數據無可辯駁，它導致人們不再相信在美國努力工作就會有回報。對大多數人來說，回報已然枯竭。"美德本身就是回報"這一陳詞濫調顯得冷酷且令人質疑。

美國通向金錢政治之路

為什麼美國表現得如此糟糕？簡而言之，在美國人民沒注意到的

---

1 Ray Dalio, "Why and How Capitalism Needs to Be Reformed (Part 1)," LinkedIn, April 4, 2019, https://www.linkedin.com/pulse/why-how-capitalism-needs-reformed -ray-dalio/. See also Board of Governors of the Federal Reserve System, Report on the Economic Well-Being of U.S. Household in 2017, May 2018, https://www.federalreserve .gov/publications/files/2017-report-economic-well-being-us-households-201805.pdf, quoted in Dalio.

時候，美國的政治安排發生了根本性的變化。每隔兩年到四年，美國人就會投票選舉出他們的國會議員、參議員、州長和州立法會議代表。然而，在民主正常運行的偽裝下，在所有儀式性投票的背後，美國已然成了一個被權貴階層統治的國家，用金錢來決定重大的政治和社會決策。由此，權貴階層可以實現美國有史以來最大的財富轉移。

偉大的美國哲學家約翰‧羅爾斯曾警告過這種危險。他說："只要那些擁有更多私人收入的人可以利用自身優勢來掌控公共辯論的進程，參與原則所保護的自由就失去了大部分價值。"大約 50 年以前，他警告說，如果允許那些"擁有更多私人收入的人"控制公開辯論的進程，美國的民主將被顛覆。

在 2010 年的"公民聯合會訴聯邦選舉委員會"一案中，美國最高法院做出了一項里程碑式的裁決。這一裁決聯合其他判決，推翻了對利用金錢影響政治進程的許多立法限制。最高法院的這一裁決和其他類似判決影響甚大，它們在事實上改變了美國的政治體系。馬丁‧沃爾夫表示："最高法院在 2010 年對公民聯合會的不當裁決說明，公司就是掌權人，金錢就是話語權。事實證明，這是美國邁向金錢政治的一大步。"

普林斯頓大學的兩位教授考證了普通美國公民是如何失去他們的政治權力和影響力的。馬丁‧吉倫斯和本傑明‧佩奇研究了 1779 個案例，比較了經濟精英的觀點和普通美國人及群眾性利益集團的觀點對政策的影響。他們發現：

代表商業利益的經濟精英和團體對美國政府的政策有實質性的、獨立的影響，而普通公民和群眾性利益集團的影響力則很小或沒有。當暫時排除經濟精英的偏好和利益團體的立場時，普通美國人的偏好對公共政策產生的影響看起來極其微小、接近於零，在統計學上不顯著。此外，經濟精英的偏好（以其代表"富裕"公民的偏好來衡量）比普通公民的偏好更能影響政策變化。我們的研究結果表明，美國這個國家並不是由多數人統治的——至少在實際政策的制定上不是這樣。[1]

他們得出了以下使人警醒的結論：

美國人確實享有民主治理的許多核心特徵，如定期選舉、言論和結社自由，以及廣泛的參政權（儘管仍有爭議）。但我們認為，如果政策的制定由強大的商業組織和少數美國富人主導，那麼美國所謂的民主就正在受到嚴重的威脅。

過去，美國廣大的中產階級在決定社會的基本發展方向上有著很大的話語權。但如今，他們失去了這種話語權，美國國會的決定不是由選民而是由資助者說了算。因此，美國的政治體制在功能上變得越來越不民主。在一個民主社會中，所有公民都擁有平等的話語權，而

---

1 Martin Gilens and Benjamin I. Page, "Testing Theories of American Politics: Elites, Interest Groups, and Average Citizens," Perspectives on Politics 12, no. 3 (September 2014): 564–581, https://scholar.princeton.edu/sites/default/files/mgilens/files/gilens_and _page_2014_-testing_theories_of_american_politics.doc.pdf.

美國正相反，它越來越像一個由富豪統治的國家，少數富人擁有驚人的權力。

2018 年，哥倫比亞大學國際與公共事務學院的學者亞歷山大·赫特爾·費爾南德斯、西達·斯考切波和詹森·斯科拉開展的一項研究進一步表明：

> 自 2005 年左右開始，新成立的保守和進步捐款人財團——尤其是科赫研討會（由查爾斯·科赫和大衛·科赫兄弟創立）和民主聯盟，通過不斷籌集和輸送資金，用於選舉和與各種政治組織的合作，從而擴大了富有捐贈者的影響力。科赫研討會將捐贈輸送給"繁榮美國人協會"，構建一個虛擬的第三政黨。繁榮美國人協會是一個包羅萬象的政治網絡，不僅可以在選舉中支持共和黨，也能左右其候選人和公職人員在超自由市場政策方向上的偏好。富有的捐贈財團已經成功地建立起基本的組織結構，用他們所掌握的資源影響政策提案制定，向立法者施加壓力和動員普通美國人參政……當富豪集體將新的議程強加給尋求資金的政治組織時，這些資助者重塑了美國政治的慣例、目標和權力中心，這遠遠超出了特殊撥款預算產生的影響。[1]

研究者由此得出結論：

1　Alexander Hertel-Fernandez, Theda Skocpol, and Jason Sclar, "When Political Mega-Donors Join Forces: How the Koch Network and the Democracy Alliance Influence Organized U.S. Politics on the Right and Left", *Studies in American Political Development* 32, no. 2 (2018).

我們對科赫財團和民主聯盟財團的分析表明，大量金錢通過某種機制而不是個人或企業捐贈滲透進選舉和遊說活動，產生了巨大影響。要了解富人是如何重塑美國政治的，我們不僅要考察他們的選舉活動和遊說支出，還要考察他們對涉及各種領域和各種職能的政治組織的聯合投資。只有這樣，我們才能解釋馬丁‧吉倫斯、拉里‧巴特爾斯（Larry Bartels）和本傑明‧佩奇等研究人員所發現的政府響應能力明顯不平等的問題。

理論上，如果美國人民被剝奪了投票權，他們就會造反。然而，他們的選票實際上已經被富人劫持了，但大多數美國人卻還沒有注意到這一點。《紐約時報》前專欄作家阿南德‧吉里德哈拉達斯在其著作《贏家通吃》一書中詳盡地記錄了美國中產階級的夢想是如何幻滅的。他說：

> 一個成功的社會是一架進步的機器。它吸取創新的原材料，產出廣泛的人類進步，但美國這架機器卻壞掉了。近幾十年來，進步的成果幾乎全被幸運者攫取了。舉例來說，自 1980 年以來，收入處於前 10% 的美國人的平均稅前收入翻了一番，前 1% 的美國人的平均稅前收入增加了三倍多，前 0.001% 美國人的平均稅前收入上漲超過七倍；但同期，處於社會底層的那一半美國人的平均稅前收入幾乎沒有增長。這些熟悉的數字意味著，35 年來，這個世界發生的翻天覆地的變化對 1.17 億美國人的平均

收入沒有任何影響。[1]

研究政治制度的美國學者喜歡引用阿克頓勳爵（Lord Acton）那句有名的俏皮話："權力導致腐敗。絕對的權力導致絕對的腐敗。"引用過後，他們可能會在心底悄聲說："感謝上帝，我們生活在一個三權分立的民主國家，腐敗不可能發生。"但所有這些學者都應該考慮一下阿克頓勳爵這句名言的變體："金錢導致腐敗。絕對的金錢導致絕對的腐敗。"

金錢對美國政治的腐蝕應該引起重視。在大多數國家，個人或企業利用金錢來影響公共政策被稱作腐敗。即使是在腐敗橫行的第三世界國家，人們也知道這是違法的，儘管人們對腐敗往往無可奈何。但在美國，人們卻不認為利用金錢影響公共政策是腐敗行徑，因為最高法院已將這一行為合法化了。

在將使用巨額資金影響公共政策合法化的過程中，最高法院顯然忽視了約翰・羅爾斯的警告 —— 如果 "允許那些擁有更多私人財富的人利用自身優勢來操縱公共辯論的進程"，就會產生腐敗的結果：

> 最終，這些不平等將使那些條件更優越的人能夠對立法施加更大的影響。他們很可能會適時獲得在社會問題上更大的決定權，至少在那些使情況更加有利於他們的問題上是如此，並且這

---

1 Anand Giridharadas, "Prologue," in *Winners Take All: The Elite Charade of Changing the World*, New York: Alfred A. Knopf, 2018.

些人通常對這些問題保持一致意見。[1]

過去幾十年間發生的事情證實了這一點：富人在"有利於他們獲得更好的社會條件這一問題上獲得了更多決定權……"。財富和政治權力已然從美國人口的大多數人手中轉移到了享有特權的極少數人手中。因此，美國無疑已經成為一個由富豪統治的國家。

簡單方案與艱難決策

對此，用列寧的話說就是："該怎麼辦？"就這三個戰略錯誤來說，好消息是它們可以被修正，可以採取以下三個簡單措施。第一步是西方，尤其是美國，應該承認自己在全球化中所受的創傷是咎由自取，這三個錯誤證明了這一點。第二步自然是對創傷採取補救措施。第三步是西方和東方，尤其是美國和中國，應該就合作應對全球化面臨的共同挑戰達成新的全面理解。

但遺憾的是，儘管這些措施從理論上看很"簡單"，但在實踐中卻難以實施。第一步可能是最難實現的，因為包括美國在內的大多數國家，都更願意相信是其他國家導致了他們的問題。因此，當唐納德·特朗普發動對華貿易戰時，很少有美國人敢於揭破不可否認的事實：美國的貿易逆差是國內因素而非外部因素造成的，美國國內消費和儲蓄之間的不平衡是造成貿易逆差的主要原因。事實上，即使美國對中國貿易逆差下降，美國與其他國家之間的貿易逆差也不會減少。

1　John Rawls, *A Theory of Justice,* rev. ed., Cambridge, MA: Belknap Press, 1999: 225.

2017 年至 2019 年特朗普發動貿易戰期間，美國對華貿易逆差從 2017 年的 3750 億美元下降到 2019 年的 3450 億美元，但美國對全球的貿易逆差則從 2017 年的 7920 億美元上升到了 2019 年的 8540 億美元。

因此，除非美國承認自己在全球化進程中所面臨的問題是自身導致的，否則就很難採取必需的補救措施，尤其是重建強大而有效的機制來應對全球化所帶來的不可避免的挑戰，以及扭轉導致美國出現金錢政治局面的舉措（包括最高法院將企業無限額政治捐款合法化的決定）。簡而言之，第一步和第二步是相輔相成的。只有首先承認自己患病，才能找到治癒的辦法。美國如果不承認國內問題是自身導致的，也就無法解決全球化所帶來的問題。

美國在艱難實施前兩步的同時，可以採取第三步行動：就如何共同應對全球化挑戰與中國達成新的諒解。在這方面，理論上，中美兩國的利益看起來可能不可調和。然而，正如我在《中國的選擇》一書最後一章中用大量篇幅所闡釋的那樣，中美兩國在長期利益上不存在根本性的衝突。事實上，中美之間有五點"共同利益"。第一，如果說美國政府的首要目標是改善美國人民的福祉（本應如此），而中國政府的首要目標是改善中國人民的福祉（確實如此），那麼這兩個目標之間就沒有根本性矛盾。事實上，如果能夠相互合作，而不是糾結於地緣政治競爭上的零和博弈，兩國政府成功實現各自目標的可能性將大大增加。這種雙贏合作所面臨的主要障礙是，華盛頓許多有影響力的人認為，美國的首要目標應該是維護其在全球體系中的"主導地位"。然而，在"主導地位"與"人民"之間，美國人民的利益顯然更為重要。純粹的常識足以說明這一點。

　　簡言之，儘管在如今的政治背景下，難以想像中美能夠互利合作，但現實是，雙方能夠而且應該合作。中美雙方，尤其是兩國政府，都不應忘記他們的首要任務是改善本國人民的福祉。他們可以通過合作而非對抗來實現這一目標。

世界秩序跟得上世界變化的速度嗎？[1]

國際秩序落後於全球力量對比的變化，這是危險的現象。如果各國領導人不趕快開始解決這個矛盾，世界極有可能爆發危機甚至衝突，還可能升級為更危險的對抗。

　　國際秩序已經落後於全球權力的動態變化，這十分危險。如果各國領導人不能儘快著手解決這些矛盾，最有可能的結果就是誕生危機或者衝突，甚至是更危險的對抗。

　　2019 年，世界形勢發生了轉折，世界秩序卻並未隨之改變。這種脫節可能會引致災難性的後果。

　　全球最大的變化是"亞洲世紀"的開始。如今，世界四大經濟強國（按購買力平價計算）中的三個國家都在亞洲：中國、印度和日本。該地區的 GDP 總量超過了美國和歐盟。

　　美國甚至不再是全球化程度最高的大國，這個頭銜現在屬於中

1　*Project Syndicate*, Dec 26, 2019.

國。與美國相比，中國已經成為更多國家更大的貿易夥伴，但中國仍在簽署更多的自由貿易協定，其中包括可能是歷史上最大的自由貿易協定 ——《區域全面經濟夥伴關係協定》。相比之下，美國正在放棄《跨太平洋夥伴關係協定》等自由貿易協定，但在美國退出該協定後，日本前首相安倍晉三（Shinzo Abe）仍然成功地推動了該協定的進展。現如今美國在全球貿易中的份額持續萎縮。

世界秩序沒有跟上這些不斷變化的經濟形勢。正相反，美元仍然是國際貿易中的主要貨幣。美國和歐洲依舊控制著全球兩個主要經濟組織：國際貨幣基金組織和世界銀行。而唯一一個能夠向聯合國 193 個成員國發佈具有約束力決定的機構 —— 聯合國安理會，仍舊由少數幾個大多在走向衰落的大國主導。

理論上，要解決這一不協調問題，最簡單的辦法就是增強中國等新興國家在國際貨幣基金組織和世界銀行的影響力。畢竟，在 2006 年和 2007 年的二十國集團公報中，美國和歐洲已經承認，"國際貨幣基金組織和世界銀行高管層的遴選應以德才為基礎"，以確保 "廣泛地代表所有成員國"。

然而一個已經過時的 "紳士協定" 卻仍在異常頑強地發揮作用，這個協定就是由美國人擔任世界銀行行長，由歐洲人擔任國際貨幣基金組織總裁。2007 年，多米尼克·斯特勞斯—卡恩（Dominique Strauss-Kahn）出任國際貨幣基金組織總裁；2011 年，另一位法國人克里斯蒂娜·拉加德（Christine Lagarde）接任了這一職位。

6 年後，拉加德宣佈，如果當前的增長趨勢持續下去，並且反映在國際貨幣基金組織的投票權結構中，那麼到 2027 年，該組織的總部可能會遷往北京。她指出，畢竟根據國際貨幣基金組織的規章制度，該機構的總部要設在成員國中最大的經濟體。

然而，當 2019 年拉加德辭去總裁一職，出任歐洲央行行長後，接替她的卻是另一位歐洲人：保加利亞經濟學家克里斯蒂娜·喬治耶娃（Kristalina Georgieva）。同樣，金墉於 2012 年接任了羅伯特·佐利克（Robert Zoellick）的世界銀行行長一職，今年又由戴維·馬爾帕斯（David Malpass）接任了這一職位。老牌大國無恥地拒絕分享全球性機構的控制權，未來的歷史學家將對這一輕率行為備感驚嘆。

然而，美國和歐盟並非唯一致力於維護自身影響力的國家和聯盟。在聯合國安理會中，中國、法國、俄羅斯、英國和美國這五個常任理事國也一直在口頭上表示要改革，但卻一直無法取得實際進展。使事態進一步複雜化的是，更多試圖獲得安理會常任理事國席位的國家正面臨著鄰國的抵制：巴基斯坦正在阻撓印度的努力，阿根廷正在阻撓巴西，尼日利亞正在阻撓南非。鑒於這些情況，聯合國安理會的改革將比國際貨幣基金組織或世界銀行的改革更加困難。

但是如果改革一直停滯，結果可能是災難性的，因為如果不對安理會的成員組成進行調整，該機構很可能會失去信譽和道德權威。如果非洲聯盟或印度（二者都有超過 10 億的人口）拒絕遵守安理會的決定 —— 基本上是五個常任理事國的決定，安理會這個國際社會上最重要的機構就會失去很多依靠。

為了避免出現這種結果，安理會應採取 7 — 7 — 7 方案。前 7 個是常任理事國──巴西、中國、歐盟（以法國和德國為代表）、印度、尼日利亞、俄羅斯和美國，每個國家代表一個不同的地區。中間7個是半常任理事國，根據人口和國民生產總值，在28個國家中輪流選出。剩下的160個國家將輪值剩下的7個席位。

最難解決的矛盾是美國領導地位的下降與美元仍舊作為國際主要儲備貨幣的地位之間的矛盾。如今，超過40%的跨境支付和90%的外匯交易是以美元結算的。這反映了數十年來各國對美元的信任：美國擁有廣闊的市場、強有力的機構，包括高效的法院和獨立的央行，而且它沒有將美元作為促進自身利益的工具。

但是，自2017年以來，美國總統特朗普一直在大肆破壞國際社會對美元的信任。在意圖競選連任之際，他向美聯儲施壓，要求其降低利率，以實現短期經濟增長。他還將美元武器化，說中國是"匯率操縱國"，並指示美國財政部對更多國家進行監視，包括它在亞洲和歐洲的親密盟友。

特朗普的行為不僅引起了對手的不滿（俄羅斯引領的新的去美元化趨勢），也引起了主要盟友的不滿。即將卸任的歐盟委員會主席讓─克洛德·容克（Jean-Claude Juncker）承諾，歐元將成為歐盟主權國的"積極工具"。此外，法國、德國和英國與中國和俄羅斯合作創建了"貿易互換支持工具"以繞過美國對伊朗的制裁。

但是，在某種意義上，特朗普使早已經顯見的事實變得難以無視，這對世界是一件好事。如果各國領導人不儘快著手解決困擾世界秩序的矛盾，很可能會出現危機，甚至是更危險的對抗。

外交：強權還是説服？[1]

外交藝術的復興基於對説服藝術的運用。外交藝術有助於建設一個更加和諧、更有利於合作的國際社會。多年來，美國一直在退出多邊主義，尤其在特朗普治下。要復興外交藝術，需要西方大國積極思考、傾聽和調整。

　　西方統治世界的二百年歷史即將結束，這二百年是不同尋常的二百年。如今，我們正在見證其他國家，尤其是亞洲的回歸。當前，美國正在退回到單邊主義。歐盟則很迷茫，時而支持美國，時而反對。西方文明對世界的一大饋贈就是理性思考。從柏拉圖和亞里士多德時代起，我們就知道有説服力的雄辯最終會獲勝。但可悲的是，在我擔任新加坡駐聯合國大使的十年裏，我發現西方大國更喜歡對小國施壓，因為這樣效率更高。這種壓迫小國的時代也即將結束。西方不必悲觀絕望，因為合乎邏輯和合理的爭論可以發揮更大的影響。既然

1　*SAIS Review*, Sep 1, 2020.

美國，尤其是唐納德‧特朗普領導下的美國，仍舊排斥多邊主義，那麼歐盟這個天然的多邊機構就應該介入並捍衛多邊主義。歐盟應該重振聯合國大會，並充分發揮其說服力。我學過西方哲學並經常在聯合國使用西方的邏輯推理，而且通常都取得了良好效果。令我困惑的是，鮮有西方國家大使深入挖掘他們的哲學遺產並加以利用。我認為，使用推理時需要注意一點 —— 推理是把雙刃劍。如果其他國家提出更有效的論證，西方就必須重新學習傾聽和調整行為的藝術。簡言之，建立在勸服藝術基礎上的外交手段的復興將有助於建立更加和諧與富有合作精神的國際社會，但這離不開西方強國的積極推理、傾聽與行為調整。

在很大程度上看，現代外交本質上是西方的創造。因此從理論上來說，先進的西方國家應該是現代外交最好的踐行者。但實際上，我在擔任新加坡駐聯合國大使的十年間（1984—1989 年和 1998—2004 年）親眼所見，西方大國，包括美國和歐盟，更傾向於使用霸凌手段迫使其他國家屈服，而非努力地通過相互尊重的外交接觸來說服它們。聯合國前秘書長布特羅斯‧布特羅斯—加利（Boutros Boutros-Ghali，1992—1996 在任）也發表了同樣的看法："我花了一段時間才完全明白，美國認為沒有必要開展外交，只要使用權力就足夠了……羅馬帝國不需要開展外交，美國同樣也不需要。外交手段被認為是浪費時間和威望，同時也是軟弱的表現。"[1]

霸凌策略絕非明智，但在西方佔絕對優勢的情況下，這種做法是可行的。現在，西方主導世界歷史的反常階段行將結束。我在《西方沒落了嗎？》一書中考證，從公元元年到 1820 年，中國和印度一直是世界上最大的兩個經濟體。[2] 在那之後，歐洲經濟才開始騰飛，美國緊隨其後。從過去兩千年的大背景來看，近代西方相對其他文明的卓越表現是一種歷史反常現象。所有反常現象都必將終結。西方的反常表現也正在走向終點。

幸運的是，西方並未一敗塗地。如果西方，尤其是美國和歐盟，能夠重新發揮勸服性外交的價值，或許依然能夠在世界上保持足夠的影響力。作為一個小國的駐聯合國大使，我曾經告訴我的同事，我們在多邊機制中唯一能利用的武器就是理性、邏輯和魅力。幸運的是，它們一直都很有效。作為一名西方哲學的終身學習者，我發現，在由 193 個國家組成的聯合國大家庭中，合乎理性和邏輯的論證在不同的文化和語言中都行得通。因此，我對西方外交官很少使用勸服的藝術感到困惑。公平地說，不僅西方強國試圖霸凌小國，其他大國和中等國家，如澳大利亞、巴西、中國、印度、尼日利亞、俄羅斯和南非，也在努力揮舞其政治和經濟肌肉。

1　Heikki Patomaki, "Kosovo and the End of the United Nations?" in Peter Van Ham and Sergei Medvedev (eds.), *Mapping European Security after Kosovo*, Manchester: Manchester University Press, 2002: 84.

2　Kishore Mahbubani, *Has the West Lost it? A Provocation,* London: Allen Lane Penguin, 2018: 1.

然而，由於西方佔有壓倒性的優勢，因此西方強國更頻繁地採用霸凌手段。以下兩組關鍵統計數據表明近來西方實力已經開始衰退。按購買力平價計算，1980 年時美國的經濟規模是中國的 10 倍，2014年，這一差距大大縮小。[1] 同樣，按購買力平價計算，當今的四大經濟體是中國、美國、印度和日本。沒有一個歐洲國家躋身前四。

　　未來幾十年內，歐洲國家的相對實力將進一步下滑，而 21 世紀將成為亞洲的世紀，因此，歐盟國家應該率先採取新行動，更多地使用外交手段。歐盟可以採取五步走的策略。首先，歐盟應放棄默默支持美國削弱全球多邊機制的政策。第二，在未獲得聯合國授權的情況下，歐盟應該退出西方最近對衝突和危機的單方面干預。第三，歐盟應該提醒美國，外交的發明是為了與敵人而非朋友對話。美國扭轉了兩千年以來的外交慣例，堅持 "建立外交關係" 是在建立友誼。但其實朋友之間不需要通過外交渠道進行對話，只有敵人之間才需要，這就是為什麼外交官需要外交豁免權。第四，歐盟應率先在區域多邊組織之間建立平等互利的關係。第一步是在世界上最成功的區域組織歐盟和世界上第二成功的區域組織東盟之間建立更緊密的聯繫。這將是證明東西方社會可以在外交領域開展合作的具體方式。第五，歐盟應該重振聯合國大會，使其成為 "全體人類的議會"，這也許是最重要的一點。幸運的是，如果歐盟採取這五項舉措，世界上大多數國家都會予以積極回應。

1　The World Bank, DataBank: World Development Indicators, https://databank.worldbank. org/
　 home.aspx.

聯合國：一個朝陽組織？[1]

2020 年聯合國迎來了成立 75 周年，但如今已經很少有人將聯合國看作"希望的燈塔"。要重振聯合國的影響力，需要更大規模的財政支持和對聯合國大會與安理會進行更具包容性的改革，這將使聯合國在解決人類今天面臨的共同挑戰上不可或缺。

2000 年，當聯合國大會（UNGA）公佈其千年發展目標（MDGs）時，我是時任新加坡駐聯合國大使，科菲·安南是時任聯合國秘書長，比爾·克林頓是時任美國總統。那是一個充滿希望的時代。每個人都相信聯合國是人類團結合作的唯一載體。相形之下，儘管在 2020 年 9 月 21 日舉行的聯合國成立 75 周年紀念峰會上，包括習近平主席和美國總統唐納德·特朗普在內的許多領導人都發表了視頻講話，但人們仍然覺得聯合國的前景十分黯淡。如今很少有人相信聯合國還能發揮"希望燈塔"之作用。

1　*China Daily*, Sep 23, 2020.

如今對聯合國普遍持有的悲觀判斷是完全錯誤的。如果說哪個全球組織對人類來說不可或缺，那就是聯合國！為什麼這麼說呢？新冠肺炎疫情向人類發出了一條明確的哲學信息，即全人類現在都在同一條船上。過去，70多億人生活在193個不同的國家，如同生活在193艘不同的船上。但現在70多億人是生活在同一艘船上的193個獨立船艙裏。這是新冠肺炎疫情能夠在短時間內從地球的一端擴散到另一端的原因。

　　這艘全球巨輪存在一個重大問題：雖然每個船艙都有一個政府來管理，但整艘船卻缺乏一個統一的治理機制。而唯一能夠代表全人類並能提供全球領導力的組織就是聯合國。對越來越小且相互依存度越來越高的地球村來說，聯合國已成為一個不可或缺的組織，它將成為21世紀的朝陽組織。

　　與此同時，聯合國也面臨著真正的挑戰，世界上最強大的國家美國對聯合國大失所望。在疫情高峰期，當人類需要合作抗疫時，美國退出了世界衛生組織（繼早前退出聯合國教科文組織之後），並使得世界貿易組織的運行陷入了癱瘓。

　　我們能說服美國重新支持聯合國嗎？答案是肯定的。2003年，比爾·克林頓總統在耶魯大學發表了一篇有力的演講。他表示，如果美國想永遠做世界老大，它可以一直採取單邊行動。然而，如果美國考慮過成為世界第二的可能性，那麼"創造一個基於規則、夥伴關係和行為習慣的世界"將符合美國的長期利益，這樣一來，即使美國變成世界第二，這個世界也仍然適合美國生存。在適當的時候，美國的權威人士和政策制定者將會聽取比爾·克林頓飽含智慧的建言。

然而，聯合國需要不斷地進行自我革新，不能不思進取。中國作為新崛起的大國，抱有"人類命運共同體"的信念，可以為聯合國改革貢獻一份穩定的領導力。每個社區都應該召開業主大會，成員可以分享觀點、討論問題、達成妥協、形成共識。當前唯一能夠發揮全球議會功能的機構便是聯合國大會。通過與歐盟、非洲聯盟、拉丁美洲、印度和東盟等主要利益攸關方合作，中國可以幫助聯合國大會悄然振興。

同樣，聯合國安理會也需要改革。聯合國的創始成員國賦予了大國在聯合國安理會中的一票否決權，這在當時是明智的，賦予了各大國在聯合國的強大話語權。這也是美國當初退出國際聯盟但卻沒有退出聯合國的原因。然而，一票否決權當初是設計給當前和未來的大國享有的，而非昔日的大國。推動聯合國安理會改革困難重重，最大的障礙是，各國難以就誰應該成為新的常任理事國達成一致。

因此，我在《大融合》一書中提出了一種新方案：設立 7 個常任理事國、7 個半常任理事國和 7 個輪選理事國。這個 7—7—7 方案將使印度、巴西和一個非洲國家（由非洲自行選出）成為常任理事國。讓印度加入是關鍵。正如《金融時報》的副主編馬丁·沃爾夫英明地建議："自負所帶來的負擔讓英國筋疲力盡，它應該儘快地將其在聯合國安理會的席位讓於前殖民地。"

最後，聯合國的財政問題需要解決。歐盟成員國雖然信任聯合國，但卻一直在削減應支付給聯合國的必要經費，因為它們覺得自己支付得太多。另一項不智之舉是，歐盟帶頭將對世衛組織的義務性會費佔全部籌款的比例從 1970 — 1971 年的 62% 削減到了如今的 20% 以下。

要解決歐盟的這些不滿，必須降低西方向聯合國提供資金的比例。西歐和其他國家集團的人口只佔世界人口的 12%，卻提供了聯合國預算的 50% 以上。這種情況該改變了。亞洲人口佔世界人口的 50% 以上，理應為聯合國提供更多資金。

習近平主席在講話中慷慨地宣佈中國向聯合國重要項目提供自願捐款。其他亞洲國家如果能效仿中國，宣佈願意為聯合國系統做出更多貢獻，這將是一件好事，有助於加強聯合國的實力，使其再次成為一座 "希望的燈塔"。亞洲人可以為此感到自豪，在 21 世紀 —— 亞洲的世紀，他們引領了聯合國的復興之路。

世界衛生組織能否得以重振？[1]

新冠肺炎疫情彰顯出包括世衛組織在內的多邊機構在應對全球性挑戰方面的重要性。過去 50 年來，多邊機構一直在被削弱，現在各國應該聯合起來重振多邊機構。

已故聯合國秘書長科菲・安南常說，世界是一個"地球村"，他說的沒錯，我們的世界確實縮小了。最近，新冠肺炎疫情在世界範圍內的傳播同時對發達國家和發展中國家造成了威脅，這再次證實了世界上的 70 多億人都生活在一個地球村。

東西方的智者，如孔子和柏拉圖，都曾教導我們，當人們生活在一個小社區裏時，必須共同協商制定規章制度，管理我們生存的空間和應對日常挑戰。

科菲・安南還說："我們需要規則和規範來指導個人與社區之間的關係。這對地球村和我們來自的國家而言是一樣的。"因此，如果

1　*Global Times*, Mar 17, 2020.

地球已經縮小成為一個村，那就理應加強村委會的作用，就像加強聯合國組織一樣，制定規則與規範、管理全球公域、應對全球挑戰。但遺憾的是，近幾十年來，我們一直在背道而馳，一直在削弱包括世界衛生組織在內的聯合國組織。

我們為什麼會做出這種非理性行為？原因很複雜。因為過於複雜，所以我專門寫了《大融合》一書來解釋這種非理性。然而，一個關鍵原因值得重視。

世界上最富裕的國家，尤其是富裕的西方國家，認為削弱聯合國更有利於他們的利益，這種看法並不明智。許多西方國家否認他們正在這樣做，但我曾兩次擔任新加坡駐聯合國大使，親眼目睹了西方是如何削弱聯合國的，我還掌握有力的證據。

以世界衛生組織為例，西方從三個方面削弱了它。首先，西方使世衛組織缺乏可靠的義務性資金。1970—1971 年間，義務性會費佔世衛組織全部資金來源的比例為 62%。但到了 2017 年，這一比例跌至 18%。這一點十分重要，因為世衛組織只能依靠義務性會費而非自願捐款來招聘長期衛生檢查員。其次，西方將關注重點集中在生物醫學上，即個體病例而非流行病學。如果我們不關注流行病學，像新冠肺炎這樣的疫情會傳播得很快。最後，西方淡化世衛組織的作用，加強西方控制的世界銀行等機構的角色。世界銀行於 1984 年發放的應對衛生問題的貸款約佔當年世界衛生組織預算的一半，到 1996 年則增加到了世衛組織預算的 2.5 倍以上。

如今，美國和歐盟都受到了新冠肺炎疫情的嚴重影響，它們應該捫心自問，在過去幾十年間削減世衛組織的資金的做法是否明智。他們還應該重新審視這麼做的動機。事實上，美國和歐盟是出於不同的理由這麼做的。

美國削弱聯合國機構是因為美國單方面行動的能力受到限制。一位國家情報委員會前主任直接告訴我："凱碩，我能理解為什麼像新加坡這樣的小國想讓多邊機構更加強大，然而，美國發現這些機構限制了自己的行動。"

他很誠實。相比之下，歐盟主要關心的是少花錢。歐盟國家對聯合國不滿是因為它們貢獻了聯合國預算的 30% 以上，但對支出決策的投票權卻不足 15%。

美國和歐盟已經受到新冠肺炎疫情的嚴重影響，它們理應認識到削弱世衛組織是不明智的。毫無疑問，現在受疫情影響最大的西方國家將受益於一個強大的世衛組織。遺憾的是，儘管西方社會崇尚理性，但改變過去的非理性政策卻很難，因為太多既得利益集團將阻止西方對世衛組織的政策邏輯發生轉變。

這就為中國提供了巨大的機遇。與西方國家不同的是，中國宣稱其目標是強化聯合國組織機構的職能，包括世界衛生組織。

正如習近平主席於 2017 年在日內瓦所說："禽流感、埃博拉、寨卡等疫情不斷給國際衛生安全敲響警鐘。世界衛生組織要發揮引領作用，加強疫情監測、信息溝通、經驗交流、技術分享。"他的話一語中的。

那麼，中國能怎麼強化世界衛生組織的作用呢？第一步是率先呼籲大幅提高義務性會費佔預算的比重，這將使世衛組織能夠制定出更明智和更具戰略性的長期計劃，包括發展防治未來疫情的長期能力。毋庸置疑，未來還會出現更多的流行病。

然而，問題不僅僅出在錢上。我們還需要在全球營造出一種風氣，使人們意識到正如習主席所言，人類現在是一個"命運共同體"。全世界的醫生和衛生行政人員對此深有體會。

他們比任何人都清楚病毒和細菌是不分國界、肆意傳播的。因此，我們應該設法讓全球所有衛生專業人員更頻繁地聚會交流。

世界衛生組織能夠而且應該增加舉行全球衛生專業人員會議的頻次。在這樣的會議上，我們應該對未來的全球衛生危機進行預測，並制定出保護全人類的計劃和措施。幸運的是，我們在抗擊新冠肺炎時發現，要對抗疫情並非只能依靠昂貴的藥物，個人衛生的簡單改善也同樣奏效。

在聯合國的十年工作經驗中，我深深體會到一點：頻繁的面對面會議交流有助於增進來自世界各地的代表之間的信任和理解。因此，我相信，如果世衛組織能在中國的大力支持下定期召開會議，將大大提高全球衛生專業人員彼此之間的信任度。

有了這種高度信任，人類能夠更好地應對未來的全球衛生危機：到那時，世界將感謝中國為我們這個小小的地球村播下了建立信任網絡的種子。

多邊外交 [1]

自二戰以來,多邊外交一直是世界秩序的核心。了解多邊機構和機制是如何以及為什麼建立的,對理解多邊主義的過往和如何在一個日趨縮小的世界裏推動多邊主義十分重要。

多邊外交是一個朝陽產業。全球化的加速和由此帶來的全球"縮小"導致了真正意義上的地球村的誕生,而不再僅僅是個比喻。每個村莊都需要設立村委會。所有多邊外交進程都是為了更好地發揮地球村村委會的職能。在本章中,"多邊外交"將被定義為兩個以上國家或成員體通過外交途徑解決超國家問題的實踐。正如聯合國前秘書長科菲·安南所說:"外交的範圍已經遠遠超越了國家間的雙邊政治關係,變成了一個涵蓋人類幾乎所有領域的多邊、多方面的事業。" [2]

---

1 *Oxford Handbook of Modern Diplomacy*, Apr,2013.

2 'Address by Secretary-General Kofi Annan to the American Academy of Diplomacy upon receiving the Academy's "Excellence in Diplomacy" Award in Washington, DC, on November 28', United Nations Press Release, 30 November 2001.

關於多邊外交，貫穿本文的有幾個關鍵主題。第一個關鍵主題是多樣性。多邊外交是一種快速發展的外交戰略，新的多邊外交形式不斷湧現，因此很難對所有類型進行全面描述。第二個關鍵主題是所有多邊進程中正義與權力之間持續的緊張關係。理論上，多邊外交是以國際秩序中的一些關鍵原則為指導的。此外，理論上，基於多邊外交中達成的協議，一些國際組織得以建立，以履行特定職能，提供特定的全球產品，從而造福人類 —— 換言之，在相關領域開展全球治理 —— 而非服務於大國利益。然而，在實踐中，權力通常凌駕於原則和理想之上。第三個關鍵主題是聯合國等世界性組織與一些比較小的非正式的團體或聯盟（如八國集團和二十國集團）之間的緊張關係，前者代表全人類，而且通常享有充分合法性，後者也在努力應對關鍵性的全球挑戰。

本文將首先介紹多邊外交的多種功能。第一部分將介紹多邊外交的各種形式。第二部分將對貫穿多邊外交進程的持續政治壓力和緊張局勢進行討論。最後，第三部分將為今後緩解這些緊張局勢提供一些解決辦法。

多邊外交的功能

多邊外交具有多重功能，短短一文可能難以詳述，其最大的功能是充當 "人類議會" 的角色。要了解地球上 70 多億人對任何全球性挑戰的看法，唯一的辦法是在全球性論壇或全球性會議上聽取各國代表的聲音，前者如聯合國大會，後者如哥本哈根氣候變化大會。這種全球性會議或論壇類似各國的議會，會議上的分歧不僅反映了全球人類的不同看法，同時還能起到調節安全的作用，如同各國在哥本哈根氣候變化大會上所做的那樣。

多邊外交的第二個功能是為人類設定遠大目標，尤其是在"人類議會"甄選出地球村的迫切需求之後。因此，在 2000 年的千年首腦會議上，聯合國設立了截至 2015 年要實現的千年發展目標。儘管有些目標或許無法如期實現，但它仍然激勵人們在某些方面採取行動，以改善世界上極端貧困者的生活條件。如果沒有像聯合國這樣的全球性組織，達成這樣的協議將更加困難。

多邊外交的第三個功能是設立規範。自二戰以來，通過不斷設立文明規範，世界的文明程度得以提升。例如，聯合國大會於 1948 年通過的《世界人權宣言》就是一個巨大進步。這一宣言廢除了奴隸制和酷刑等令人髮指的惡行。最近，聯合國大會通過了兩項重要提議，禁止使用地雷和集束武器。顯然，通過多邊外交手段確立的規範有助於提升世界文明水平。同樣，聯合國關於兒童和婦女權利的公約大大改善了相關領域的規範。另一項重大突破是，2005 年聯合國首腦會議通過了"國家保護責任"（R2P）這一規範。當然，在聯合國等機構內制定規範時，依舊存在著一個棘手的問題，即主權國家需要就必須遵守的協定達成一致，而這中間始終存在著矛盾。當前，處理這一問題的唯一方法是達成"共識"。

多邊外交還是談判國際條約、改善世界狀況的手段。舉兩個重要案例。1968 年 7 月 1 日通過的《不擴散核武器條約》（Treaty on the

Non Proliferation of Nuclear Weapons）自 1970 年 3 月 5 日起生效，並於 1995 年 5 月 11 日無限期延長，禁止無核國家製造核武器，禁止核武器持有國向無核國家轉讓核武器或相關技術。如今，只有以色列、印度和巴基斯坦尚未簽署這一條約。該條約成功地（除少數例外）防止了核擴散，廢除了核武器的合法性。但遺憾的是，違反《不擴散核武器條約》的主要國家卻是核武器持有國，它們沒能迅速履行銷毀殺傷力巨大的核武器的義務。同樣，對於覆蓋地球表面積 70% 的海洋，《聯合國海洋法公約》已經確立了一套開發利用全球海洋的共同規則。該公約於 1982 年締結，1994 年生效，締約方包括 159 個國家和歐盟。但該條約的較大受益者之一的美國卻並未簽署，儘管其在實踐上基本上遵守了該條約的原則和規則。

所有這些制定規範和條約談判的進程都有助於制定和加強國際法。正如遵循國內法律有助於保持社會政治穩定一樣，自二戰以來，對國際法的普遍遵循也逐步減少了戰爭。事實上，死於戰爭的人數已經達到歷史新低。僅此一項統計數據就能使懷疑論者在攻擊多邊外交前三思而行。戰火的平息改善了人類的處境。

在這一背景下，美國作為世界舞台上實力最強的角色，聯合其他國家要解除代表人類聲音的聯合國大會的合法性，這實在是一個戰略錯誤。美國之所以要這麼做，部分是因為華盛頓強大的親以色列遊說團體對聯合國大會通過的反以色列決議感到擔憂。美國的決定既不符合以色列的長期利益，也不符合美國的長期利益。美國右翼分子主張美國應拋棄聯合國，與民主共同體合作，但這一主張輕易就被安妮—瑪麗・斯勞特（Anne-Marie Slaughter）駁倒了，她指出，許多反對美國對伊拉克發動戰爭的人都屬這個民主共同體。簡言之，如果想要充分發揮多邊外交作為"人類議會"的主要作用，美國就需要制定新的戰略方針。

理論上，聯合國大會在解決衝突與促進和平方面也應該發揮作用。在實踐中，尤其是冷戰結束以來，聯合國安理會也確實發揮了關鍵作用，但它在這方面是成功與失敗並存的。雖然聯合國安理會解決了困擾危地馬拉、納米比亞、柬埔寨和前南斯拉夫馬其頓共和國的許多長期問題，並監督了薩爾瓦多和莫桑比克衝突解決後新政府的就職，但聯合國安理會在巴爾幹問題上的失敗令人遺憾，也沒能阻止盧旺達境內的種族滅絕大屠殺，且在巴以問題（以色列和巴勒斯坦問題）上的應對也十分不力。

二戰以後成立的許多專門機構，如世界貿易組織（WTO）、世界衛生組織（WHO）、國際原子能機構（IAEA）、國際勞工組織（ILO）、聯合國環境規劃署（UNEP）等機構，通過開展多邊外交活動，也在解決問題和促進國際合作方面發揮了作用。總的來說，世貿組織及其前身《關稅及貿易總協定》（GATT）取得了驚人的成功：世界貿易的增長速度是產出增速的三倍，貿易額從 1950 年的 2960 億美元增加到了 2005 年的 8 萬多億美元，從而增進了人類福祉，增強了國際間的相互依存，創造了一個強大的既得利益集團，維護了全球穩定。貿易佔世界 GDP 總量的比重從 1950 年的 5% 增長到今天的接近 20%。[1] 儘管最新的多哈回合談判陷入了困境，但之前的所有貿易回合在漫長的談判後都取得了成功。同樣重要的是，即使在 2007—2009 年世界金融危機期間，世界也沒有明顯地倒退回貿易保護主義。

至於較小規模的組織，就參與多邊外交的國家數量而非影響力而言，2008 年 11 月和 2009 年 4 月召開的二十國集團峰會在拯救全球經濟中發揮了關鍵作用。目前來說，這些多邊外交機制已經通過了 "臨界壓力測試"，度過了重大危機。然而，正如紐約的 "全球治理小組" 所倡導的那樣，通過定期引入相關議題的其他利益相關者，二十國集團一定可以變得更具包容性、更加透明、可參與度更高。

受全球金融危機影響，銀行業監管將成為確保世界經濟體系穩定和可持續發展日益嚴峻的挑戰，但這也是多邊外交手段可以發揮作用的另一領域。巴塞爾委員會（Basel Committee on Banking Supervision）由二十國集團主要經濟體和其他幾個成員組成[2]，是多邊主義發揮作用的典型案例。《巴塞爾協議 II》和《巴塞爾協議 III》的倡導者呼籲收緊國際標準，以降低金融機構面臨的風險，並呼籲建立 "緩衝" 基金，使金融機構未來能夠更好地承受壓力。《巴塞爾協議》的成功離

---

1 'World exports and world GDP, 1870<EN>–2005', *World Trade Report 2007*, World Trade Organization, 244. Available at: http://www.wto.org/english/res_e/booksp_e/anrep_e/wtr07-0b_e.pdf.

2 截至 2010 年 10 月，巴塞爾委員會成員包括阿根廷、澳大利亞、比利時、巴西、加拿大、中國、法國、德國、中國香港、印度、印度尼西亞、意大利、日本、韓國、盧森堡、墨西哥、荷蘭、俄羅斯、沙特阿拉伯、新加坡、南非、西班牙、瑞典、瑞士、土耳其、英國和美國。

不開多邊外交。

多邊外交所體現出的多種功能表明了理解多邊外交運作方式的重要性。近來，通過各國領導人所做的工作，這一重要性得到了進一步加強。如今，領導人將出訪和參加首腦會議視為工作中不可或缺的部分。相形之下，曾在 1905 年至 1916 年擔任英國外交大臣的愛德華·格雷爵士（Edward Grey）在漫長的任期內從未出過國。時代的變化是多麼巨大啊！

多邊外交的開展形式

每年都有各種形式、各種層次的多邊會議召開，因此很難對所有會議進行統計。然而，僅僅粗略地估算一下，我們就能發現，自 1945 年聯合國和布雷頓森林體系（BWI）建立以來，尤其是在過去 20 年間，多邊會議出現了爆炸性增長。

嘗試對多邊會議進行分類也將面臨重重困難。然而，如果非要用概念來區別大部分會議的話，多邊會議可以分為如下幾類：（1）全球性多邊會議；（2）功能性／專門性多邊會議；（3）區域性多邊會議；（4）特別多邊會議。

聯合國與布雷頓森林體系的創立促使全球性會議大量召開，盡量讓全人類都能被代表。這些全球性會議已經從聯合國大會、國際貨幣基金組織和世界銀行等機構舉行的年度例會發展到了如今各種各樣的全球性會議，包括聯合國海洋法會議以及人口、婦女和全球環境會議。

哥本哈根會議失敗後，人們對類似全球性會議的未來產生了悲觀情緒。許多人認為全球性會議行不通，因為這類會議難以協調太多的不同利益。然而，即使是在一個小村莊裏，無視重要少數群體的意願也是愚蠢的。對於地球村而言，真正的全球性解決方案需要考慮到村裏的所有成員。公正的分析顯示，導致哥本哈根會議失敗的原因有很多，諸如丹麥主席的不稱職，權力從西方轉移到他處，美國總統奧巴馬無法說服國會限制國內溫室氣體的排放，以及中國和印度需要保持各自的經濟增長率來保障脫貧工作的開展。簡言之，多邊外交活動本身就很複雜，要想取得成功必須要有出色的領導才能，就像新加坡大使許通美所做的那樣，儘管內陸國家與沿海國家之間存在諸多矛盾，但他依舊成功地推動了《聯合國海洋法公約》的簽署。因此，當全球性會議失敗時，我們不應批判這種形式，而是應從參會者身上尋找問題的根源，關注國家利益上的固有的矛盾。

聯合國大家庭還設立了各種專門機構，這些專門機構設有自己的政府間年度會議和理事會，通過開展多邊外交為國際社會提供決策方向與指導。雖然有時各國間的政治分歧也會導致會談破裂，從而妨礙這些會議在相關領域展現良好的全球領導與治理能力，但事實證明，每當面臨共同危險時，國際社會總能做到齊心協力，尤其是在面對跨越國界的疫情時。因此，通過觀察多邊外交如何在諸如世衛組織這樣的專門機構中發揮良好的作用，有助於了解人類應該如何在全球性多邊會議中共同努力。

區域層面的多邊外交正在迅速發展，最成功的例子就是歐盟。大多數人都稱讚歐盟的經濟成就，但歐盟最引人矚目的成就是避免了戰爭，而且任何兩個成員國之間也沒有爆發戰爭的可能性。這是區域合作的黃金標準，其他地區都應努力效仿。但遺憾的是，還沒有哪個區域組織能夠達到歐盟的成就。

然而，關於歐洲這一黃金標準是如何緩慢地影響到其他區域組織的，仍舊是個未知數。我可以憑個人經歷談一談東南亞國家聯盟，這或許是世界上第二成功的區域組織。20 世紀 70 年代初，當我第一次參加東盟會議時，五個創始成員國之間的互不信任和相互猜疑表現得很明顯。然而 20 年後，當我帶領新加坡代表團再次出席東盟會議時，會議結束時的氣氛要輕鬆得多，各國也顯得更加信任彼此。20 年的區域多邊外交改變了東盟會議的本質，增進了成員國間的信任。

當人們聚在一起並頻繁地互動，隨著時間的推移，就會形成一種社群意識。這種意識降低了發生衝突的可能性，增進了合作的可能性。在許多全球性和區域性論壇上開展了 30 多年的多邊外交後，我對它的價值深信不疑。自東盟成立以來，成員國之間從未爆發過戰爭（儘管有些時候戰爭的危險很近），這一事實切實有力地證明了多邊外交的價值。

區域層面的多邊外交也已成為重要的朝陽產業。例如，東盟不僅成功地增強了十個成員國之間的合作，還成功地為其他亞洲大國提供了一個不可或缺的地緣政治平台，讓這些國家可以在中立國見面並開展會談。這一舉措始於東盟邀請中國、日本和韓國參加著名的東盟"10+3"會議。這些會議迅速體現了自身的價值。當中日關係惡化，雙方領導人無法舉行雙邊會談時，他們可以在東盟"10+3"這一會議平台會面。隨著印度、澳大利亞、新西蘭、俄羅斯和美國的加入，東亞峰會的規模現已卓有成效地擴展到了東盟"10+8"。

相對歐盟而言，東盟是後起之秀。因此，隨著世界更加堅定地邁向亞洲世紀，歐盟理應勇於承擔起開展亞歐合作的倡議。但事實恰恰相反，歐盟仍然保持消極態度，東盟敢於當先，新加坡總理吳作棟提議舉行亞歐會議。

幸運的是，歐盟欣然接受了他的提議。當時我在多個歐盟國家宣傳吳作棟總理的主張，親眼目睹了這一切。1996 年 3 月在曼谷舉行的第一次亞歐首腦會議取得了巨大成功。但不幸的是，緊接著就爆發了亞洲金融危機。歐盟國家本可以利用這個寶貴機會來證明自己與亞洲的關係不是"酒肉朋友"。但可悲的是，歐盟未能通過這次大考，這也再次表明了歐洲決策者的判斷受到了短期思維的影響。隨著亞洲經濟的復甦，亞歐會議也重回正軌。諷刺的是，歐洲卻在十年後陷入了困境。但幸運的是，亞洲國家的做法更為明智：他們沒有在歐洲遇到困難時拋下它。

隨著西方統治的結束和亞洲的回歸，世界進入了一個全新的時代，亞洲多邊外交的成功對全球秩序產生了深遠的影響。我們必須牢記，從公元元年到 1820 年，中國和印度一直是世界上最大的經濟體。因此，到 2050 年，當他們重新回到他們本該擁有的全球位置時，世界歷史的重心也將轉移到亞洲。

因此，亞洲的作為將推動世界歷史的發展。1945 年，美歐建立了以規則為基礎的世界秩序，這一秩序奠定在以西方為基礎的原則上。如果崛起中的亞洲大國拒絕這些原則，那也是很自然的。但幸運的是，正在崛起的亞洲大國決定接受西方這些原則。諷刺的是，西方國家是否願意尊重自己建立的全球秩序原則是當今世界面臨的一大問題。根據國際法，只有在自衛或獲得聯合國安理會授權的情況下，使用武力才是正當的。但 2003 年 3 月入侵伊拉克的戰爭不符合這兩個標準中的任何一個。因此，正如科菲·安南所言，伊拉克戰爭是非法的。[1] 如果西方國家希望崛起的亞洲大國能夠尊重支撐全球秩序的關鍵西方原則，它們必須先以身作則。因此，美國對多邊外交的態度至關重要。

多邊外交的成功還表現在創立了各種特別的外交會議上。如今，最著名和最強大的特別組織是二十國集團。它在 2009 年初拯救了世界經濟。與聯合國或歐盟等全球性和區域性組織不同，二十國集團沒有總部，甚至沒有議事規則。它本質上只是一個特設的組織。但儘管如此，二十國集團能夠達成成果，這同樣顯示了多邊外交的價值。當外面的人叫囂著想要加入而裏面卻無人願意退出時，一個俱樂部的成功之處就凸顯出來了。二十國集團就是最好的例證。

其他特別形式的多邊外交也在發展，這些形式具有不同程度的合法性，取得了不同程度的成功。儘管反對使用地雷和集束炸彈的倡議最初遭到了美國、俄羅斯和中國等老牌大國的反對，但仍在國際上獲

1　See for example, 'Iraq war illegal, says Annan', *BBC News*, 16 September 2004. Available at: http://news.bbc.co.uk/2/hi/3661134.stm.

得了巨大支持，並在隨後獲得了聯合國大會的批准，取得了合法性。而美國發起的"防擴散安全倡議"（PSI）則是特別多邊外交一個不太成功的例子。該倡議旨在授予在公海攔截涉嫌攜帶核武器的第三國船隻的權力，它獲得了 90 多個國家的支持，但遭到了包括中國在內的多個國家的反對，這些國家對其合法性提出了異議，因此這一倡議尚未得到聯合國系統的批准。

多邊外交中存在的內在緊張關係

國際談判應該由理性的參與者圍坐在談判桌前展開協商，達成互利的協議。這種做法被視為人類文明史上的一個重大進步，是人類脫離依靠武力而不是理性做決斷的原始世界的標誌。毫無疑問，"理性"的聲音在國際談判和多邊外交中發揮了重要作用。

三十年的（各種形式的）多邊外交經驗告訴我，當身處多邊環境時，我會遇到三種聲音：理性、權力和魅力。但魅力的價值被低估了。一個小故事可以說明魅力是如何發揮作用的。1981 年，聯合國安理會在挑選下一任秘書長的問題上完全陷入了僵局。但幸運的是，一位年輕的烏干達外交官奧拉拉·奧圖諾（Olara Otunnu）——他代表一個剛剛從伊迪·阿明（Idi Amin）的暴行中恢復過來的極度虛弱的國家——於 1981 年 12 月當選為聯合國安理會主席。藉助自身的魅力和說服力，他成功解決了僵局。同樣，新加坡的傳奇外交官許通美也憑藉自身的巨大魅力，說服了 100 多個國家的外交官同意解決海洋法的談判問題。魅力在多邊外交和生活中的其他領域都發揮著作用。

　　但是，無論是理性還是魅力都無法與權力匹敵，權力仍然是多邊外交和國際關係中影響最大的因素。在聯合國安理會的兩年工作（2001—2002年）使我認識到，人類還沒有完全脫離“原始”的世界秩序，蠻力和權力仍然驅動著人們的決策。五個常任理事國通過正式（更多的是非正式）渠道行使否決權，扭曲聯合國安理會的決策程序，結果導致聯合國安理會難以履行《聯合國憲章》所規定的“維護國際和平與安全”的義務，而是充當了維護“五常”的國家利益和立場的角色。

　　“五常”對安理會決策最大的扭曲體現在巴以問題上。目前，國際社會對這個問題幾乎達成普遍共識，即巴以必須分成“兩個國家”，以色列必須結束對巴勒斯坦長達45年的非法佔領。不管舉行什麼形式的全球民主投票，都會有60多億人支持這個“兩國方案”。然而，60億人的主張遭到了600萬以色列人的阻撓，他們成功地主導了美國的決定。這種全球性的決策扭曲最終可能會導致以色列陷入長期性的悲劇，因為在21世紀，新的力量關聯將會對美國形成嚴重制約。

　　為重振聯合國、加強多邊外交，我們必須儘快解決巴以問題，因為這一問題比其他任何問題對國際政治的破壞力都要大。巴以問題使聯合國在兩個方面上都失去了合法性：一方面，在美國民眾看來，聯合國失去了合法性，因為美國媒體著重報道美國在聯合國大會上的反以色列立場；另一方面，在16億穆斯林看來，聯合國也失去了合法性，因為他們注意到聯合國安理會是親以色列的。因此，除非解決巴以問題，否則聯合國將受到嚴重的削弱，多邊外交也將因此受到制約。

五個常任理事國堅持將"國家利益"置於"全球利益"之上，這導致了聯合國安理會決策上的許多扭曲行為。克林頓政府不允許聯合國安理會在決議中使用"種族滅絕"一詞，導致國際社會無法採取有效措施阻止盧旺達種族滅絕事件。同樣，布什政府利用其可觀的"單極"權力，讓聯合國安理會越俎代庖，通過讓國際刑事法院給予美軍豁免權干預其"司法"決定，扭曲了聯合國安理會的作用。同樣，俄羅斯在 1999 年阻止了聯合國安理會對科索沃戰爭做出反應。其他三個常任理事國也有類似的例子。

然而，權力並非一成不變的。我曾在兩個不同的歷史時期擔任新加坡駐聯合國大使，期間，我親眼目睹了國際地緣政治秩序對多邊外交的制約。20 世紀 80 年代中期，冷戰仍在繼續，美蘇之間的僵局導致聯合國安理會陷入癱瘓。因此，聯合國大會成了當時人們關注的焦點。聯合國大會對蘇聯非法入侵阿富汗和美國非法入侵格林納達的舉動進行了譴責並贏得了美名。但當我於 1998 年重返聯合國時，聯合國大會被完全無視了，所有的注意力和焦點都集中在聯合國安理會的工作上。

地緣政治力量即將發生幾個世紀以來最大的轉變，因此，多邊外交也需要適應新的地緣政治秩序，這是對多邊外交能力的最大考驗。如前所述，西方主導世界歷史的時代即將結束（當然，這並非西方的終結），而亞洲國家，尤其是中國和印度正在恢復它們原有的地位，即世界上最大的經濟體。毫無疑問，世界將不得不做出大規模的調整，以適應權力轉移的巨變。多邊外交也不例外。

這是一項極其複雜和困難的工作。在現行的多邊秩序中，合法和非法國際行為的語言、概念和定義主要起源於西方。事實上，如今由國家、國際組織和跨國公司組成的國際體系植根於《威斯特伐利亞和約》（The Peace Treaty of Westphalia），這是歐洲統治者於 1648 年簽署的一項和約，目的是維護本國的領土完整。自從《威斯特伐利亞和約》簽署以來，國際社會從未採取過與威斯特伐利亞國家主權觀不同的觀點，而我們今天面臨的最大困難之一則是單一主權國家與應對全球挑戰所需的全球方案之間的摩擦。一方面，聯合國是主權國家的集合，在某種程度上，它的使命是保護各成員國的主權。但另一方面，解決全球問題則需要超越單一國家主權的統一的全球戰略。

然而，一些微小卻革命性的變化正在出現。例如，聯合國大會於 2005 年通過了"國家保護責任"（Responsibility to Protect, R2P）這一國際關係中的新概念。理論上，這一概念凌駕於國家主權之上。因此，各國領導人達成的這一決定在國際法上具有里程碑意義。儘管這一決定的重要性尚未得到充分理解，但這是遲早的事。這一概念是加拿大首倡的。問題是當西方不再主導多邊秩序時，這些概念是會被保留還是會被刪除呢？

一個至關重要但又被低估了的問題是，大多數西方決策者和公共知識分子認為，大多數西方國家的國際行為是"負責任的"和"合法的"。這就是為什麼美國領導人能一本正經地呼籲中國做國際秩序中"負責任的利益相關者"。然而，西方人口只佔世界人口的不足12%，剩餘88%的世界人口中，絕大多數人越來越質疑西方口中所謂的"責任"與"合法性"，因為他們清醒地意識到了西方在國際行為中普遍存在的兩面性和雙重標準。西方必須學會傾聽世界上的大多數人的聲音，否則後果可能會不堪設想。入侵伊拉克的戰爭表明，當西方無視全球輿論時，會出現什麼問題。

世界歷史的重大轉變可以為多邊外交帶來展示其價值的最大機遇。如本文第一部分所述，多邊外交的主要功能是充當"人類議會"。因此，西方強國，尤其是美國，不應企圖非法化聯合國大會並與其脫軌，而應努力恢復聯合國大會早期所起到的關鍵作用，為聽取國際社會上活躍的新成員的聲音提供一個平台。20世紀五六十年代，印度的賈瓦哈拉爾·尼赫魯和埃及的賈邁勒·阿卜杜·納賽爾（Gamel Abdel Nasser），以及印度尼西亞的蘇加諾（Sukarno）和古巴的菲德爾·卡斯特羅（Fidel Castro）發表了強有力的講話，讓世界了解這些新獨立國家在擺脫了西方殖民統治後的目標。

今天，我們正在見證類似的、沉睡已久的文明和社會的重新覺醒。數十億人正在發出新的聲音，世界需要為這些人提供一個能夠表達自我的舞台。幸運的是，我們不需要做重複的工作，我們已經有了聯合國大會。然而，在當前複雜的新世界秩序中，聯合國大會必須掌握這個新世界的複雜性。庫珀（Andrew F. Cooper）、海涅（Jorge Heine）和塔庫爾（Ramesh Thakur）重點談及當今世界舞台上的新生力量，並恰如其分地引用了安妮—瑪麗·斯勞特的話：

> 我們設想的不僅僅是讓一組新的國家坐在談判桌旁，而且還
> 要建立國家和非國家實體之間的網絡、聯盟和夥伴關係，以解決
> 具體問題……要做到這一點，我們的外交官不僅要具備傳統的
> 報告分析能力，更需要社區組織的技能。新的連通技術將成為這
> 種外交形式的重要工具。[1]

到目前為止，大多數非國家實體都是大型的西方非政府組織（如
國際特赦組織或綠色和平組織）或者受到西方思想啟發的組織（如民
主國家俱樂部）。西方在非國家實體界的主導傳統也即將結束。土耳
其船隊在 2010 年 5 月試圖前往加沙的事情為即將到來的世界提供了
強有力的先兆。當西方示威者阻撓奧運火炬的傳遞時，中國青年學生
在西方首都進行了示威抗議，這些照片同樣表明了全世界年輕人在政
治上的共鳴。發展中國家的青年人口數量正在迅速膨脹，因此必須讓
世界聽到他們的聲音。新的聯合國大會必須能夠準確反映地球上 70
多億人的觀點。

然而，新的非國家實體的出現並不意味著一些舊有的傳統緊張局
勢已經消失。2009 年 12 月哥本哈根會議的失敗就為當代多邊外交中
可能出現的問題提供了一個極好的研究案例。一方面，幾乎所有來自
發展中國家和發達國家的非政府組織都贊成採取更強有力的全球行動

---

1 In an interview with David Rothpokf, "It's 3 a.m. Do you know where Hillary Clinton is?",
  Washington Post, 27 August 2009.

來應對全球變暖。聯合國政府間氣候變化專門委員會（IPCC）也聽取了他們的建議。與西方非政府組織不同的是，IPCC 擁有一批全球代表，儘管如此，在與傳統的政府代表勢力談判時，這些非政府組織所倡導的道德力量都失敗了。

奧巴馬抵達哥本哈根時束手無策，因為美國國會拒絕通過任何限制美國溫室氣體排放的法案。如果當時世界上最大的碳排放國都不願合作，那麼指望中國和印度這兩個新興大國做出妥協顯然是荒謬的。印度總理曼莫漢・辛格說得很好，他表示他不能剝奪印度人民的電力："我們的能源需求肯定會增長。如果我們只盯著眼下而不關注未來，不為子孫後代計長遠，我們將無法履行對國家和子孫後代的責任。"[1] 世界銀行的數據顯示，超過 4 億印度人沒有電可用，用電高峰期時電量缺口高於 16%。不管怎麼說，包括奧巴馬、辛格、巴西總統路易斯・盧拉・達席爾瓦（Luiz Lula da Silva）和中國前總理溫家寶在內的所有領導人都不會為了全球利益而罔顧本國利益。

哥本哈根會議也顯示了新的地緣政治秩序是如何形成的。在最後一次會議上，歐盟甚至都沒有派代表出席會議，這顯示出歐盟在地緣政治上的地位已經一落千丈。除美國外，中國和印度是主要參會者。儘管存在分歧，但中印兩國為了共同利益選擇了合作。巴西和南非也表明了新興經濟體的重要性。簡言之，對哥本哈根會議進行深入的個案研究，將從當代多邊外交的複雜性中得出許多教訓。這次會議還表

1　"Nuclear energy essential for India: Manmohan Singh", *Thaidian News*, 24 March 2008.

明，要想取得全球合作的成功迫切需要新的思維。

幸運的是，區域層面多邊外交所取得的成就彌補了全球層面的失敗。在世界上大多數地區，區域合作正在增長而不是減少。除了已經成功的歐盟和東盟，其他地區也看到了合作的價值。在世界上的大多數地區（除了被印巴分歧困擾的南亞），區域內貿易正在增長。例如，1990 年時東亞的區域內貿易僅佔整個區域貿易的 9% 左右，但到了 2010 年，這一比例已增長到 50% 以上。無論以何種標準衡量，這一增長都是驚人的。21 世紀頭十年，非洲區域內貿易額增長了近20%，中美洲和南美洲的情況也類似。然而，比經濟利益更重要的是，更大範圍內的區域合作還使得世界範圍內的戰爭普遍減少。

參加了東盟和歐盟官員之間的幾次會議後，我深刻地認識到，區域多邊外交的文化和習俗因地區而異。在歐洲，區域多邊外交主要依靠法律，要花費大量時間對一份文件草案進行激烈的辯論，成功是以書面文件的質量來衡量的。而在東亞，重點在於參與者之間建立起信任和理解，書面文件只作為輔助，更重要的是在參與者之間形成無形的信任。我故意誇大了東西方之間的區別，以突出二者的特徵。東盟和歐盟的經歷也告訴我，新一代的多邊外交官必須學會培養更深層次的文化敏感性。

解決方案

展望多邊外交的未來，明顯可以看出，包括世界主要領導人在內的世界主要決策者在處理這一問題時面臨著嚴重的兩難境地。隨著世界的縮小，對多邊外交的需求可能會急劇增加。但另一方面，正如本文第二部分所說，多邊外交的開展會受到許多固有問題的困擾。為解決這一困境，世界需要採取循序漸進的辦法，以確保在需要藉助多邊外交手段來解決尖銳的全球和區域問題時，這些手段隨時都可以應用。

第一步是改變我們對世界秩序的看法。首先我們得承認人類生活在一個地球村裏，這個地球村不是隱喻性的，而是實際意義上的。因此，我們目前面臨的全球主要矛盾非常明顯：本質上來說，人類所面臨的挑戰是全球性挑戰，但應對這些挑戰的是區域性的各國政府。雖然世界上有許多明智的領導人，但我們缺乏全球性的領導力。

21 世紀的最初十年只是加速了全球性挑戰的出現。"9．11"事件開啟了這個時代，當時居住在阿富汗的奧薩馬．本．拉登策劃了一個陰謀，摧毀了曼哈頓的雙子塔。2003 年，非典型肺炎從中國的一個村莊同時蔓延到世界另一端的兩個城市 —— 新加坡和多倫多。僅僅六年後，H1N1 病毒就在全球肆虐。雷曼兄弟公司（Lehman Brothers）危機的破壞性則迅速地傳播到全世界，引發了全球經濟衰退。

最大的挑戰確實不像金融危機那般來得迅猛。但應對氣候變化不力恰恰說明了當前的領導機制非常低效。解決全球變暖的辦法其實很簡單：各國必須合理地提高溫室氣體排放的經濟代價，富國多付出一些，窮國少付出一些，但所有國家都要付出一定的代價。然而，總得有人邁出第一步。雖然美國人口僅佔世界人口的 5%，但汽油消費量卻佔世界的 25%，顯然美國應起帶頭作用。如果美國能將每加侖汽油的價格提高 1 美元（即使是這樣，美國的汽油仍比歐洲或新加坡的便宜），人們將會改變駕駛習慣，從而大大減少溫室氣體的排放量。美國的示範引領很可能會改變其他國家的態度。

在許多方面，美國是世界上最富聰明才智的國家，儘管近期經歷了多重陣痛，但它仍然是最成功的國家。然而，在這片充滿智慧與成功的土地上，沒有一位政治家敢主張提升 1 美元的油價來拯救世界，因為這麼做就意味著直截了當的政治自殺。美國的政治家都是由地方選民選舉出來為地方利益服務的，那些想要拯救世界的人選的政治生命很短，這就是問題的癥結所在。

因此，人類需要敲響警鐘。人類可以建立良好的國內治理模式，例如新西蘭、荷蘭、新加坡和瑞典。但是，好的國家領導人只能緩解全球性挑戰的衝擊，卻不能從根本上解決這些挑戰。解決這些問題必須要靠聯合國和國際貨幣基金組織這樣的全球性組織，或者二十國集團這樣的全球性聯盟。

理論上，每個人都認同需要加強和開放這些機構。然而在實踐中，全球性組織和聯盟卻被少數強國所控制，它們將自身利益置於全球利益之上，這就是全球性的終極悖論。大國希望利用自己的地位控制全球性組織——看看美國和歐洲是如何霸佔世界銀行和國際貨幣基金組織的領導權的。但他們越是控制和扭曲這些機構的議程，這些機構就被削弱得越嚴重。如果這些組織不能充分地發揮作用，那就很難找到解決全球問題的辦法。

唯一的解決辦法是在民眾以及政府之間形成一種新的強有力的國際共識，即世界所亟需的是全球治理（而非全球政府）。[1] 只有這樣，最強大的國家才會考慮全球利益，並允許二十國集團、聯合國、國際貨幣基金組織和世貿組織這些機構恢復活力。事實上，與單個利益相關者所制定的解決方案相比，合作制定的解決方案應該能為每個利益相關者帶來更好的結果。這些組織或機構確實並不完美，但在政治世界裏，改革現有體制要比創建完美的新體制容易得多。

第二步需要由世界上最強大的國家來做。自從見識了道格‧哈馬舍爾德（Dag Hammarskjöld，1953─1961年任聯合國秘書長）強有力的領導，美國就認定（並在冷戰期間與蘇聯達成完全一致）一個軟弱的聯合國領導層和無力的多邊外交進程最有利於美國的國家利益。因此，美國決策者將所有國際組織、條約和法律視為對美國權力的制約。如果美國能夠保證它永遠是世界上唯一的超級大國，這種態度可能是有意義的（儘管我認為即使是那樣也沒有意義）。然而，隨著中國即將取代美國成為世界第一經濟大國，美國應及時重新考慮是否要保持削弱多邊機制和進程的政策。如果美國堅持這些政策，那麼中國在崛起為一個大國的進程中所遇到的阻礙就會減少。

但如果美國決定改變政策，多邊外交將帶來若干實用、有益的成果。第一，如果能夠選出最合適的候選人來管理國際組織，而不是可接受的最弱的候選人，國際組織的能力將得到加強。例如，由具有科

1　See Thomas G. Weiss and Ramesh Thakur, *Global Governance and the UN: An Unfinished Journey,* Bloomington: Indiana University Press, 2010.

菲·安南那樣口才的人而不是庫爾特·瓦爾德海姆（Kurt Waldheim）那樣的人擔任秘書長的話，聯合國將是一個更加有效的組織。在世人看來，一位能發出強烈道德聲音的秘書長就如同世俗界的教皇，他具有道德和政治領導力，能夠把世界團結起來，為我們面臨的正在迅速增加的"全球公共領域"問題找到強有力的集體解決方案。然而，要做到這一點，擁有否決任何聯合國秘書長人選權力的"五常"需要克服各自的私慾，選出一位不只是"秘書"還是"長官"的人來領導聯合國。事實上，甚至有報道稱科菲·安南也曾說過，他頭銜中的"S"（Secretary）和"G"（General）代表的是"替罪羊"（Scapegoat）——意指西方大國傾向於將自身的失敗歸咎於聯合國或其系統內的機構，從而使聯合國成為最大的替罪羊。

第二，應為國際組織提供必要的資源，使其有能力應對許多領域日益嚴峻的全球性挑戰。例如，由前總統埃內斯托·塞迪略領導的國際原子能機構知名人士委員會（IAEA Commission of Eminent Persons）建議國際原子能機構招募和僱用更多的核武器視察員，以應對日益增長的核擴散威脅。美國應該取消布什政府對國際組織的預算零增長政策，與其他發達國家合作，激勵這些國家給予國際組織必要的支持，同時讓這些組織對績效和資源有效利用負起責任來。

第三，國際組織能力的提升、資源的增多及士氣的提振將反過來提高它們在全球的地位和威望。例如，西方媒體會開始向這些組織尋求解決問題的辦法，而不是將其視為問題所在。西方若能取消削弱國際組織合法性的政策，將會大大地提高這些組織的履職能力，進而使多邊外交能夠吸引更有作為的年輕外交人員加入。我可以滿懷信心地說出這句話，因為我也曾是一名年輕的外交官，曾對從事多邊外交工作感到氣餒。新加坡的一位高級部長曾對我說："凱碩，你的工作就是去聯合國，為世界哀悼。不要幻想能夠在聯合國做出實事。"我們在招聘金融或全球環境等多邊領域專家的同時，也應鼓勵最聰明的外交官接受全球多邊挑戰，以促進兩方面的平衡。

我自己的人生經歷告訴我，無論是哈佛還是麥肯錫、貝恩還是高盛，最成功的組織是那些能夠招募到最優秀和最聰明的人才的組織。多年來，隨著大多數國際組織士氣的逐漸消沉，派出最優秀的外交官參加多邊外交的國家越來越少。相反，各國都派出了最優秀的外交官參與雙邊外交。這是一個重大的戰略錯誤，因為多邊外交對世界的重要性已超過雙邊外交。因此，在我們這個注重消費品牌的世界中，要想讓多邊外交成功地完成使命，就必須改變多邊外交的品牌和形象。

必須強調的是，不同的國際組織面臨著不同的問題。國際貨幣基金組織和世界銀行資金相對充裕，因為它們是明顯受西方控制的營利性機構。然而，由於人們認為它們服務於西方而不是全球利益，因此其威望和地位，尤其是在亞洲的威望和地位，在亞洲金融危機後顯著下降。為了讓國際貨幣基金組織和世界銀行在 21 世紀繼續發揮作用，西方必須放棄對這兩個組織的控制權，依據任人唯賢的原則來選擇總裁和行長，而不是始終由美國和歐洲的人物霸佔這兩個職位。

簡言之，多邊外交可以通過一些明確、實用的步驟，包括本文提到的步驟來得以恢復和加強。然而，只有在既有大國和新興大國達成新的政治共識，即多邊外交需要加強而非削弱時，這些舉措才能真正得以實施。達成這一新的政治共識需要主要國家和非國家實體的共同努力。

人類能做出重大轉變嗎？[1]

新冠肺炎疫情凸顯了支持包括世衛組織在內的多邊機構的重要性，這些機構不應持續地被削弱。

人類被認為是地球上最聰明的物種。由於新冠肺炎疫情的肆虐，這個物種剛剛經受了二戰以來最大的一次打擊。

每天都有成千上萬的人死亡，但卻不是因為戰爭或饑荒（常見原因），而是因為一種由新型冠狀病毒引發的新疾病，這種病毒使人類喪失了防禦能力。

新冠肺炎疫情的迅速蔓延也說明了全人類現在困在同一條船上，就像那艘被困在日本海域的倒霉的 "鑽石公主" 號郵輪。

人類現在面臨的重大問題其實並不復雜：是否有足夠的智慧從新冠肺炎疫情中吸取教訓，並在必要時重新調整政策方向？理論上，我們可以做到，但實踐上，恐怕我們做不到。

1　*The Straits Times,* Apr 9, 2020.

本文將以多邊主義為例展開討論。多邊主義聽起來很無聊。讓我們用困在船上的例子簡單打個比方。如果地球上 75 億人現在被困在一艘被病毒籠罩的郵輪上，只清理自己個人的船艙而忽略病毒傳播經過的走廊和外面的通風井，這有意義嗎？

答案顯然是否定的。然而，我們卻一直在這麼做。發達國家一直在全力保護自己，卻忽視了病毒傳播的全球路綫。既然我們現在在同一條船上，人類就必須關心全球的防疫工作。

好在 1945 年之後西方率先建立了一系列以聯合國為中心的全球治理機構，如世界衛生組織，以改善全球治理。然而，近幾十年來，西方卻一直在有計劃地削弱包括世衛組織在內的全球多邊機構。

本文將通過討論世衛組織的境遇來說明破壞多邊機構這一做法的愚蠢之處。世衛組織的宗旨是 "使全世界人民獲得儘可能高水平的健康"，這是個崇高的目標。

然而，只有當衛生危機爆發時，世衛組織才能真正地發揮出價值，它為各國合作應對全球衛生挑戰提供了唯一有效的平台。世衛組織在消滅天花、幾乎根除小兒麻痺症和研製埃博拉疫苗方面發揮了主導作用。對地球上最聰明的物種人類來說，加強而非削弱世衛組織無需過多考慮。

但可悲的是，西方國家想方設法地否認他們一直在削弱多邊機構，包括世衛組織。對西方而言，這種態度極其危險。如果西方繼續否認削弱了包括世衛組織在內的類似機構，就不可能轉變態度，開始重振和加強這些機構的建設。因此，西方的當務之急是深刻反思自己對世衛組織等機構的做法。

西方在三個方面削弱了世衛組織。我在 2013 年出版的《大融合》一書中對此進行了詳細闡述。

首先，西方減少了對世衛組織的長期義務性資金支持。1970 — 1971 年，長期義務性資金支持曾佔世衛組織預算的 62%，但 2017 年，這一比例驟降至 18%。為什麼這點十分重要？因為世衛組織只能靠義務性資金支持來招募長期衛生檢查員和科學家，而每年數額都不同的自願捐助無法讓世衛組織有足夠的財力去做這件事。

其次，西方將關注點聚焦於生物醫學和個案疾病，忽視了社會醫學。但是，僅靠解析個案疾病不足以對抗像新冠肺炎這樣傳播迅速的大流行病。

再次，西方淡化世衛組織的作用，加強由西方控制的世界銀行等機構的作用。1984 年時世界銀行在衛生事業上的貸款約佔世界衛生組織預算的一半，到 1996 年則增長到了 2.5 倍以上。

向世界銀行提供更多資金似乎不會令人反感。然而，正如西蒙‧弗雷澤大學的全球衛生治理教授凱莉‧李在其關於世衛組織的書中所描述的那樣，"對世衛組織而言，這意味著繞過了其作為聯合國衛生機構領導者的角色"。

面臨諸如新冠肺炎疫情這樣的突發性公共衛生事件，世衛組織可以幫助我們，世界銀行卻不能。正如李教授所言，在 2002 — 2003 年發生重症急性呼吸綜合徵（SARS）危機期間，"世衛組織動員世界範圍內的科學家對病原體進行甄別和基因測序，這一點尤其令人印象深刻"。

那麼，既然世衛組織在抗擊瘟疫上極端重要，西方為什麼要削減對其的長期性義務資金支持呢？

諷刺的是，這項政策甚至不是西方對長期戰略利益全面細緻評估的結果，而是那些只想省錢的"鐵公雞們"推動的。

此外，這些政策還受到了短期自私利益的驅使 —— 通過使世衛組織依賴西方的自願捐款，可以讓世衛組織把工作重點放在與西方（只佔世界人口的 12%）利益攸關的領域。

然而，正如新冠肺炎疫情所表明的那樣，西方在削弱世衛組織能力，阻止其改善世界上其餘 88% 人口的健康狀況的同時，也是在搬起石頭砸自己的腳，因為西方自身的命運，尤其是在衛生方面的前景，與 88% 的人口的福祉直接相關。

我們在同一條船上。

西方能幡然醒悟嗎？

是的，西方可以。而且在某種程度上，西方已經做出了改變。法國總統埃馬紐埃爾·馬克龍就是多邊主義的堅定支持者。

他曾表示："在當今的世界形勢下，沒有什麼比多邊主義能更加有效地解決問題。為什麼這麼說呢？因為我們面臨的所有挑戰都是全球性的，比如恐怖主義、移民問題、全球變暖和數字領域的監管等。所有這些問題都只能通過全球和多邊途徑來解決。每次我們同意繞過多邊主義時，我們都是在把決定權拱手讓給強權者。"

如果讓他今天再做一次同樣的演講，他會首先提到新冠肺炎疫情。

坐而言，不如起而行。為踐行對加強多邊主義的承諾，西方可以扭轉對世衛組織義務和自願資助的比例。義務性資助的比例必須恢復到 70% 或更高水平，因為自願資助時多時少，世衛組織無法僅靠自願資助來建設長期的科研能力。

我在擔任新加坡駐聯合國大使期間，看到了一些西方國家的大使為減少對世衛組織的資助而進行了極其激烈的鬥爭（根據聯合國條例，按絕對價值計算，富國需要支付更多會費，而窮國則支付得較少），他們會為了爭取節省一兩百萬美元而鬥爭，但全球經濟因新冠肺炎疫情遭受了多大損失呢？目前已達數萬億美元。

萬億與百萬，天壤之別！其實，加強世衛組織的能力建設所需的資金只是九牛一毛。例如，歐盟國家在 2018 財政年度資助世衛組織 1.5 億美元，僅佔歐盟委員會預算的 0.09%，不到 0.1%。

這使得新冠肺炎疫情所造成的悲劇更加令人難過。加強世衛組織的能力建設真的只需要“一丁點兒錢”。

那麼，面對這一切，我們能在多邊主義問題上做何文章呢？

短期內，我們可能會失望，因為西方根深蒂固的習慣不是一朝一夕就能改變的。

但我們可以確信，新的全球共識終將會形成 —— 我們大家現在都生活在同一艘船上，需要相互依存，就像命運多舛的“鑽石公主”號郵輪上的乘客一樣。

當這樣一艘關係著全球命運的船受到病毒侵襲，只清理個人自己的船艙毫無意義。我們唯一能自保的方法就是團結起來處理全船整體的情況。

隨著時間的推移，我們寄希望於西方能夠聽取更明智的呼聲，選擇更開明的政策以支持多邊機構，如世衛組織，因為要維護自身利益終究需要採取多邊主義的立場來應對全球挑戰。

作為西方的朋友，我們應該與西方合作，鼓勵他們挺身而出。我們應該讓西方知曉，人類的命運取決於我們是否有能力做出必要的重大轉變，共同努力加強而非削弱像世衛組織這樣的治理機構。

這將是衡量人類是否真的是地球上最聰明物種的主要辦法。

附錄

馬凱碩著作簡介

1.《新亞洲半球》[1]

　　本書出版於 2008 年，當時全球正被金融危機帶來的悲觀主義和不可預測性所籠罩。除了嚴重的經濟衰退和為一攬子救援計劃付出的高昂成本，這場危機還削弱了人們對西方資本主義作為理想模式的信心。與此同時，在亞洲國家經歷了數十年令人印象深刻的增長之後，出現了關於權力從歐美向亞洲轉移的激烈辯論，關於"亞洲崛起"的話題再度興起。在這本思想精深、發人深省的著作中，馬凱碩在全球性和歷史性框架下討論了這一話題，全面深入地重新審視了不同社會和文化興衰的機制和軌跡。作者的中心論點是，顯然亞洲的崛起給世界帶來了更多的"好處"，西方應該歡迎這種轉變。馬凱碩的論點得到了英國歷史學家安格斯·麥迪遜（Angus Madison）的研究結果的支持，安格斯·麥迪遜駁斥了西方文明具有固有的優越性這一說法，並指出從公元元年到 1820 年，世界上最大的兩個經濟體一直是中國和印度。從這個層面來講，中國和印度近年來取得的卓越成就並非歷

1　Kishore Mahbubani,*The New Asian Hemisphere: The Irresistible Shift of Global Power to the East*, New York: Public Affairs, 2008.

史的"終結"，而是"回歸"。作者認為，儘管西方大國對此反應不一，但這種力量平衡的變化是不可阻擋的。"西方（尤其是美國）在應對全球挑戰上越來越無力"，而亞洲國家，尤其是中國，在應對地緣政治挑戰時表現非凡，這使後者成為擔負未竟責任的不二之選。針對西方社會普遍存在的對失去世界主導權的焦慮，馬凱碩以此安慰讀者：東西方關係的本質是協同而非對抗，兩個半球之間完全可以構建有利於人類發展的夥伴關係。亞洲的復興得益於西方謹慎、務實的教育，西方也應努力進一步理解並改變心態，慶祝亞洲"邁向現代化"。

本書的第一個主題是，亞洲的重新崛起並非因為重新發現了"亞洲文明中某些隱藏的或被遺忘的力量"，而恰恰是因為經過長達兩個世紀緩慢而痛苦的探索，亞洲人最終汲取了西方經驗的精華。"西方智慧的七大支柱"包括自由市場經濟、科學技術、精英管理、實用主義、和平文化、法治和西式教育。這七大支柱性因素是過去兩個世紀西方現代化的基礎，現已成功地被亞洲社會採用。馬凱碩詳述了亞洲國家是如何將這些要素融入自身發展的。本書與其他描述"亞洲奇跡"的著作之區別在於，作者進一步探討了這七大支柱性因素是如何重構社會和人們對世界的認知的。例如，作者認為自由市場經濟的本質是每個人都有出售勞動力或投資資本的自由，這是經濟增長的關鍵動力。經濟的運行和發展不再依賴於等級制度下自上而下的良好決策，而是取決於個人選擇的能力。同樣，科技的進步挑戰了傳統的宗教觀念，宗教觀念缺乏對人類發展的信念，強調對權威的服從。馬凱碩介紹了亞洲在這七個領域中取得的巨大成就，這些成就表明，"西方啟蒙運動”最重要的作用在於實現了普通人的思想解放，使他們不再認為自己天生低人一等。他們的聰明才智和創造力（在等級制度統治下被壓制了幾個世紀）以及勤奮工作，是推動亞洲增長的最強動力。作者還表示，如果世界上其他國家也能夠採納這七個支柱性因素，這些國家就能像亞洲一樣快速發展。

第二個主題是，與亞洲比起來，世界公認的最強大的西方文明卻因傲慢而頑固地抵制變革。馬凱碩指出，西方具有自相矛盾的兩面性：“哲學層面的西方”確實為人類做出了巨大貢獻，包括提倡個體平等與尊嚴，極大地推動了人類知識發展，改善了人民生活；然而，“物質層面的西方”則是對自身理想的扭曲。首先，“物質層面的西方”往往將短期利益置於他們秉持的價值觀之上，例如以維護和平與秩序的名義對中東國家進行殘酷的軍事入侵；將全球變暖的責任歸咎於新興工業化國家，卻故意忽略掉自身歷史上累積的排放和鋪張浪費的生活方式；堅持推動民主進程，但卻只允許親美統治者掌權。西方國家理所當然地認為，其他國家製造了問題，而它們在尋求和提供解決方案。同時，西方國家也很少關注國內出現的管理不善問題。

另一個自相矛盾之處是，西方最民主的國家主導了二戰後不民主的世界秩序。馬凱碩提醒讀者，統治地球上數十億人的全球規則是由少數歐美精英制定的。只有當西方利益與全體人類利益一致的時候，多邊組織才能發揮功能。這種對權力的扭曲、操縱和強化不僅存在於國際性機構中，而且廣泛存在於軍事、貨幣、銀行、媒體等領域。作者認為，西方不應繼續幻想他們在二戰後獲得的主導地位和特權能永遠維持。篤信在 19 世紀和 20 世紀盛行的西方意識形態觀念會延續到 21 世紀,這是非常愚蠢的。要建設更美好的未來需要民主,不僅國家個體需要踐行民主治理,全球治理也應踐行民主。西方應學會與崛起的亞洲分享權力,否則,亞洲可能會建立起自己的制度和規則。由於西方已不再是民主、法治和實用主義的捍衛者,因此,亞洲是時候接過主導權並修復這些缺陷了。西方的崛起改變了世界,同樣,亞洲的崛起也將改變世界。

2.《東盟奇跡》[1]

　　本書由充滿激情、博聞多識的東南亞問題專家馬凱碩與孫合記合著。兩位作者試圖通過講述東盟的故事，來幫助人們了解東盟的成就，理解其背後的精神。東南亞是地球上最富文化多樣性的地區，難以被充分理解和描述。東南亞國家聯盟（東盟）是一個鮮活的現代奇跡，二位作者總結了東盟在改善該地區廣大民眾生活條件上所做出的三方面貢獻。首先，東盟為一個動盪的地區帶來了和平與繁榮，使地球上最富文化多樣性的區域出現了各文明和諧共生的景象，並為許多人帶來希望。其次，在一個經濟悲觀主義甚囂塵上的時代，許多年輕人，尤其是美國和歐洲的年輕人，認為他們的生活在未來幾十年會變得更加糟糕，而東南亞卻洋溢著樂觀主義氣息。第三，在一個對地緣政治態勢日益悲觀的時代，許多主要地緣政治思想家皆預測大國之間的競爭和緊張局勢將升級 ── 尤其是中美之間，而東盟卻為所有大國定期相聚創造了一個不可或缺的外交平台。

1　Kishore Mahbubani, *The ASEAN Miracle: A Catalyst for Peace*, Singapore: NUS Press, 2017.

世界需要了解東盟的另一個迫切原因是，東盟的成功為許多陷入困境的地區帶來了希望，並有助於解決世界上的一些問題。一個典型的例子是：中東地區長期戰火連天，而東南亞地區則一直一派和平。西方對伊斯蘭世界的前景深感悲觀，這並不是什麼秘密。那些在伊斯蘭世界找尋希望、探索積極敘事方式的人，應該向東南亞學習。東南亞地區的穆斯林人口比例比中東以外的任何地區都要高，數量相當於阿拉伯世界的全部人口。東南亞的穆斯林能夠與非穆斯林鄰居和平共處，同時還能保持經濟發展。東盟為一個曾經爆發過嚴重衝突的地區帶來了和平，說明各種文明之間並不是只有衝突，這為各國帶來了希望。東盟早就應該被授予諾貝爾和平獎了。

本書共分六章，各章主題一脈相承。在第一章中，作者首先追溯了東南亞豐富的多元文明是如何產生的，可以說，東南亞至少經歷了四次文化浪潮：印度浪潮、中國浪潮、穆斯林浪潮和西方浪潮。這麼多種迥然相異又特點鮮明的文明塑造了極其獨特的東南亞，這片地區可謂當前世界上最具文化多樣性的地區。"四大浪潮"的說法強調了東南亞的獨特性。另外，值得注意的是，其中三次文明浪潮對東南亞的影響是相對和緩的。

第二章闡釋了一個前景黯淡的地區如何在別人最不看好的時期塑造了和平。事實上，東盟已經形成了一個有韌性的和平生態系統。自1967年東盟成立以來，從未出現過成員國彼此交戰的情形。成員國之間雖然也發生過爭執，甚至小規模的軍事衝突（如柬埔寨與泰國之間），但東南亞從未像中東和歐洲巴爾幹地區一樣爆發戰爭。本書的一個關鍵假設是，東盟所創造的和平生態系統可以在世界上其他災難頻發的地區複製。東盟將為世界帶來希望之光。更好地理解東盟的經驗有助於建設一個更加和平的世界。

第三章強調，東盟要想保持這種良好局面，仍舊離不開世界大國的支持與合作。上一章解釋了東盟是如何從冷戰後的有利地緣政治趨勢中獲益的。20世紀80年代，中美之間強有力的戰略聯盟在加強東盟國家的凝聚力方面發揮了關鍵作用。事實上，對於五個創始成員國來說，20世紀80年代或許是對形成牢固的東盟身份認同最為關鍵的時期。然而，如果說有利的地緣政治發展趨勢幫助東盟構建了身份認同，那麼東盟現在必須為不利的地緣政治趨勢做好準備。世界上最重要的戰略關係始終是最強大的國家（如今是美國）與最強大的新興國家（中國）之間的關係。在20世紀80年代，中美兩國通過緊密合作挫敗了蘇聯，東盟也從中獲益。如今，儘管中美之間有著長足的合作，但兩國間的競爭趨勢也在加劇。如果這種競爭態勢失去控制，東盟可能會面臨分裂的命運。這就是本章要竭力傳達的一個關鍵信息——對包括美國、中國、印度、日本和歐盟在內的強國來說，一個團結的東盟都是利害攸關的。沒有一個大國是純良的，也不要指望它們有仁慈的本性。正相反，本章意在提醒各大國關注赤裸裸的利益。

第四章以白描的方式介紹了東盟十個成員國的現狀。每個成員國都有著豐富而複雜的歷史，寥寥數筆遠無法詳盡地展示這些複雜性。然而，兩位作者希望廣大讀者能夠充分地了解東盟國家以及其當前面臨的挑戰、地緣政治主張和與區域組織的關係。

第五章通過剖析東盟的優勢與劣勢以及其所面臨的機會與威脅（運用眾所周知的 SWOT 分析法），來評估東盟這個區域組織的現狀。像任何複雜的有機體一樣，東盟也可能會因疏忽或故意的行為而分崩離析。東盟的現任領導人肩負著重任，他們不能讓東盟創始人的努力付諸東流。他們必須維護東盟作為一個強大區域組織的地位，繼續為人類提供希望之光，他們必須以此為己任。如果東盟的現任領導人能夠成功地維護和加強該組織（以及該地區）的作用，該地區的 6.25 億人將從中受益匪淺。兩位作者同時也指出，這也將使地球上其餘 70 多億人口受益，東盟將成為除美國之外的第二個希望燈塔。

最後，第六章探討了東盟的前景。本章還提出了一些具體可行的建議，有助於東盟加強自身建設。幸運的是，這些建議實施起來都不是很困難。顯然，東盟需要加強秘書處的功能與作用。與歐盟秘書處 1540 億美元的年度預算相比，東盟秘書處的年度預算只有 1900 萬美元。由於東盟的 GDP 總量已經從 1970 年的 950 億美元增加到了 2014 年的 2.5 萬億美元，因此，讓東盟秘書處陷於資金匱乏之苦著實是愚蠢之舉。一旦東盟領導人認識到該組織的寶貴之處，他們就會發現為東盟提供更多資金是符合各成員國的國家利益的。隨著時間推移，一個更有力的東盟秘書處和一個運行良好的東盟將會增強該地區民眾的主人翁意識。在成立的前 50 年內，東盟是由各成員國政府共同管理的。各國政府完成了一項了不起的工作，儘管東盟仍然存在許多缺陷與弱點。然而，要想確保東盟的持續增長與成功，東盟的所有權必須從各國政府轉移到人民手中。這樣一來，東盟可能會成為世界第一大區域組織。

從歷史的角度來看，歐洲是過去 400 年來最為成功的地區，尤其是在經濟和社會發展方面。因此，歐洲人幾乎無法想像向世界其他地方學習重要經驗的可能性。這就是作者出版本書的原因之一，目的是激勵歐洲人打開封閉至今的思想，探索向世界其他地區學習的可能性。同樣，美國的知識分子也可以從本書中吸取教訓。美國和歐洲目前盛行的悲觀主義政治理念是危險的。雖然悲觀主義並不意味著無法產生積極的變革性領導人，但目前看來，這種可能性很小。如果我們還記得東盟在 1967 年成立時的情形，就會意識到東盟的成就何其驚人。許多當代觀察家當時都對東南亞的前景感到悲觀。在他們看來，即使東南亞在 1967 年時沒有陷於政治漩渦，考慮到該地區極其多樣的文化和文明，這裏也很難達成區域合作。世界上沒有任何一個地區像東南亞那樣具有豐富的文化、宗教、語言和種族多樣性。如果東盟能夠保持目前的發展勢頭，前途將不可限量。東盟發展得越好，作為人類燈塔的作用就會越發凸顯。東盟的五位創始人中，泰國外長他納‧科曼（Thanat Khoman）是佛教徒，菲律賓外長納西索‧拉莫斯（Narciso Ramos）是基督教徒，印度尼西亞外長亞當‧馬力克（Adam Malik）和馬來西亞外長阿都‧拉薩（Abdul Razak）是穆斯林，新加坡外長拉惹勒南是印度教徒。簽署《東南亞國家聯盟宣言》（即《曼谷宣言》）的五位外長來自極其不同的文化背景。但是，僅憑過去 50 年的歷史不足以理解東南亞的敘事，更深層次的文化根源塑造了東盟的性格和身份。同時，兩位作者指出，東盟並非完美無缺，它的發展也並非一帆風順。東盟的前進就像螃蟹一樣：前進兩步，後退一步，再向一旁走一步。儘管存在著諸多不完美，但東盟從未停止前進的腳步，這就是它的非凡之處。

總之，東盟的優勢與劣勢，以及面臨的威脅與機會都是很明顯的，同時，該地區也面臨著嚴峻的挑戰。然而，東盟的優勢遠大於劣勢，機會也遠大於威脅。在 21 世紀，如果能有合適的領導人來推動東盟的發展，那麼東盟所蓄積的優勢將推動其更快地前進。本書的目的是提醒更多的東盟決策者和民眾，他們繼承了一種多麼寶貴的資源，他們不應該忽視這種寶貴的資源或者把它視作理所當然。作為創立者贈予現任領導人的禮物，東盟應該成為世界其他國家和成員國學習和模仿的對象，以維護和促進該組織締造的和平與繁榮。

3.《西方沒落了嗎？》[1]

　　《西方沒落了嗎？》是馬凱碩為西方所著的一部啟示錄，該書探討了西方過去取得的成就、即將面臨的挑戰，並就其未來發展提出建議。21世紀初，世界歷史發生了重大轉折，然而西方卻不肯接受這一事實，拒絕適應這一新的歷史時代。從公元元年到1820年，中國和印度一直是世界上最大的兩個經濟體。在此之後，歐洲經濟才開始騰飛，美國緊隨其後，但其實這才是反常的。之所以說歷史出現了轉折，是因為所有反常現象都必然會走向終結，而眼下這種必然的情形正在發生。西方佔全球經濟的比例正在縮小，這是大勢所趨。雖然不少國家選擇了效仿西方模式，但許多西方中產階級的收入在最近幾十年也停滯不前。西方看起來正在衰落。馬凱碩就以下一系列問題，結合分析西方和其他國家的歷史背景、面臨的挑戰、過去的戰略等，與讀者分享了他的專業見解，並為讀者提供了一種獨特的視角。

　　全書共十三章，條理清晰地闡明了西方是如何陷入目前的困境

1　Kishore Mahbubani, *Has the West Lost It? A Provocation*, London: Allen Lane, 2018.

的。在第一章"世界的新秩序"中,馬凱碩回顧了人類歷史及西方的發展歷程。一直以來,西方扮演著驅動全球經濟增長的火車頭,而其他國家則扮演著搭便車的角色。但現在,其他國家正在扮演火車頭的角色,而西方可以通過搭便車來促進國內的經濟增長。在第二章"西方智慧的饋贈"中,作者詳細地闡明了西方的主要貢獻。他認為,西方對世界最大的饋贈就是推理,"全面考慮問題,並以合乎邏輯的方式來解決問題"。通過接受西方的科學技術,運用科學的方法來解決社會問題,推理也逐漸滲透到亞洲人的意識中。西方推理的傳播引發了三場無聲的革命,促成了許多非西方社會在近幾十年內取得非凡的成就。首先是政治上的革命,受西方影響,20世紀下半葉反抗封建思想的潮流興起,極大地解放了亞洲社會。其次是心理上的轉變,非西方國家的人以前認為自己在"命運"面前束手無策,但現在他們相信自己能夠掌控自己的命運,理性地建設更美好的人生。數十億人相信,他們可以為自己和孩子創造更好的生活。第三是治理上的變革,亞洲在治理方式上發生了重大的變化。中國國家主席習近平、印度總理納倫德拉·莫迪和印尼總統佐科·維多多等現任領導人秉持著一個共同的信念,即良好的治理將推動社會的變革與發展,並實施了有益的公共政策。這也闡釋了為什麼中國、印度和印度尼西亞的民眾比西方國家的民眾更加樂觀。

在第三章"自殺式的西方戰爭"中,馬凱碩集中討論了治理領域的問題,他注意到這一領域內的一種矛盾現象。馬凱碩指出,亞洲人從西方學到了理性治理的美德,增強了對理性國家治理的信任,相反許多西方民眾卻逐漸失去了對國家治理的信任。幾個世紀以來，西方一直在利用自身的軍事和科技力量來征服與統治世界。但當西方在為贏得美蘇冷戰而沾沾自喜時，西方人要麼沒有注意到，要麼不屑於關注數十億非西方人的思想解放。此外，西方必勝主義者或多或少受到了福山言論的催眠，從而沒有注意到當冷戰結束時，人類歷史上也出現了一個更根本性的拐點──中國在 2001 年加入了世界貿易組織，這一事件推動世界歷史進入了一個新時代。

第四章討論了西方精英們的愚蠢。作者認為，在需要精英們充分理解新時代，針對巨變制定出全面實用的政策時，大部分精英失去了人民大眾的信任。此外，數據顯示，全球中產階層的增長漸趨停滯，這表明人類的苦難正在減少，總體幸福指數正在提升，但人們卻並未為此歡呼。人們之所以會對這種顯著的進步視而不見，可能是因為對負面 "新聞" 上癮，而充斥著悲觀主義的西方媒體又在全球佔據優勢，這進一步加劇了人們對負面新聞的癡迷。同時，西方媒體只關注政府功能失調的一面，這導致關於有效治理的研究和討論很少。

第五章為 "全球性旅行的激增"，再次強調了信息革命這一歷史轉折點。教育的廣泛普及和獲取信息變得容易推動人類進入了歷史上最光明的時代，人類必須意識到這一點，繼而對政策方針進行相應的調整。在第六章，作者試圖進一步解釋 "為什麼西方沒有注意到非西方地區思想的解放"。作者表示，是西方的驕傲自大導致他們在冷戰結束後迷失了方向。當西方領導人因戰勝了蘇聯而趾高氣昂時，他們自動屏蔽了所有本可以引起他們注意的信號，而這些信號代表著其他重大變化。福山的文章《歷史的終結？》給西方造成了很大的"腦損傷"，它像鴉片一樣腐蝕了西方人的思想，使得西方在本應開足馬力參與世界競爭時，卻自負地放飛自我。當時的西方人認為，西方文明已經達到了人類文明發展的最高峰，只有其他文明才需要努力向前發展。

第七章闡述了在西方最狂妄自大的那段時間，世界其他國家，尤其是中國和印度正在加速發展。第八章"戰略錯誤"繼續探討這一問題，說明西方為何沒能注意到中印兩國的偉大復興，而且無視了動搖西方社會根基的現實問題。目中無人的西方犯下了一系列戰略錯誤。首先是低估了伊斯蘭教徒的能量，干涉伊斯蘭國家，低估伊斯蘭教的影響力，且沒能解決恐怖主義產生的根源。其次是進一步加重對俄羅斯的羞辱。第三個錯誤是粗暴地干預一些國家的內政。第九章建議西方實行一種全新的戰略：極簡主義、多邊主義和馬基雅維利主義。作者表示，西方現在應放棄那些短視的、導致自我毀滅的政策，對世界各國採取一種全新的戰略。這種全新的戰略可以稱之為"3M"戰略，即極簡主義（Minimalist）、多邊主義（Multilateral）和馬基雅維利主義（Machiavellian）。作為關鍵的第一步，極簡主義認為需要對西方的角色加以限制。隨著西方勢力的削弱，其他國家自然會要求制定新的關係範式。此外，其他國家並不需要被西方拯救，也不需要效仿西方的政治制度，更不需要西方站在道德制高點上發號施令。其次是多邊主義。每年全球都會面臨新的危機，應對危機需要全球協調行動，西方也需要增進對其他國家的了解。為了更好地合作，我們需要一個更強大、更有效的全球議會。多邊機制和進程為聽取和理解世界各國的意見提供了最佳平台。第三是馬基雅維利主義。面對快速變化的世界，西方需要多向馬基雅維利學習，制定更靈活的戰略來保護其長期利益。

作者在第十章"歐洲和美國面臨的挑戰"中闡釋了何為更靈活的戰略。本章首先闡明了美國和歐洲面臨的不同的首要挑戰。美國面臨的首要挑戰來自中國，而歐洲面臨的首要挑戰是已經瀕臨家門口的伊斯蘭世界。作者指出，美國人利用歐洲在戰略上的被動情勢，脅迫歐洲國家支持美國的各種舉措，而這些舉措是違背歐洲的長期利益的。歐洲面對的威脅是人口老齡化、領導力衰退以及急劇增長的伊斯蘭人口。然而，美國人卻打破了歐洲鄰國的穩定。同時，美國錯誤地將中國定位為軍事競爭對手，而事實上應是經濟競爭對手。在第十一章"一個更危險的世界"中，作者表示，一個幼稚和固守意識形態偏見的西方是危險的，因此呼籲西方制定更加靈活的戰略。作者認為，除非西方從根本上改變，否則世界將變得更加不穩定，因為民主制度只能應對眼前的威脅而不足以應對長期挑戰。作者認同西方思想家的觀點——民主政治制度有許多優點，與其他政治制度比起來，民主是最不糟糕的。西方認為民主是促進經濟發展的必要條件，這種觀點是錯誤的。民主制度的缺陷現在在西方社會佔了上風，如果不能適時調整戰略，必將導致災難性的後果。

作者在第十二章"美國人和歐洲人應如何建設更美好的世界"中指出，西方人必須認識到：兩個多世紀以來，他們一直在對其他國家進行侵略和干預，但現在，保持謹慎和取消干預更符合西方的戰略利益。此外，減少與其他國家的敵對將有助於驅散目前籠罩在西方社會中的悲觀主義。在作者看來，中國於 2001 年加入世貿組織帶來了不可避免的 "創造性破壞"，但西方精英們沒能幫助其民眾對此做好準備，這讓他們失去了民眾的信任。然而，只要西方不關閉自由貿易的大門，這個問題是可以解決的。作為結論，作者在第十三章 "西方沒落了嗎？" 中總結道：西方面臨的問題的關鍵是，無論是保守派還是自由派，無論是右翼還是左翼，都需要意識到，人類歷史在 21 世紀初發生了轉折。作者認為，西方主導的時代即將結束。西方應該把目光從內戰轉移到更為嚴峻的全球挑戰上。如果西方不能擺脫干預主義的衝動，拒絕承認其國際地位的變化，或決定成為孤立主義者和保護主義者，毫無疑問世界的未來將麻煩不斷。

　　作為獻給西方的一份禮物，本書試圖提醒西方，要看到自己在改善人類生存條件方面做出了前所未有的貢獻。作者認為，如果在人類進入最有前景的發展階段時，西方卻成了導致世界動盪和不穩定的始作俑者，那將是一場巨大的悲劇。如果發生了這種情況，那麼未來的歷史學家會感到困惑不解 —— 為何人類歷史上最成功的文明未能抓住人類歷史上前所未有的最佳機遇？

4.《中國的選擇》[1]

　　東歐劇變（1989）與蘇聯解體（1991）後，過去的三十年裏，"歷史終結論"在西方社會尤為盛行。美國的政策制定者不僅拒絕承認"歷史"正朝著不同的軌跡前進，而且還將當前的中美競爭視為當年美蘇冷戰的翻版。西方民眾可能會認為中國是另一個修正主義與擴張主義超級大國，而美國及其盟友則是維護民主、自由市場和基於規則的國際秩序的領頭羊。中國被妖魔化得越厲害，美國人就越堅信他們將成為最終贏家。馬凱碩認為，世界在關鍵層面已經發生了翻天覆地的變化，但卻鮮有美國人意識到並承認這一事實。因此本書一開篇，作者便警告稱，美國貿然挑起與中國的衝突是一個致命錯誤，尤其是他們在尚未制定出全面對華戰略的情況下就發起進攻。同時，針對本書英文版書名"中國贏了嗎？"，作者並不試圖給出一個簡單的"是或否"回答。因為這一問題涉及到 21 世紀最大的地緣政治競爭的複雜動態：為什麼美國會輸，在哪些方面會輸？為什麼中國是最重要但

1　Kishore Mahbubani, *Has China Won? The Chinese Challenge to American Primacy*, New York: Public Affairs, 2020.

卻經常被誤解的大國之一？中國政策制定者的盲點是什麼？世界其他國家應如何應對不斷變化的國際秩序與力量平衡？中美之間的全面競爭能否避免？

本書的核心主題之一是，美國目前深陷自身戰略與結構性缺陷的困擾，但卻沒有一個掌舵人能夠破除"美國永遠都是世界頭號強國"的自大驕橫。美國戰略家喬治·凱南曾表示，美國應致力於構建處理國內問題和應對國際挑戰的能力，但美國現在卻在反其道而行之。與美國人的想像相反，美國現在的行為更像蘇聯和清朝時的中國，過分熱衷於意識形態對抗，受困於僵化的體制與決策程序以及日益加劇的不平等，而且還不能容忍其他國家的不同發展範式。另一方面，中國則是一個更理性、更務實、適應性更強和自強不息的競爭對手。凱南曾經建議美國對蘇聯實行有耐心的遏制戰略，呼籲美國需要保持精神活力以便在意識形態潮流氾濫的時代立於不敗之地。馬凱碩闡述了美國發起對華貿易戰和疏遠國際機構的事實，並認為儘管二戰後的自由主義國際秩序建立在西方價值觀之上，但特朗普政府治下的美國卻一直在背離這一秩序。作者同時指出，對於美國的權力衰退和威望下降，特朗普並非唯一責任人。早在特朗普實行不協調和不可預測的政策前，美國在政治、經濟和文化方面就已經面臨著嚴重的結構性挑戰。

需要強調的是，幾十年來，美國一直在通過美元霸權攫取巨大利益。美元一直受到全球金融體系的庇護，而且美國可以通過發行短期國庫券彌補赤字和超額支出。特別重要的一點是，美元之所以能夠成為全球儲備貨幣，是因為各國都相信美國政府能夠基於全球經濟利益做出明智而理性的決定。然而，由於美國屢次以美元特權為武器來有計劃地制裁外國公司和其他國家（如對伊朗的制裁），這種信任被削弱了。受美國單邊主義外交政策的威脅，世界各國有強烈的動機減少對美元的依賴。這為中國提供了一個契機，中國可以利用這個機會構建全球支付基礎設施和替代貨幣，其蓬勃發展的經濟和技術進步可以支撐這些舉措。馬凱碩批評道："雖然懲罰一個相對較小的國家（如伊朗）能夠帶來一些微薄利益，但任何明智的戰略家都不會冒著失去巨大利益的風險這麼做。然而，美國卻一直都在這樣做。"諷刺的是，被美國奉為圭臬的民主政治卻阻止了美國政府做出有利於國家長遠利益的理性而連貫的決策。有錢有勢但目光短淺的精英們操縱著自由民主制度的主要支柱，如公開選舉代表和權力分置。這導致美國既無力保持自身的國際主導地位又無力改善民眾福祉。最明顯的表現是，美國已經被膨脹的軍工集團劫持，這個利益團體在華盛頓遊說政治家們，他們誇大外國威脅，以說服決策機構增加國防預算，並且介入耗資巨大、帶來痛苦的海外衝突，而這本來沒有必要。與此同時，分配給國務院和專業外交官的權力和資源卻在不斷減少。馬凱碩尖銳地批評道，在一個戰略智庫資金最充足、最活躍的國家，群體思維的趨勢卻無法停止，這著實令人震驚。

作者雖然指出了美國存在的種種問題，但這並不意味著中國沒有犯過戰略錯誤。在本書接下來的重要部分中，馬凱碩對中國未來的發展提出了一些實用的建議。有趣的是，他還提醒中國不要被短期利益所蒙蔽，不要以傲慢的姿態自居。對中國政府官員（尤其是地方政府官員）來說，進行不公平的政府採購、要求技術轉讓、使用非關稅壁壘等操作都是不明智的。此外，中國被廣泛指責利用其發展中國家地位獲益，中國企業可以在其他國家開展經營，但外國企業在中國並不能享有對等的權利。這些做法導致美國（以及歐洲）商界對中國產生疏離感，而他們本應是良好雙邊關係的最有力的擁護者。假設中國能巧妙地與西方企業重新接觸，再次激發他們與中國進行商貿往來的熱情，那麼這些人將有望形成政治緩衝，有效地阻止中美關係急劇惡化，同時也將為中美雙方回到建設性對話搭建橋樑。

作者向廣大讀者傳遞的另一關鍵信息是，世界其他國家，尤其是西方國家，不僅對中國有著根深蒂固的誤解，而且喜歡罔顧歷史與現實，教導中國要"更像我們"。許多西方學者和評論家拒絕承認中國共產黨的治理成效卓著，因為"他們對共產主義和專制統治仍深惡痛絕"。把中國共產黨與蘇聯共產黨混為一談，導致他們犯下了根本性的錯誤。他們往往傾向於揪出並誇大中國政治體制中某些缺陷，而對中國整體上取得的經濟和社會進步視而不見。他們癡迷於描繪中國的脆弱性，但對中國缺乏更細緻的觀察，使得他們看不到這個富有韌性與靈活性的國家一直在不斷地完善自身的政治體制。西方人認為中國共產黨只能依靠政治鎮壓來鞏固統治，但這是他們的一大誤解。事實上，中國共產黨執政的合法性與廣泛的支持度，來自它可以保障政治穩定與經濟繁榮的強大實力，這是中國民眾過去從未享有的。作者補充道，如果美國想在與中國的交往中加上"道德"議程，最好的辦法就是停止干涉中國內政，因為這將導致中國陷入混亂。在談到"中國是否是擴張主義者"這一謎題時，馬凱碩澄清道，從歷史上看，中國並不是一個野心勃勃、熱衷於征服海外或遠方領土的國家。與美國不同，兩千年的歷史表明，中國不願將軍事手段作為首選，在戰爭中耗費資源。對於美國和"五眼聯盟"給中國貼上的"擴張主義"標籤，更準確的解釋其實是中國有意與鄰國保持穩定與和平的關係，而中國執著於確保邊界安全是因為曾遭受過被征服和入侵的"百年屈辱"。這些行為本是"正常"的，但只因實施者是中國，美國和其他西方國家就將其視為"不正常"的。這種有針對性的妖魔化，通常是為了攫取利益、博取眼球，這將帶來危險，因為這些行為阻礙了與中國的有效互動和溝通。

通過上述全面評估，馬凱碩指出了美國和中國目前所處的位置。一方面，美國正不可避免地滑向世界第二，其對自身和世界其他地區（尤其是亞洲）的變化態勢進行了根本性的反思。另一方面，中國幾乎在每個問題上都成為國際關注的焦點，但與此同時，作為被誤解最深的大國之一，中國也發現自己正處於極富挑戰性的環境中。儘管中美兩國的命運緊緊交織在一起，完全脫鈎是不現實的，但到目前為止，要想妥善地處理當今世界上最重要的雙邊關係，兩國仍然有很長的路要走。作者對兩國所犯下的錯誤提出了批評，並建議兩國在實用主義、理性和前瞻性戰略上下功夫。

譯後記

馬凱碩先生一直是全球化智庫（CCG）的老朋友。2019 年 5 月，CCG 理事長王輝耀博士曾與他在多倫多舉行的 "芒克辯論會" 中並肩作戰，就 "中國是不是國際自由秩序的威脅" 這一辯題駁倒了麥克馬斯特和白邦瑞，後二者認為中國構成了威脅。

2021 年 11 月，CCG 總部發佈了馬凱碩的新著《中國的選擇》，CCG 秘書長苗綠博士連綫身在紐約的馬凱碩進行研討，助力溝通中美之間的誤解，答好中美關係 "世紀之問"。

2023 年 7 月，CCG 總部發佈了馬凱碩的簡體中文版本《亞洲的 21 世紀》，馬凱碩先生現場發表了生動的演講，題為 "21 世紀將是亞洲的世紀"，並就亞洲崛起和東西方力量再平衡、中國在亞洲崛起中的作用、中美關係走向、印美合作趨勢等問題回答了記者提問。

此前十餘年間，CCG 一直與馬凱碩先生保持著良好的互動，持續關注他的動態、觀點和著作。他給我們留下的印象是一個精力充沛、博學多識、雄辯又對國際形勢洞若觀火的人 —— 他十幾年前提出的預見正在今日世界中上演，時間驗證了他的研判。

CCG 曾翻譯了馬凱碩的重磅著作《中國的選擇》，受到作者本人、出版方和讀者的一致好評。我們又受託翻譯他的《亞洲的 21 世紀》一書。作為《金融時報》《外交政策》及《前景》雜誌聯合評選出的"全球最具影響力的 100 位公共知識分子"之一，馬凱碩不僅是一位外交官出身的著名國際關係學者，更是全球數一數二的亞洲問題研究專家，被譽為"亞洲世紀的繆斯"。早在 2008 年，他就出版了《新亞洲半球》，在全球性和歷史性框架下討論"亞洲崛起"之議題。2017 年，他又出版了與孫合記合著的《東盟奇跡》，探討東盟十國的發展和前景。此外，作為印度裔新加坡人，他與從德黑蘭到東京的亞洲多個社會都有著文化紐帶和廣泛的個人聯繫，加之擔任新加坡駐聯合國大使的十年經驗，相信這位"亞洲世紀的繆斯"會給讀者帶來國際視野下的亞洲圖景及與世界的互動。

在翻譯本書過程中，我們時常為馬凱碩的雄辯所折服，為他用喻巧妙而驚嘆，為他提問直擊核心所啟發。期待讀者在閱讀本書時也有同樣的感受。

本書由 CCG 出版中心組織翻譯，我們對白雲峰（翻譯中文初稿）、李衍（檢查修訂譯文）和任月園（審訂全書譯稿）三位同事表達誠摯的感謝。譯文如有疏漏和謬誤之處，歡迎讀者批評指正。

全球化智庫（CCG）

2023 年 8 月